基础教育测评模型构建与应用丛书

◎丛书主编 宋乃庆

小学低段数学符号意识

测评模型构建与应用研究

李艳琴 宋乃庆◎著

西南大学出版社
SWUP 国家一级出版社 全国百佳图书出版单位

图书在版编目(CIP)数据

小学低段数学符号意识测评模型构建与应用研究 / 李艳琴，宋乃庆著．—重庆：西南大学出版社，2024.4
ISBN 978-7-5697-1664-1

Ⅰ．①小… Ⅱ．①李… ②宋… Ⅲ．①小学数学课—教学研究 Ⅳ．①G623.502

中国版本图书馆CIP数据核字(2022)第239992号

重庆市“十四五”重点出版物出版项目

教育部“双万计划”国家级一流本科专业“数学与应用数学”建设项目
国家级一流本科课程《中小学数学课程标准解读与教材分析》建设项目

小学低段数学符号意识测评模型构建与应用研究

XIAOXUE DIDUAN SHUXUE FUHAO YISHI CEPING MOXING GOUJIAN YU YINGYONG YANJIU

李艳琴　宋乃庆 著

策划编辑 王　宁　周万华
责任编辑 刘欣鑫
责任校对 陈　欣
特约校对 朱司琪
装帧设计 汤　立
排　　版 张　祥
出版发行 西南大学出版社
地　　址　重庆市北碚区天生路2号
邮　　编　400715
印　　刷 印通天下网络科技有限公司
幅面尺寸 185 mm × 260 mm
印　　张 14
字　　数 296千字
版　　次 2024年4月 第1版
印　　次 2024年4月 第1次印刷
书　　号 ISBN 978-7-5697-1664-1
定　　价 58.00元

序言一

基础教育质量测评模型和标准是挖掘教育大数据价值和规避大数据风险的战略工具，能够在复杂的信息和数据中获取教育改革和发展的关键要素，将大数据变成“小数据”，从不确定性中寻找确定性，增强大数据对教育决策的价值，从而降低大数据带来的决策风险，是教育决策科学化和国家新型智库建设的有力支撑，也是教育研究科学化的重要突破口。

“基础教育测评模型构建与应用丛书”致力于基础教育领域的测评研究，重在开发测评的指标体系及测评工具，既考虑学生课业负担、学生阅读素养、学龄儿童动商、学生美术表现素养、学生学习兴趣，也考虑教科书难度、教师数学素养、学校效能、学校特色发展，还考虑学生STEAM学习能力、劳动教育等；既考虑学生测评，也考虑教师测评、学校测评和政府测评；既考虑学生能力测评，也关注学生情意测评和学习负担，进而多学科、多角度地关注基础教育测评的重大问题，构建系统性、全局性的系列基础教育测评模型，并通过实践应用，充分体现出测评在教育中的指挥棒作用。该丛书围绕基础教育评价的重点、热点、难点问题，厘清相关问题的内涵与结构特征、测评指标体系，构建系列在国内具有原创价值的测评模型，有效回应基础教育领域相关主题的评价难题。这对基础教育质量监测、基础教育评估、基础教育督导等相关领域的研究与实践具有重要的学术贡献和参考价值。

由国家级教学名师、当代教育名家、中国基础教育质量监测协同创新中心首席专家、西南大学二级教授、教育部西南基础教育课程研究中心主任、西南大学基础教育研究中心主任、中国教育学会原副会长、教育部基础教育课程教材专家工作委员会原副主任、原西南师范大学校长、西南大学原常务副校长宋乃庆教授组织编写的“基础教育测评模型构建与应用丛书”，系深入落实中共中央 国务院《深化新时代教育评价改革总体方案》之作，该丛书贯彻习近平总书记“扭转不科学的教育评价导向”等讲话精神，创造性地提出基础教育测评模型构建范式及应用范例，对全面把握基础教育发展现状、科学诊断现存问题、有效提出改进策略、科学提供决策咨询等具有极强的理论价值和现实意义。近年来，该团队已完成20余个有影响力的基础教育测评模型构建及工具开发工作，走在全国前列；围绕基础教育测评成功申报国家级、省部级项目20余项；在《中国社会科学》《教育研究》《教育学报》《华东师范大学学报》等重要核心期刊发表论文60余篇。西南大学“教育测评之家”科技创新团队被共青团中央、全国青联、全国学联、全国少工委授予大学生“小平科技创新团队”称号，获得“第十一届中国青少年科技创新奖”，受到时任副总理孙春兰的接见，取得了丰硕的研究成果。

综上所述，该丛书设计视角独特，创新性强，具有较高的学术价值、应用价值和出版价值。虽难度较大，但团队积淀深厚，攻坚能力强。

江西财经大学

邱东

2023年10月8日

【邱东，经济学博士，全国哲学社会科学基金项目评审组统计学召集人，1993年经国务院学位办批准为博士生导师，国务院政府特殊津贴获得者。曾任东北财经大学校长、中央财经大学党委书记，世界银行第8轮ICP技术咨询组(TAG)成员、教育部学位办应用经济学学科评议组成员、教育部学位办统计学学科评议组成员、教育部科技委学部委员。现任江西财经大学讲席教授、统计学院名誉院长。】

序言二

教育测评是新时代党和国家教育事业发展的重大理论和实践问题。习近平总书记在全国教育大会上指出，扭转不科学的教育评价导向，坚决克服唯分数、唯升学、唯文凭、唯论文、唯帽子的顽瘴痼疾，从根本上解决教育评价指挥棒问题。2020年，中共中央 国务院颁布《深化新时代教育评价改革总体方案》，其中提出，到2035年，基本形成富有时代特征、彰显中国特色、体现世界水平的教育评价体系。然而，当前对如何在基础教育领域开展教育测评，发挥测评引领教育质量观、提升教育质量的功能这一全局性、战略性、前瞻性的研究尚不系统。

中国基础教育质量监测协同创新中心首席专家、中国教育学会原副会长、西南大学宋乃庆教授团队以国家"2011协同创新中心"中国基础教育质量监测协同创新中心西南大学分中心、重庆市人文社会科学重点研究基地西南大学基础教育研究中心等平台，以及教育学国家"双一流学科"、心理学国家重点学科、统计学一级学科为依托，多年来一直深耕基础教育测评研究，特别是创造性地开展基础教育测评模型研究，开辟了基础教育测评研究的新领域，构建了20余个原创性教育测评模型，并形成了基础教育测评模型的构建范式，取得系列高水平、标志性成果。

如今，西南大学宋乃庆教授团队将多年来的基础教育测评模型研究成果汇集成含16册书的"基础教育测评模型构建与应用丛书"，是基于2012年以来国家哲学社会科学重点基金课题，尤其是中国基础教育质量监测协同创新中心支持中国基础教育质量监测协同创新中心西南大学分中心开展的一系列测评模型构建与应用的课题研究，并结合国家2020年《深化新时代教育评价改革总体方案》的要求，研究与实践成果的集成表现，是团队在基础教育测评研究方面的阶段性成果总结，是对构建的系列重要教育测评模型的集中呈现。

该丛书创新性强，编写团队率先创造性地开拓了基础教育测评模型构建与应用这一研究领域，其成果"大数据时代的教育测评模型及其范式构建"在国内人文社科顶级刊物《中国社会科学》(2019年第12期)上发表，尝试构建中国特色的基础教育测评话语体系，具有重要的理论和现实意义。此外，基础教育测评模型构建是一个涉及教育学、心理学、管理学、信息科学、统计学、数学等多学科的跨学科领域，难度极高但意义重大。相信它对基础教育测评的研究、实践和决策都将产生重要的影响。

北京工商大学

2023 年 10 月 8 日

【郭建华，北京工商大学党委副书记、校长，统计学教授，博士生导师。第八届国务院学位委员会统计学科评议组召集人，国家杰出青年科学基金获得者，“新世纪百千万人才工程”国家级人选，教育部新世纪优秀人才。】

前言

“符号意识”是《义务教育数学课程标准(2011年版)》(以下简称《标准(2011年版)》)的核心概念和重要内容之一,也是数学素养的重要组成部分,《义务教育数学课程标准(2022年版)》(以下简称《标准(2022年版)》)明确把数学符号意识作为小学阶段的核心素养。对小学生来说,他们最先接触的数学符号是数字符号,继而会逐步认识关系符号(>,<,=)、运算符号(+,-,×,÷)等。数字符号的学习是小学一年级学生学习数学从具体到抽象、直观到概括的第一步,十分重要。可以说,培养小学低段数学符号意识是小学生形成数学抽象思维的第一步,是数学核心素养(数学抽象)的重要组成部分,也是形成抽象思维的基础,有十分重要的作用。然而,学界对小学低段数学符号意识的认识并不一致,在《标准(2011年版)》的具体实施中,小学低段数学符号意识是否存在还有分歧。《标准(2022年版)》虽然把数学符号意识这个核心素养归到小学阶段,但对怎么评价学生数学符号意识发展的水平没有明确说明。因此,小学低段学生数学符号意识的现状如何?是否可以测评?能否构建出一个可以测评的工具?这些问题都值得研究。可见,小学低段数学符号意识测评模型的构建是数学教育教学中亟待探讨和研究的问题,它是数学、教育学、心理学和统计学等领域交叉的共同研究的问题,具有较高的研究难度。2016年以前,国内外对小学低段数学符号意识测评模型的构建研究非常少。本书通过对小学低段数学符号意识的理论和实证研究,尝试构建小学低段数学符号意识的测评模型,这对培养和发展小学生数学符号意识,以及对人的抽象思维的形成和发展都具有积极且重要的研究意义。

本书运用文献资料、调查研究、统计分析等方法开展对小学低段数学符号意识测评模型构建相关的研究。首先,运用文献资料方法,收集、整理和分析国内外有关小学低段数学符号意识的文献、电子资料,以及小学一、二年级的数学教科书,并对其存在性、含义、表现形式和操作性的定义进行了系统的分析和归纳,初步形成小学低段数学符号意识的理论分析框架。其次,通过专家咨询(高校知名数学教育和教育统计方面的专家,以及一线优秀的数学教师和教研员,各类专家共30人,咨询次数达60人次以上)、课堂观察(学生对数字1~5的认识)、问卷调查(1 880份学生测试卷和1 138份专家调查问卷)

等调查形式对小学低段数学符号意识的内涵维度和行为因素进行数据的收集。最后，对调研数据进行统计分析（探索性因素分析、验证性因素分析、层次分析法、卡方检验、F检验、T检验），最终构建出小学低段数学符号意识测评指标和测评模型。

本书运用教育统计的方法和思路构建基础教育中的测评模型，即“小学低段数学符号意识的含义—表现形式—操作性定义—内涵维度的确定—测评指标的筛选—测评模型的构建—测评模型的检验”的研究思路。整个研究分为四个阶段：第一，分析框架的构建；第二，测评指标的确定；第三，测评模型的构建；第四，测评模型的检验。这四个研究阶段为：界定小学低段数学符号意识的操作性定义；确定小学低段数学符号意识的测评指标，构建和验证小学低段数学符号意识的测评模型是研究的重点；编制小学低段数学符号意识调研工具（学生测试题目）；小学低段数学符号意识的内涵指标是研究的难点。

全书共分为九章：第一章，绪论。综述小学低段数学符号意识的研究背景和研究意义，提出全书的整体研究设计框架，科学合理地界定本书的相关核心概念。第二章，数学符号意识的国内外研究。收集和整理国内外有关数学符号、意识、符号意识的研究成果，初步获得了符号意识的理论研究基础、研究思路和研究趋势。第三章，教育测评模型构建的相关理论。主要介绍模型的基本类型、模型构建的基本步骤、教育测评模型构建的操作路径和测评模型构建研究的趋势分析，重点阐释教育测评模型构建的操作路径。第四章，小学低段数学符号意识的有关问题探析。着重探讨小学低段数学符号意识的存在性、含义及其表现形式，比较《标准（2011年版）》和《标准（2022年版）》对数学符号意识的相关要求，以及更科学地界定小学低段数学符号意识行为描述的操作性定义。第五章，小学低段数学符号意识测评指标的构建与验证。主要从实证研究的角度，探析小学低段数学符号意识的内涵指标和指标表现出来的行为因素，通过探索性因素分析和验证性因素分析，筛选出小学低段数学符号意识的测评指标。第六章，小学低段数学符号意识测评模型的构建和检验。运用模型构建的一般方法和步骤，并结合小学低段数学符号意识的本质，构建出小学低段数学符号意识的测评模型，通过对统计量和模型教育意义的检验，说明和验证测评模型的可行性和有效性。第七章，小学低段数学符号意识测评模型的应用。对模型的客观性、公正性进行验证，从该模型的一般性入手，进行具体应用及实例分析。第八章，小学低段数学符号意识的教学案例分析。主要通过实际教学案例和一年级小学生数学符号认知的水平来分析，为小学低段学生数学符号意识培养提供实践参考。第九章，研究结论与反思。总结研究的主要结论、存在的不足和深入的研究设想。

本书内容是从2014年9月开始构思和尝试研究，大部分研究结论是2017年前完成的，后续增加了部分2022版义务教育数学课程标准的内容阐释，但随着最新一轮课程改革的新要求，本书研究内容还不够完善，所以在研究中还存在诸多需改进之处，主要包括：(1)数学符号意识的相关理论还需要进一步探究，尤其是测评指标中行为因素个数的问题；(2)小学低段数学符号意识调研工具(测试题)的信效度和测评模型的准确率需要进一步提高；(3)测评模型构建时还需扩大选取的样本量以增强代表性。本书可为广大一线教师培养和发展学生的数学符号意识提供可操作的依据。如果读者发现本书有不妥或可改进之处，希望大家包容和谅解，也恳请读者们不吝赐教！

符号的巧妙和符号的艺术，是人们绝妙的助手，因为它们使思考工作得到节约。在这里它以惊人的形式节省了思维。

——莱布尼茨[①]

数学符号的语言更加完善、准确明了地提供了把一些概念传达给别人的方法。利用了符号，数学上的每一个论断和它所描述的东西就可以更快地被别人所了解。

——罗巴切夫斯基[②]

① 刘劲苓. 小学数学中的数学史[M]. 北京：中央民族大学出版社，2009:25.

② 刘劲苓. 小学数学中的数学史[M]. 北京：中央民族大学出版社，2009:47.

目录

第一章

绪论

一、研究背景

本书研究起于2014年的9月，处于《标准(2011年版)》实施的过程中，是基于小学低段数学符号意识的诸多争议和教育教学急需解决的教学问题提出来的研究课题。同时，2022年4月颁布的《标准(2022年版)》，明确把符号意识作为小学阶段的一个重要核心素养，并明确了小学阶段学生从形成初步的符号意识到形成符号意识的过程性变化。因此，无论是在《标准(2011年版)》的实践中，还是在《标准(2022年版)》的具体实施中，本书的课题都非常值得数学教育界研究者和一线教师们关注和研究。

(一)小学低段数学符号意识存在性问题认识上有争议

在2001年的基础教育课程改革中，《全日制义务教育数学课程标准(实验稿)》首次把“符号感”作为数学课程的核心概念之一。经过十年的教学实践，《标准(2011年版)》把“符号感”修订为“符号意识”，并明确提出要培养和发展学生的符号意识，这里的符号意识是专指数学符号意识(以下简称符号意识)；又经过十年的教学实践，《标准(2022年版)》明确把符号意识作为学生的学科核心素养之一。一方面，这说明了符号意识在数学课程中的重要性和在学生数学学习发展中的重要性；另一方面，《标准(2011年版)》并没有明确提出在小学低段要培养和发展学生的符号意识，这也使学界在小学低段数学符号意识是否存在这一问题上有很大争议，甚至产生了极大的分歧，尤其是在新课标颁布之前，笔者两次在数学教育论坛和研讨会上，提出了对小学低段数学符号意识存在性问题和重要性问题的认识，当场引起了反响和争论。有学者认为该学段不存在符号意识，或认为符号意识涉及很少，或认为这个学段的符号意识就是数感；也有学者认为该学段的符号意识存在，且十分重要。经过很长一段时间的教学研究和实践后，学界对小学低段数学符号意识的存在性问题认识逐渐明晰，并达成共识。尤其再次经过十年的教学实践后，在2011年的课程标准修订中，《标准(2022年版)》在1～2年级中明确提出了“经历简单的数的抽象过程，认识万以内的数，能进行简单的整数四则运算，形成初步的数感、符号意识和运算能力”。由此可以看到，新一轮的课程标准已经明确把发展学生的符号意识作为小学低段学生的重要课程目标。

(二)小学低段数学符号意识重要但长期被人们忽视

数学符号是数学科学专门使用的特殊符号，是含义高度概括、形体高度浓缩的一种科学语言,因数学思维特点的需要而产生的理想化的科学化的书面语言[①],也是进行数学表示、运算、推理和解决问题的工具[②]。因此,数学的学习离不开对数学符号的学习,并且在一定意义上数学符号的学习就是数学的学习。对小学生而言,最先接触的数学符号是数字符号,它是学生学习数学从具体到抽象、直观到概括的第一步,对学生数学学习发展十分重要。小学生还会接触关系符号、运算符号等。可以说,小学低段学生数学符号意识是小学生数学抽象思维的第一步,是数学核心素养的重要组成部分,是培养抽象能力的基础,是公民的基本素养之一。截至2016年,小学低段数学符号意识的相关研究没有引起学界的重视,甚至被人们所忽视。

(三)小学低段数学符号意识培养和发展的现实需要

在义务教育数学课程的内容设计中,无论是《标准(2011年版)》还是《标准(2022年版)》都明确提出了要培养和发展学生的数学符号意识,但对如何培养、如何发展以及如何评价没有作出详细的说明,这也留给研究者、教师和教研人员更大的研究和发展空间。符号意识作为数学学科的核心素养之一,是一个抽象的概念、一个中位的知识、一个隐性的课程目标,教师应该如何去对学生进行培养和促其发展是一个极大难题,究其原因如下:

(1)符号意识概念很抽象,部分教师不清楚数学符号意识究竟是什么,具体表现在哪些方面;(2)在实际教学过程中,部分教师不了解学生符号意识的现状和水平究竟如何;(3)在评价学生数学符号意识时,部分教师不知道用什么工具去测评学生的符号意识水平;(4)数学课程标准的要求是培养和发展学生符号意识,但如何培养和发展需要一线教师在教学中不断实践和探索,这也导致教师不知如何去督导和培养学生的符号意识。因此,构建符号意识的评价方法和评价工具是培养和发展学生符号意识的需要。

综上可知,数学符号意识已成为中小学数学课程的重要内容之一,小学低段数学符号意识是小学生数学抽象思维形成的第一步。那数学符号意识究竟是什么?小学低段学生数学符号意识是什么?具体表现在哪些方面?是否可以通过相应的试题进行测评?如果可测评,该通过设置哪些维度的问题去测评小学低段学生数学符号意识?如何构建学生数学符号意识的测评工具?这些都是数学教育亟待研究和解决的问题。带着这些问题,作者与项目组成员商议并征求多位专家学者的意见和建议,提

① 徐品方,张红.数学符号史[M].北京:科学出版社,2006:348.
② 史宁中.教育与数学教育[M].长春:东北师范大学出版社,2006:220.

出了小学低段数学符号意识测评模型构建的研究课题。但该课题是数学、教育学、心理学和统计学等领域交叉的一个研究问题，具有相当大的研究难度。因此，本书着重从数学教育的角度探讨小学低段数学符号意识测评模型构建的有关问题。

二、研究意义

数学符号意识是《标准（2011年版）》的核心概念之一，更是《标准（2022年版）》的核心素养之一，在学生数学学习发展中非常重要。研究小学低段数学符号意识的含义、表现形式和操作性定义，构建小学低段数学符号意识测评指标体系和测评模型具有积极的现实意义，重要的实践意义和理论意义。

（一）现实意义

数学是一个符号化的世界，处处都离不开符号，并且越是深入地研究，数学的符号越是抽象，其含义也越深奥。如高等数学，群论和分析论中的符号都非常抽象，非专业相关者很难理解符号表达的含义，就更难理解和掌握符号间的运算和推理。因此，数学符号的学习贯穿整个数学学习过程，是数学学习中的一个非常重要也非常难的部分。对小学低段而言：一方面，小学低段数学符号意识是小学生学习数学抽象的第一步，对学生数学学习发展十分重要，但长期以来学界对数学符号意识的认识和研究不够重视，甚至在小学低段还有些忽视；另一方面，小学低段数学符号意识的现状如何，如何去测试学生数学符号意识的水平，以及如何督导学生数学符号意识培养和发展，这些问题都不明确，所以目前还没有可以评价的工具。

在《标准（2022年版）》中虽然明确了小学低段发展学生符号意识，并要求要“形成初步的符号意识”，但对符号意识这个核心素养的水平划分标准或依据还不完善。对于一线教师而言，要了解学生数学符号意识究竟要发展到什么水平，或已经发展到了什么水平，是很难的，因为目前还没有一个较为成熟的、合适的可以测评的工具。因此，小学低段数学符号意识的测评模型构建是培养和发展学生符号意识的现实需要，也是数学教育教学改革的需要。

（二）实践意义

小学低段数学符号意识测评模型构建的研究能为教师的教学和评价，以及学生的学习提供实践参考。一方面，小学低段数学符号意识测评模型的构建有利于检测学生数学符号意识现状、水平的差异，为教师的教学提供学情依据，也为改进教学提供依据;另一方面,小学低段数学符号意识测评模型的构建有利于一线教师或教研人员督导小学生数学符号意识的培养和发展。同时,符号意识的测评维度,为学生符号意识的培养提供了新的教学策略和路径,即基于测评维度指标的培养策略。

(三)理论意义

测评模型的构建涉及数学教育、教育统计等多学科,小学低段数学符号意识测评模型构建的研究对数学教育和教育统计测评都有很高的理论价值。一方面,对小学低段数学符号意识的含义、表现形式以及操作性定义的探析可为数学符号意识研究提供可参考的理论分析框架,为数学教育教学提供理论参考;另一方面,构建小学低段数学符号意识的测评指标体系和测评模型,丰富了小学低段数学符号意识的测评理论研究内容,为小学生数学符号意识的培养和发展提供理论参考,也为其他有关意识的核心素养的测评提供理论参考,为教育测评统计研究提供研究范式。

三、研究设计

(一)研究要解决的问题

本书解决的主要问题是如何构建出小学低段数学符号意识的测评模型。要解决这一主要问题,需要解答以下一系列问题:

(1)小学低段数学符号意识存在形式是什么?

(2)与《标准(2011年版)》相比,《标准(2022年版)》对数学符号意识的具体要求有哪些变化?

(3)小学低段数学符号意识是否可测评?

(4)如何对小学低段数学符号意识进行测评?

(5)如何构建小学低段数学符号意识的测评工具?

(6)小学低段数学符号意识的测评工具如何使用?

(二)研究目标和研究内容

根据研究要解决的问题,制定如下目标:

(1)厘清小学低段数学符号意识的含义及其表现形式;

(2)探析小学低段数学符号意识的内涵维度和测评指标;

(3)构建小学低段数学符号意识的测评模型;

(4)验证小学低段数学符号意识的测评模型。

根据研究要解决的问题和研究目标,确定本书的主要研究内容包括:

(1)小学低段数学符号意识的存在性问题探析;

(2)《标准(2011年版)》与《标准(2022年版)》中的数学符号意识的比较分析;

(3)小学低段数学符号意识的含义及其表现形式;

(4)小学低段数学符号意识的可操作性定义;

(5)小学低段数学符号意识的内涵指标及行为因素;

(6)小学低段数学符号意识的内涵指标权重的确定;

(7)小学低段数学符号意识测评模型的构建和验证;

(8)小学低段数学符号意识教学中的案例分析。

(三)研究重难点和研究对象

1.研究重难点

根据研究的主要内容,结合已有研究成果,确定本书研究的重难点。

研究的重点:一是探析小学低段数学符号意识的含义及其表现形式,初步构建出小学低段数学符号意识的理论分析框架;二是构建小学低段数学符号意识的内涵指标和测评指标,最后通过修正参数,构建用数学表达式表示的测评模型。

研究的难点:一是小学低段数学符号意识调研工具(学生测试题目)的编制;二是小学低段数学符号意识的内涵指标的确定。

2.研究对象

学生的数学符号意识从一年级甚至从幼儿教育阶段就开始萌生,尤其是小学一年级,一开始就会学习数字符号。这是学生经历从具体到概括到抽象的过程,是数学符号意识形成的基础,也是学习数学抽象的第一步,十分重要。因此,本书研究选择小学一、二年级(即小学低段)的学生作为研究对象,正符合《标准(2022年版)》对学段的设计和划分。

(四)研究思路和研究方法

1.研究思路

本书尝试运用教育统计的方法分析构建基础教育测评模型的思路和步骤,与研究要解决的主要问题相适应。本书围绕"小学低段数学符号意识的含义—表现形式

—操作性定义—内涵维度的确定—测评指标的筛选—测评模型的构建—测评模型的检验”的研究思路开展相关研究，研究分为四个阶段。

第一阶段，分析框架的构建。

从截至2016年的文献研究来看，还没有完整的关于小学数学符号意识研究的分析框架，因此本书将对文献（数学符号、符号意识、模型构建等研究领域）和小学一、二年级数学教科书的文本进行综合研究，在符号学、意识论和布鲁姆的认知目标分类学等理论的指导下，构建关于小学低段数学符号意识的含义、表现形式及其可操作性的定义的基础性的分析框架。

第二阶段，测评指标的确定。

第一阶段已经初步构建出小学低段数学符号意识的分析框架，接下来需要一系列实证探讨和验证小学低段数学符号意识的测评指标的准确性。首先，与高校数学教育专家和小学数学优秀教研员进行深度访谈，了解他们对小学低段数学符号意识的认识和理解。根据对小学低段数学符号意识内涵的再认识和向专家咨询的结果，初步确定小学低段数学符号意识的内涵指标。其次，分析探索性因素并提出其主要的内涵指标。最后，通过验证性因素验证结果是否与实际数据适配，最终确定小学低段数学符号意识的各项测评指标。

第三阶段，测评模型的构建。

在上一阶段已经确定了小学低段数学符号意识的测评指标，初步形成了小学低段数学符号意识测评的概念模型。在此基础上，需要进行模型假设，构建出小学低段数学符号意识的理论模型，并对模型参数进行估计（即确定指标权重）和修正，最后得出符合实际的小学低段数学符号意识的测评模型。

第四阶段，测评模型的检验。

虽然在第三阶段已经初步完成了测评模型的构建，但还需要对测评模型进行检验，这里的检验包括模型的统计检验和模型教育意义的检验。因此，本阶段主要通过测试小范围的学生完成检验。

2.研究方法

在理论分析方面，运用文献资料法、文本分析法等方法对小学低段数学符号意识的分析框架和内涵指标进行理论分析和推理。在实证研究方面，运用专家咨询法、课堂观察法、问卷调查法、统计分析法等方法对小学低段数学符号意识测评指标体系和测评模型的构建进行实证研究。具体表现在章节中的情况如下。

①文献资料法：通过收集和整理国内外有关数学符号意识的文献以及部分数学符号研究、意识研究的相关文献，获得对数学符号意识内涵的初步认识。该研究方法的使用主要体现在本书的第二、三、四章。

②文本分析法：主要是通过对小学一、二年级数学3个版本（新人教版、苏教版、西师版）教科书、课标中符号意识的具体要求进行分析，获得小学低段数学符号意识的表现形式，从而建立小学低段数学符号意识的分析框架。该研究方法的使用主要体现在本书的第四章。

③专家咨询法：通过面谈、网络、电话等不同形式，对国内数学教育、心理学、统计学相关的专家、学者，以及一线数学教研员、一线数学教师进行访谈，获取专家对数学符号意识和小学低段数学符号意识的相关研究内容的指导意见。该研究方法的使用主要体现在本书的第四、五、六章。

④课堂观察法：通过对小学一年级学生在“1～5的认识”课堂中与数学符号意识相关的行为的观察，探析小学低段数学符号意识存在性的问题，探析小学低段数学符号意识的行为因素。该研究方法的使用主要体现在本书的第四、五章。

⑤问卷调查法：编制小学低段学生数学符号意识的测试卷，对小学低段数学符号意识的内涵指标进行分析；制定针对数学教育专家、一线数学教研员、一线数学教师、数学教育方向研究生等人群的调查问卷，对小学低段数学符号意识测评指标的认同度、模型的统计检验等进行调研。该研究方法的使用主要体现在本书的第五、六、七、八章。

⑥统计分析法：采用数理统计方法和SPSS 21.0、AMOS 22.0等统计分析工具，对小学低段学生数学符号意识的测试题、课堂观察和专家认同度调查问卷等调研数据进行统计分析，其中主要包括相关数据的描述性统计分析、探索性因素分析、验证性因素分析、层次分析法、卡方检验、F检验、T检验等，对研究所提出的理论、假设、模型等进行分析和验证。该研究方法的使用主要体现在本书的第五、六、七、八章。

四、核心概念界定

由于理论水平、认知能力、实践经验和知识积累存在差异性，不同人对同一概念的本质特征认识上有差异。因此，在教育研究中，界定研究中的核心概念是科学研究与设计的需要和重要前提。根据本书要解决的主要问题，对如下概念进行界定。

(一)数学符号

所谓数学符号,一般有两种解释:(1)数学符号是指“用以表示数学概念、数学关系等的符号和记号[1]或在数学文献中用以表示数学概念、数学关系等的符号和记号[2];”(2)数学符号是指有一定数学含义的专用标记,主要指中国数学物理名词委员会审定的《数学物理符号表》中的数学符号,比如“+”“-”“×”“÷”等[3]。

基于普遍含义的义务教育数学观,即数学是研究数量关系和空间形式的科学[4],本书的数学符号包括了反映事物数量关系和空间形式的一切标识或记号。如数字符号(1,2,3,4…)、关系符号(>,<,=…)、运算符号(+,-,×,÷,…)和图形符号(□,△,○,…)、字母符号(x,y,z,…)、多用符号(+,-,…)、图表符号(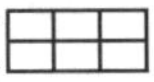,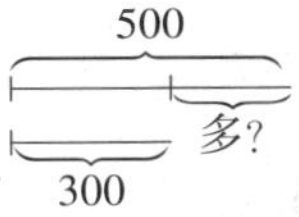

)以及一些特定的约定符号(!,∧,〈,…)等。

(二)数学符号意识

《标准(2011年版)》对符号意识的阐述是能够理解并且运用符号表示数、数量关系和变化规律,知道使用符号可以进行一般性的运算和推理[5],并把符号意识解释为:学习者在感知、认识、运用数学符号方面所作出的一种主动性反应,它也是一种积极的心理倾向[6]。《标准(2022年版)》对数学符号意识的阐释:“能够感悟符号的数学功能。知道符号表达的现实意义;能够初步运用符号表示数量、关系和一般规律;知道用符号表达的运算规律和推理结论具有一般性;初步体会符号的使用是数学表达和数学思考的重要形式。符号意识是形成抽象能力和推理能力的经验基础。”[7]本书中的符号意识是指学生对表示事物数量关系和空间形式等记号的感知、认识、理解、运用等方面的反应,这些反应具体表现出来的是一种对数学符号进行信息加工和处理的能力,且反应的不同强度体现了学生符号意识的强弱程度。最终学生领会符号的使用是进行数学表达和数学思考的重要形式。[8]

①《数学辞海》编辑委员会.数学辞海(第六卷)[M].北京:中国科学技术出版社,2002:409.

② 杜瑞芝.数学史辞典[M].济南:山东教育出版社,2000:684.

③ 中国小学教学百科全书总编辑委员会数学卷编辑委员会.中国小学教学百科全书(数学卷)[M].沈阳:沈阳出版社,1993:161.

④ 中华人民共和国教育部.义务教育数学课程标准(2011年版)[S].北京:北京师范大学出版社,2012:1.

⑤ 中华人民共和国教育部.义务教育数学课程标准(2011年版)[S].北京:北京师范大学出版社,2012:6.

⑥ 史宁中.义务教育数学课程标准(2011年版)解读[M].北京:北京师范大学出版社,2012:83-85.

⑦ 中华人民共和国教育部.义务教育数学课程标准(2022年版)[S].北京:北京师范大学出版社,2022:8.

⑧ 李艳琴,宋乃庆.小学低段数学符号意识的含义及其表现形式[J].课程·教材·教法,2016,36(3):92-97.

（三）操作性定义

刘电芝认为操作定义是一个与抽象定义相对的概念，操作定义是用具体的、可感知的或可度量的事物、事件、现象对概念、命题进行界定。[①]在小学低段数学符号意识测评模型构建过程中，操作性定义尤为重要，是本书具有价值的重要前提，是小学低段数学符号意识测评指标确立的重要依据，也是小学低段数学符号意识内涵认识的进一步深化。对小学低段数学符号意识下操作性定义的目的是：较为客观准确地描述符号意识的本质特征；有利于同行之间的学术交流，避免在概念认识方面出现不必要的歧义和争论。因此，小学低段数学符号意识的操作性定义是根据小学低段数学符号意识的可测量、可观察、可操作的特征进行界定的。

（四）测评模型

测评是测量与评价的总称，不仅包含测量，更重要的是还包含了对测量结果的评价。黄希庭认为测量是依据一定的规则用数量对事物加以确定[②]，冯平认为评价是人把握客体对人的意义、价值的一种观念性活动，评价具有判断、预测、选择和导向功能[③]。因此，测评就是人们依据一定的规则用数量对事物进行判断、预测、分析。

模型的定义有很多种，沈以淡认为模型是对客观现实事物的某些特征与内在联系所作的一种抽象的表达形式，它体现了与事物有关的因素之间的关系[④]。《数学辞海》认为模型可以是文字、图表、公式，也可以是计算机程序或其他实体模型[⑤]。贺建勋在《系统建模与数学模型》一书中总结了模型的8种定义，其中本书采用的模型定义是：模型是客观事物的特征及其变化规律的一种表示或抽象形式，且往往是对事物中那些要研究的特定属性的定量抽象[⑥]。

综合测评和模型的定义，可以认为测评模型是指根据一定的规则抽象出事物特征，并定量分析其相互关系的数学表达式。因此，小学低段数学符号意识的测评模型是指依据一定的规则对小学低段数学符号意识的特征进行定量分析后抽象出来的数学表达式。

---

① 刘电芝．教育与心理研究方法[M]．重庆：西南师范大学出版社，1997：28.

② 黄希庭．简明心理学辞典[M]．合肥：安徽人民出版社，2004：34.

③ 冯平．评价论[M]．北京：东方出版社，1995：1.

④ 沈以淡．简明数学词典[M]．北京：北京理工大学出版社，2003：214.

⑤《数学辞海》编辑委员会．数学辞海：第3卷[M]．南京：东南大学出版社，2002：109.

⑥ 贺建勋．系统建模与数学模型[M]．福州：福建科学技术出版社，1995：6.

(五)小学低段

《标准(2011年版)》把义务教育划分为3个学段,其中1~3年级为第一学段,4~6年级为第二学段,7~9年级为第三学段。《标准(2022年版)》把义务教育划分为4个学段,其中1~2年级为第一学段,3~4年级为第二学段,5~6年级为第三学段,7~9年级为第四学段。本书设计之初,认真分析了小学生的认知规律和数学课程的特点,结合调查结果,决定把小学分为三个学段,即低段、中段和高段三个学段,这也是一线教师通常认可的划分方式。故本书的小学低段是指义务教育阶段的1年级和2年级,全文简称小学低段。

第二章

数学符号意识的国内外研究

根据本书要解决的主要问题，本章节将对数学符号、意识和数学符号意识三个方面的研究成果进行综述。综合国、内外已有的研究成果，本章明确小学低段数学符号意识测评模型研究有待解决的具体问题，并挖掘数学符号意识测评模型构建的研究空间，对小学低段数学符号意识如何促进学生数学素养的发展进行分析，把握小学低段数学符号意识测评模型构建与应用的发展趋势。

第一节　数学符号的有关研究

中国古代数学家很早就开始寻觅、创造一些符号来表示重复使用的语义，但他们还是大量使用语言文字来叙述数学问题、进行数学推理和验算，古人称为“文辞符号”。而真正开始自觉运用数学符号的是古希腊数学家丢番图，他创用的数学符号仅仅是文字的缩写，不属于真正的数学符号体系。数学符号体系的逐步形成是在16世纪，法国数学家维达（1540—1603年）建立了代数符号体系，他为数学符号体系的建立做出了巨大贡献。因此，数学符号体系经历了“文辞符号—简字符号—数学符号”的符号化过程。

一、数学符号历史的研究

国内外对数学符号历史的研究成果较多，其中在和数学符号有关的著作中，国外以F·卡乔里（Florian Cajori）的*A History of Mathematical Notations*为代表，他主要介绍了数学符号的表现形式，以及常用符号的产生和发展过程。[①]国内有刘云章的《数学符号学概论》、孙兴运的《数学符号史话》和徐品方的《数学符号史》，其中刘云章的《数学符号学概论》是国内最早较为系统地介绍数学符号的一部专著，全书主要对数学符号的形成和发展、数学符号的动力作用、数学符号的思维功能、数学符号的创设原则、问题解决时符号的处理技巧以及对数学符号教学的思考和建议进行了系统的分析和阐述。[②]孙兴运的《数学符号史话》主要是对中小学数学中常见的80多个数学符号的产生和发展历史及其作用进行简要介绍，叙述方式通俗易懂，有利于中小学生了解数

① Florian C.A History of Mathematical Notations[M].Chicago:The Open Court Publishing Company,1928.

② 刘云章.数学符号学概论[M].合肥:安徽教育出版社,1993:1-20.

学符号的演变过程,激发学生学习数学的兴趣。[①]徐品方的《数学符号史》比较系统地对算术符号、代数符号、几何符号、三角符号以及高等数学中涉及的符号的历史进行详细论述,以及较为系统地阐述了数学符号的意义、特点、分类和教学等内容。[②]

在数学符号历史发展中的其他研究成果中,梁宗巨早已从数字零的产生(位值制计数法的产物)、发展(玛雅人创造的零→托勒密的小圈→印度人承认零是一个数→亚里士多德对零不能作除数的见解)和零的传播等方面对零的历史进行了详细论述。[③]桂质亮对原始计数符号发展到数字符号,以及早期代数、几何符号的产生、发展和演变的过程进行了详细论述。[④]托和勒理论述了数学符号系统的演变和进程,对数的记号→代数的符号化过程→数学符号系统的形成过程进行论述。[⑤]洪伟龙从古巴比伦的泥版文书中的楔形文字、中国古代的甲骨文、古埃及的象形数字记号、欧洲的罗马数字、国际通用的阿拉伯数字符号等发展历程方面对数字符号的历史进行了详细的阐释。[⑥]由于数学符号系统在18世纪已经相对完善和成熟,常用的数学符号已经得到广泛认可并使用,因此近几年学界对数学符号的历史研究相对较少。

二、数学符号重要性的研究

数学符号是数学学科特有的语言,也是数学学习的重要载体。数学符号具有抽象性、简洁性、统一性等特点,其重要性也不言而喻。可以说,没有数学符号就没有数学学科的发展。著名数学家希尔伯特(David Hilbert,1902)在他发表的数学成果中提出:数学的起点就是数学符号[⑦]。刘云章认为数学的大多分支都靠某一种符号语言生存,数学的每一个分支都离不开符号,并从思维活动的载体、暗示信息、简约思维促进思维机械化、刺激联想活动、诱发数学灵感等方面阐述了数学符号的思维功能[⑧]。桂质亮从数学符号系统的角度探讨了数学符号系统的功能,即数学符号系统具有传递思想、简化推理、辅助思维和自我生成的功能。[⑨]数学符号的产生和发展体现了数

① 孙兴运.数学符号史话[M].济南:山东教育出版社,1998:1-2.

② 徐品方,张红.数学符号史[M].北京:科学出版社,2006:350-360.

③ 梁宗巨.零的历史[J].自然杂志,1984,7(9):692-695.

④ 桂质亮.古代数学符号的发展与演变过程[J].华东师范大学学报(自然科学版),1989,23(3):447-455.

⑤ 托和勒理.数学符号系统的形成与认识功能[J].东北师范大学学报(自然科学版),1995(2):31-37.

⑥ 洪伟龙.数学符号的简单历史[J].南昌教育学院学报,2011(1):56-58.

⑦ David H. Mathematical Problems in Bulletin of the American Mathematical Society[C].2nd Series,1902:164.

⑧ 刘云章.数学符号学概论[M].合肥:安徽教育出版社,1993:52,75-120.

⑨ 桂质亮.论数学符号系统的特点与功能[J].华中师范大学学报(自然科学版),1990,24(4):509-515.

学符号的重要性和重要功能。同时，由于数学符号的统一性，使得数学符号也广泛应用于物理科学和技术。高冠群阐述了《物理科学和技术中使用的数学符号》中数学符号标准化的作用及其社会性，以及数学符号的标准化使用对物理科学和技术的重要意义和作用，认为数学符号是表达技术思想不可缺少的手段和基础，数学符号的标准化是历史的必然。[①]

可见，每一个数学符号的产生和发展都伴随着数学学科知识的产生和发展，体现了数学符号在数学知识产生和发展中的重要性和功能性。

三、数学符号分类的研究

数学符号的分类是开展相关研究的基础，根据不同的标准，数学符号的分类也不同。刘云章按照数学符号的作用把数学符号分为四种类型，详见表2-1[②]。

表2-1　刘云章对数学符号的分类

符号类型	具体案例
元素符号（表示数或几何图形的符号）	如数字符号（0，1，2，3，4，…）、表示数学的字母（a，b，c，…，x，y，z，…）、某些特定的常数（e，i，…）、三角形的边（a，b，c）等
关系符号（表示数、式、形之间的关系的符号）	如=、>、<、≥、≤、≠、≈、≌ 等
运算符号（按照某种规定进行运算的符号）	如+、-、×、÷、a^n、$\sqrt{\ }$、$\sum$ 等
辅助符号（为便于表达和运算引进的具有特殊意义的符号）	如Δ（判别式）、n!、min、max等

李士锜将数学符号分为四类：字母与数字符号、标识符号、象形符号和标点符号。[③]徐品方在《数学符号史》中比较系统地梳理了数学符号的七种不同分类结果，具体包括把数学符号的来源、数学符号的作用、数学符号的含义、所表示数学概念种类的区别等作为分类标准进行分类的几种分类方式。[④]

由于分类标准不同，得到的分类结果就不一样。但总体来看，不同分类之间也存在着交叉的地方。因此，结合小学低段数学符号的内容特征，本书主要参照较为常见的分类方式，即按照数学符号的作用进行分类，一般分为元素符号、运算符号、关系符号、结合符号、约定符号、计量单位符号共六大类型。

① 高冠群.物理科学和技术中使用的数学符号[M].北京：计量出版社，1983：5.
② 刘云章.数学符号学概论[M].合肥：安徽教育出版社，1993：19-20.
③ 李士锜.PME：数学教育心理[M].上海：华东师范大学出版社，2001：185.
④ 徐品方，张红.数学符号史[M].北京：科学出版社，2006：360-367.

四、数学符号学习的研究

数学符号的学习是学生数学学习中的重要内容，学生对数学符号的认识、理解和掌握程度直接影响学生的数学学习质量。从研究文献的数量可知，专门研究数学符号学习的成果并不多，尤其是一线教师对学生数学符号学习的研究甚少，且较少从定量上去分析学生学习数学符号的现状，而对小学阶段（尤其是小学低段）学生数学符号学习的研究几乎没有。

罗新兵认为数学符号的学习受主、客观两方面的影响，主观来自学生的思维定式和学习心向，客观源于数学符号的高度抽象性和复杂性。并从学生对数学符号的表达、对数学符号的理解和正确地书写数学符号等方面阐释学习数学符号的困难原因。①

戴风明认为学生数学符号学习的困难主要表现在：学生对数学符号的记忆简单机械，不能正确理解符号的意义，学生缺乏将文字语言转化成符号语言的能力等方面。②

汤强对7~9年级学生的数学符号语言的学习进行了调查，结果显示：学生在符号理解的广度、符号间的关系的理解、字母意义的理解等方面存在差异。因此学生在数学符号语言的理解和表示上存在的问题是制约学生数学学习发展的一个主要因素。③

王成营对义务教育阶段学生获得数学符号意义的能力进行调查，发现中小学生获得数学符号意义的能力普遍较弱，具体表现在：中小学生对数量关系的理解不够，不能准确理解符号表示的数量关系，缺乏在具体情境中选择与运用恰当符号表征的能力；低年级学生不习惯用数学专业符号解决问题，而倾向于用数学文字符号进行表征；学生的数学文字理解能力没有随着年级的增加而提高。④

张文姝对高中生在元素符号、关系符号、运算符号和辅助符号的学习方面的情况进行了调查，结果显示：高中生对元素符号的认识仍停留在表面，对同一符号在不同表达式中的含义不能较好地理解；对关系符号的实质的理解不够，不能够准确判断符号间的关系；在运算符号的学习中缺乏复杂运算的能力。⑤

---

① 罗新兵.数学符号的教与学[J].中学数学教学参考，2002，5：11-13.

② 戴风明.浅谈增强学生数学符号意识的教学途径[J].教育与职业，2005(35)：129-130.

③ 汤强.7—9年级学生数学符号语言的理解与表示[D].重庆：西南大学，2009.

④ 王成营.数学符号意义及其获得能力培养的研究[D].武汉：华中师范大学，2012.

⑤ 张文姝.高中生数学符号学习现状的调查研究[D].兰州：西北师范大学，2015.

王娟从学生对不同层次的符号化过程的认知困难的原因方面进行了调查分析，结果表明：在初级操作层次，学生对数学符号的认识不够，存在使用上不规范的问题；在意义操作层次，学生不能较好理解数学符号的含义，在符号语言、图形语言和文字语言之间的转换上有不同程度的困难；在程序化操作层次，学生对数学符号的转换与运算不熟练；在演绎层次，学生对抽象符号背后的潜在条件理解不够。①

王浩对高中生理解与表示代数符号的学习情况进行了调查分析，结果显示：代数符号的高度抽象性和独立性，导致学生不能真正理解数学符号表示的含义，不能形成代数符号学习的认知结构；学生对文字语言与符号语言的互译能力需要加强；学生缺乏对代数符号语言的识别能力。②

綦小乐通过对小学生对数学符号的理解和应用两个方面进行调查得到结论：学生在符号的理解上存在符号知识提取困难，对符号理解流于表面等问题，在符号的应用上存在符号表征困难，符号工具性意识淡薄和符号书写不规范等问题。③

综上，从学生学习数学符号的研究成果中得出，中小学生对数学符号的学习存在一定的困难，主要集中表现在：不能理解数学符号表示的含义，对符号的认识停留在机械记忆层面；不能进行符号语言、图形语言和文字语言之间的转换和互译。学生在数学符号学习中的困难表现将为小学低段数学符号意识测评指标的设立和确定提供参考和依据。

五、小学低段的数学符号分类和整理

本书的主要研究问题是如何构建小学低段数学符号意识的测评模型，因此需要对小学低段数学教科书中涉及的数学符号进行梳理，其目的是厘清小学低段学生所学数学符号的内容、类型、具体表现等知识点，为小学低段数学符号意识后续有关理论的探究奠定基础。我国小学数学教材版本较多（人教版、苏教版、西师版、青岛版、北师大版、冀教版、沪教版等），虽然各有特色，但在内容编排和知识呈现上并无太大差异。因此，结合实际情况，本书选择人教版（2012年）小学数学一、二年级教科书进行分析，整理得到小学一、二年级涉及的全部数学符号类型及对应的课程内容和案例表现，详见表2-2和表2-3。

① 王娟．中学生数学“符号化”认知困难及教学建议研究[D]．乌鲁木齐：新疆师范大学，2016．

② 王浩．高中生代数符号理解与表示的调查及教学策略研究[D]．济南：山东师范大学，2016．

③ 綦小乐．小学生对数学符号的理解与应用研究[D]．济南：山东师范大学，2021．

表2-2　一年级数学符号类型及符号表现案例一览表

分类	课程内容	符号表现案例	备注
元素符号	准备课(数一数)	1,2,3,…,10	一年级上册
	1～5的认识	1,2,3,4,5,0	一年级上册
	6～10的认识	6,7,8,9,10	一年级上册
	11～20各数的认识	11,12,…,20	一年级上册
	100以内数的认识	35,36,…,100	一年级下册
	找规律	1,3,1,3,… 5,10,15,20,…	一年级下册
关系符号	1～5的认识 6～10的认识	3>2,5>4,2=2, 3<7,6<10,…	一年级上册
	11～20的认识	12<15,20>10,…	一年级上册
	100以内数的认识	42>37,18<81,…	一年级下册
运算符号	1～5的加减 6～10的加减	2+3=□,…	一年级上册
	20以内的进位加法	9+4=□,…	一年级上册
	20以内的退位减法	15−9=□, 12−8=□,…	一年级下册
	100以内的加法和减法(一)	24+9=□, 35−20=□,…	一年级下册
结合符号(小括号)	两位数减一位数、整十数	10−2−3=10−(2+3)=5	一年级下册
约定符号	1～5的认识和加减 6～10的认识和加减	5 3　2	一年级上册

表2-3　二年级数学符号类型及符号表现案例一览表

分类	课程内容	符号表现案例	备注
元素符号	万以内数的认识	235,563,3 745,…	二年级下册
关系符号	万以内数的认识	940○1 899, 1 350○2 365,…	二年级下册
	克和千克	2 000克○2千克 800克○1千克	二年级下册
运算符号	100以内的加法和减法(二)	35+37=□, 51−36=□,…	二年级上册
	表内乘法(一)	3+3+3+3+3=15 →3×5=15	二年级上册
	表内乘法(二)	2×7=　　3×8= 4×9=　　…	二年级上册
	表内除法(一)	12÷4=3, 20÷4=5,…	二年级下册
	表内除法(二)	56÷8=7, 27÷9=3,…	二年级下册
	有余数的除法	7÷2=3……1	二年级下册
结合符号(小括号)	混合运算	7×(7−5)	二年级下册
计量单位符号	长度单位	“cm”,“m”	二年级上册
	克和千克	“g”,“kg”	二年级下册

由表2-2和2-3可知,小学低段已涉及6种不同类型的数学符号,并且随着年级的升高,学生接触到的数学符号也会随之增多。而不同类型的数学符号体现出不同的特征,也反映出不同的意义,这对本书中小学低段数学符号意识含义、表现形式的探究奠定基础。

综合以上数学符号相关的研究成果,可以得到以下结论:学者们对数学符号的历史和重要性认识具有一定共识;基于不同研究需要,数学符号的分类也百花齐放;总的来说,对数学符号学习的研究相对较少,而较多研究成果是从教学策略上去论述学生数学符号学习的有关问题,缺少通过科学的实证研究去分析学生数学符号的学习现状和存在的问题的研究;一线教师对数学符号的研究成果相对较少。因此,从总体来看,目前还缺少从定量研究的角度对学生数学符号学习的现状、问题和对策开展的系统研究,这对学生数学符号意识的培养和发展至关重要,对学生数学学习发展也有积极的推动作用。

第二节　意识的有关研究

一、意识内涵的研究

意识这一概念最早源于哲学研究，后来越来越多的学科涉足意识领域，如医学、生理学、伦理学、心理学等。由于研究者们对意识的理解和研究方法不尽相同，因此出现了不同的着眼点。

A.阿诺尔德等从哲学研究的观点出发，认为意识包含了人们的一切心理反映形式（感觉、知觉、思维、情感和意愿），以及一切用来决定和调节行为与行动的心理成就（分析、综合、比较、统一、区别、概括、推论、决定以及其他类似活动）[①]。而医学中的"意识"一般是指"清醒程度"，更多使用"意识状态"一词；生理学中的意识一般指"一种生物机能"；伦理学中的意识侧重"精神、道德"方面；心理学中，不同专业对意识概念的认识也不统一；在认知心理学领域，美国认知心理学家戴维斯（Davies）认为意识是一种心理状态，包括感觉、知觉经验和正在发生的思维活动[②]；在神经心理学领域，加扎尼加（Gazzaniga）认为意识是一种不可习得的本能，是一种生命活动现象[③]。

我国学界意识内涵及本质的相关研究成果也非常丰富，潘菽曾认为意识是一种心理活动，它包括对感觉、知觉、思维等复杂结构的认识过程[④]。车文博根据什么是意识的问题提出了5种值得商榷的说法：①等同说（心理等同于意识），即意识是心理状态的总体或各种不同心理过程的总和；②副现象说（意识是一种副产品），即意识是物质或心理活动的消极反映；③意识流说（思想流），即意识是属于私人的、是常态的和连续不断的，意识具有选择性；④分泌说（意识是人脑的分泌物），即把意识的产生简单归结为物理、化学和生理的过程；⑤觉醒说，即意识是人在觉醒时的心理状态。最后他认为意识就是意识到的意思，即意识是主体对客体所意识到的心理活动的总和。[⑤]韩民青从哲学意识论的角度指出，对意识的进一步认识应该遵循从思维的产生、思维的层次到具体剖析意识的层次（即意识的内容与形式）这条线索深入下去，其

① A.阿诺尔德.人类意识的本质和发展[J].洪佩郁，蔺月峰，译.哲学从林，1988(2):9-20.

② Davies M.Consiousness Cognitive Neuropsychology of Encylopedia[M].Massachasetts:MIT Press,2001:192.

③ Gazzaniga M S.认知神经科学[M].上海:上海教育出版社，1998:852.

④ 潘菽.意识——心理学的研究[M].北京:商务印书馆，1998:18.

⑤ 车文博.意识与无意识[M].沈阳:辽宁人民出版社，1987:17-19.

中符号的形式包括思维形象、概念、判断和推理。[①]张春兴认为意识(consciousness)是一个包括多种概念的集合名词,其含义是指个人运用感觉、知觉、思考、记忆等心理活动,对自己的身心状态(内在的)与环境中人、事、物变化(外在的)的综合觉察与认识。[②]高文斌等认为意识是一种大脑本身具有的“本能”或“功能状态”。[③]沈政等从心身关系——意识的哲学观、意识的标准及意识的问题等方面对基本问题进行了阐释[④]。

肖明等指出,意识现象极为复杂。在现代,除了哲学、心理学以外,还有逻辑学、思维科学、语言学、人类学、神经生理学、脑科学、医学、精神病学,以及信息论、控制论、人工智能等,都对意识现象从不同方面、不同层次,以及功能、活动等的方面进行研究,在意识概念的理解、使用和含义上也有差别。在政治、经济、文化的社会交往中,人们经常使用“意识”这个词,但其内容复杂、多义,与严格的科学和哲学中的意识概念存在区别。[⑤]

从词语上分析意识的概念解释,《现代汉语词典》(第七版)把意识解释为:“①觉察(常跟‘到’连用)……②人的头脑对于客观物质世界的反映,是感觉、思维等各种心理过程的总和,其中的思维是人类特有的反映现实的高级形式。”研究过程中找出了6个相近的意识术语:“Sensitivity”、“Awareness”、“Self-aware”、“Conscious”、“Self-conscious”和“Intentionality”。其中第一个词语为“感受性”(Sensitivity)或“反应”(Reactivity);第二个是“觉察”(Awareness)或“觉知”;第三个词语为“自我觉知”(Self-aware);第四个词语为“有意识”(Conscious)的觉察或思维;第五个词是“自我意识”(Self-conscious);最后一词是“意向性”(Intentionality),是一种指向对象的“内在的意识”。从词义分析上看,英文中的“意识”词义虽然丰富,却又过于杂乱、琐碎。

本书的“符号意识”是源于“Symbol sense”的翻译,其中“Sense”被解释为:“一是作为名词表示感官、感觉、辨别力、判断力、观念、意识;二是作为动词表示感觉到、意识到、了解、领会。[⑥]”心理学中“意识”的英文翻译是“Consciousness”,作名词,被解释为“清醒状态、觉察、感觉、意识、观念、看法”[⑦]。从搭配上看,符号意识“Symbol sense”也

① 韩民青.意识论[M].南宁:广西人民出版社,1988:83.

② 张春兴.现代心理学[M].上海:上海人民出版社,1994:135.

③ 高文斌,魏景汉.关于意识的研究思路[J].心理学动态,2001(2):97-101.

④ 沈政,方方,杨炯炯.认知神经科学导论[M].北京:北京师范大学出版社,2010:63.

⑤ 肖明,李培松.现代科学意识论[M].北京:经济科学出版社,1993:22.

⑥ 霍恩比.牛津高阶英汉双解词典(第7版)[M].王玉章,等译.北京:商务印书馆,2009:1814.

⑦ 霍恩比.牛津高阶英汉双解词典(第7版)[M].王玉章,等译.北京:商务印书馆,2009:420.

不同于其他诸如安全意识"Safety consciousness"、法律意识"Legal consciousness"的词组搭配。显然，两个英文单词翻译成的"意识"在词义和词性上有很大的不同，心理学中的"意识"更多地理解为知觉，而我们所使用的"意识"应更多地理解为辨别、判断和领会。

综合上述研究成果得出，本书对符号意识"Symbol sense"的理解应联系数学与数学教育专业特点，不能与心理学上解释的"知觉、感觉、自觉、觉悟、意识、观念"完全等同，这给小学低段数学符号意识含义的理解提供了研究方向。

二、意识类型的研究

意识的类型是意识水平划分的理论基础，学者们从不同的视角或标准划分出不同的类型，详见表2-4。

表2-4　意识类型的不同划分

学者	具体划分
希尔加德(Hilgard)	"意识""非意识""下意识""无意识"
拉伯(Rarber)	意识觉察、较高级官能和意识状态
爱德尔曼	"初级意识"或"基础意识"、"次级意识"或"扩展意识"
阿特金森(Atkinson)	通达性意识(A-意识)、现象性意识(P-意识)、控制性意识(M-意识)和自我意识(S-意识)①
张春兴	焦点意识、边意识、下意识、无意识、潜意识、前意识、非意识和无意识等类型②
井军弟等	无意识、意识、自我意识和元自我意识③

可见，学者们对意识的分类实际上是对意识水平的划分，反映的是意识水平的高低或意识程度的强弱，这为本书中小学低段数学符号意识测评指标的确定和小学低段学生数学符号意识水平的划分提供了借鉴和参考的依据。

三、意识研究的趋势分析

关于意识的研究非常多，有心理学层面的，也有哲学层面的，包含了意识形态、创新意识、主体意识、问题意识、公民意识、忧患意识、自我意识、生命意识、审美意识等有关主题的研究。本书中主要涉及的是数学中的符号意识的测评研究，主要包含了

① Atkinson P, Thomas MS, LeeYemans A.Consciousness: Mapping the Theoretical Landscape[J].Trends in Cognitive Science, 2000, 4(10): 372-382.

② 张春兴.现代心理学[M].上海：上海人民出版社，1994：173-174.

③ 井军弟，霍涌泉.认知科学背景下的意识水平分类研究[J].陕西理工学院学报(社会科学版)，2010，28(1)：15-20.

对意识的测评问题研究。因此，我们在中国知网数据库中，让“主题=意识”且“主题=测评”，检索后选取中文核心、CSSCI和CSCD来源的文章共计135条数据，时间截至2022年。通过文献计量分析、COOC和SPSS软件对数据进行整理和分析，我们可以得到期刊文献的发表年份、主题分布和关键词频次等重要信息，可作为数学符号意识研究的重要参考。

（一）文献发表年份

通过对135条数据进行统计分析，我们得到研究年份的频次统计图，如图2-1。

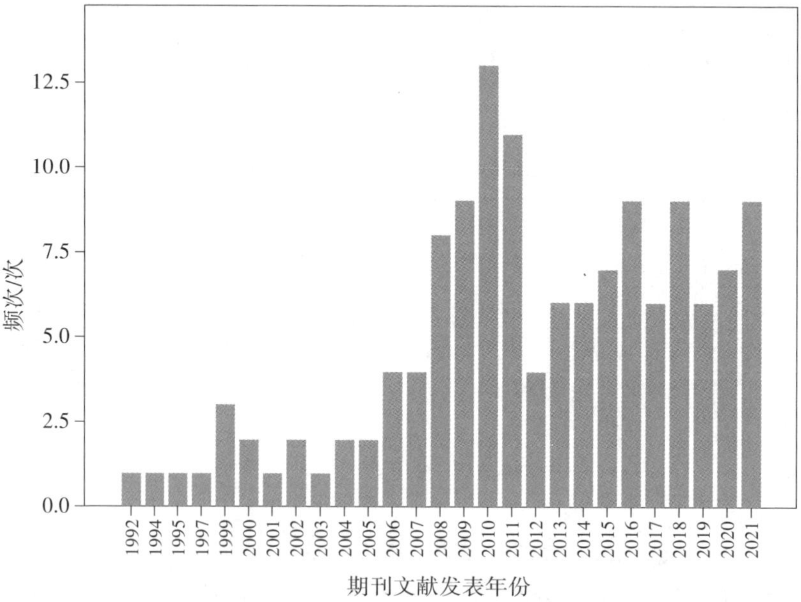

图2-1　“主题=意识”且“主题=测评”的文献发表年份频次统计图

从图2-1中可以看出，在2008年后，这一主题的研究频次呈现直线上升趋势，并在2010年达到最高值，2011年又下降，且在2013年后基本保持稳定，这一主题的研究文献数量总体也不是太多。这说明了意识测评问题研究因涉及多个学科，比较复杂，也有很大难度，是值得进一步思考和研究的方向。

（二）主题分布趋势分析

在这一大主题的研究背景下，还涉及其他主题分布，通过分析其他相关主题的分布趋势，可以为该主题的后续研究或找到感兴趣的研究主题提供思路。根据研究需要和出现的高频主题词，我们选取了部分高频主题词，并分析其分布规律，详见图2-2。

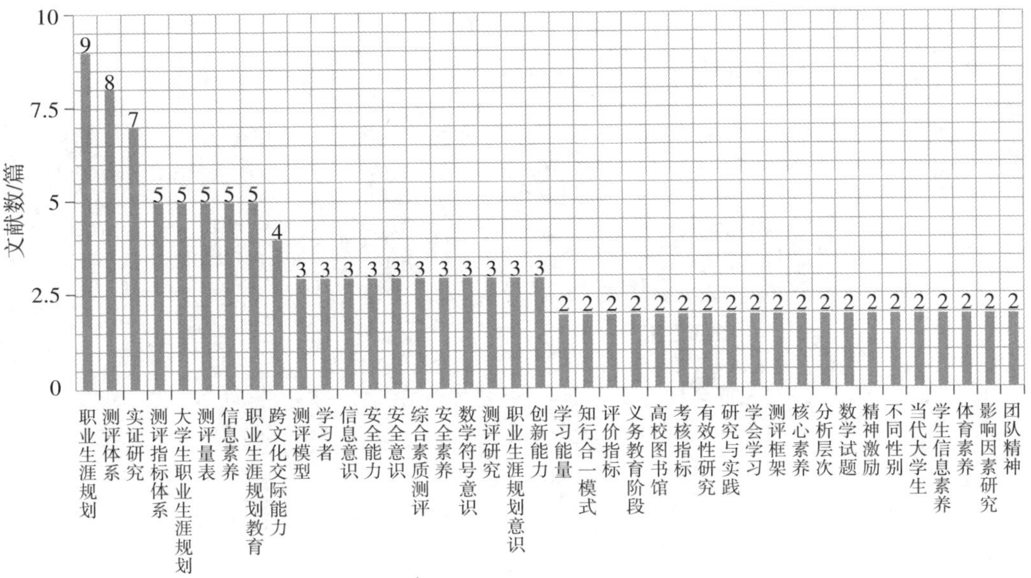

图2-2　“主题=意识”且“主题=测评”的研究文献主题分布(部分)

从《标准(2022年版)》可知,无论是数学学科还是其他学科,在课程目标或学科核心素养中,都涉及了意识这个概念。然而一方面,学界对中小学阶段的意识研究并不多,需要引起更多的重视;另一方面,从意识和测评的研究主题分布来看,该主题与素养、能力等关键词相关,但整体从出现的频次来看,对意识测评的相关研究相对较少。《标准(2022年版)》除了强调“符号意识”外,还明确了“推理意识、数据意识、模型意识、应用意识、创新意识”这5个与意识有关的核心素养。因此对意识的测评研究是一个比较热点的研究问题。

(三)文献关键词分析

通过COOC软件对数据进行清理去重,并对去重后的数据进行关键词频数统计,一共得到479个关键词,主要得到以下分析信息。

通过COOC软件对去重后的关键词整体进行分析,得到如图2-3所示的词云图。统计分析关键词词频,如图2-4所示。

从图2-3的关键词词云中发现,职业生涯规划、信息素养、大学生、安全素养等词语比较大,说明这些关键词出现的频次较高,也是学界关注和研究的重点。

图 2-3 “主题=意识”且“主题=测评”的研究文献关键词词云图

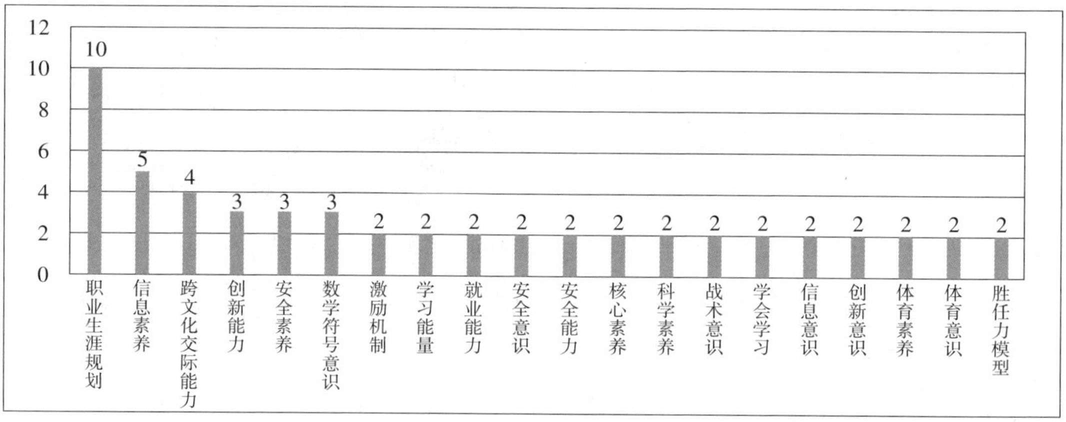

图 2-4 “主题=意识”且“主题=测评”的研究文献关键词词频统计图(部分)

从图 2-4 中发现，在“主题=意识”且“主题=测评”的研究文献中，对素养的研究比较多，如信息素养、核心素养、科学素养等，这反映了在该主题下研究意识的测评问题，大多与某一学科的核心素养有关。本书要研究的符号意识，也是小学数学中的一个非常重要的核心素养。这些研究的关键词分布也给本书一个研究启示，即符号意识是可以进行测评的。

第三节 符号意识的有关研究

我国在《全日制义务教育数学课程标准(实验稿)》中首次提出“符号感”这一概念,经十年教学实践后,《标准(2011年版)》把“符号感”修订为“符号意识”。正是国家这种课程标准的变化,引起了学界对数学符号意识的高度重视,进而促使学者在数学符号意识的内涵、现状调查和培养等方面取得较为丰富的研究成果。

一、符号感内涵的研究

在我国的中小学数学课程中,首次提出“符号感”的是《全日制义务教育数学课程标准(实验稿)》,其认为符号感主要表现如下:“能从具体情境中抽象出数量关系和变化规律,并用符号来表示;理解符号所代表的数量关系和变化规律;会进行符号间的转换;能选择适当的程序和方法解决用符号所表达的问题。”①随后,关于符号感的研究也增多,在对符号感的理解上也出现了不同的观点。

周东明、姚相全认为符号感是人的一种观念性活动,是人在进行思维、描述以及表达事物时,运用符号去简化思维与表达过程的意识和能力,并认为小学生的数学符号感主要表现在对符号的认识、记忆、运用意识以及运用能力四个方面。②王兄认为符号感通常是指对符号的感受和领悟能力,对符号适时运用的理解以及对数学结构的感悟。③王成营认为符号感是看到符号后产生的一种复杂的和多方面的感觉,这种感觉是符号作用于我们的眼睛,通过视觉系统把刺激信号传到大脑中所引起的心理和行为上的反应。并把符号感看作一种能力,根据外在的行为表现不同,数学符号感可以划分为数学符号的选择能力、认知能力、转换能力、操作能力、预估能力和发现能力。④

还有一些学者对符号感的提法有不同的看法,如郑毓信对符号感这个概念的提法有一些异议,认为符号感的相关提法值得商榷,因为“我们似乎很难想象什么是对于符号(式)的敏感性,对于符号(式)的鉴别(鉴赏)似乎也完全是一种自觉的行为,我们或许也很难发展起某种关于符号(式)演算的估算能力”⑤。并认为“与‘符号感’这

① 中华人民共和国教育部.全日制义务教育数学课程标准(实验稿)[S].北京:北京师范大学出版社,2001.
② 周东明,姚相全.何谓小学生的符号感?[J].人民教育,2010,19:47-48.
③ 王兄.数学教学中的符号感:表象图式意义下的理解[J].中国教育学刊,2007(1):63-65.
④ 王成营.数学符号意义及其获得能力培养的研究[D].武汉:华中师范大学,2012.
⑤ 郑毓信.“数感”“符号感”与其它——《课程标准》大家谈[J].数学教育学报,2002,11(3):30-32.

样一种多少会使人感到'不可明确言状'的提法相比,我们在此所面临的一个重要任务即是,如何对'数学语言'的特殊性做出深入的分析"[①]。何小亚从内容角度和英文翻译角度都不支持"符号感"的提法,建议改为符号观念。[②]张奠宙认为"符号感是Symbol sense的中文译名,该词的真实含义是'符号意识',即善用符号表示和运算"[③]。史宁中从心理学的角度辨析了感觉和意识的区别,认为感觉是人认识事物的开端,是简单的心理活动,是诸如知觉、意识、思维等复杂心理活动的基础。因此符号意识不是简单的对符号的感悟达到的水平,是一种数学意识,这种符号意识与数感、数学模型有着密切的相关性,是一种对数学语言的综合运用,不能简单地归结为符号感(对符号的直观感觉)的问题。[④]

二、符号意识内涵的研究

符号意识的概念起源于国外学者的研究,最早源于数感(Number sense)的研究设想。施特恩(Steen)较早对符号意识有过相关研究,认为符号意识(Symbol sense)是一种非正式技能(Informal skill),并提出可以通过符号表达和代数运算去培养学生的符号意识,建议数学符号意识的教学应包括以下5个方面[⑤]:

(1)学生看到代数表达式就能够粗略地用数或图像模式进行估计;

(2)能根据某一形式规则对函数的数量级进行比较,搭建数感和符号意识之间的桥梁;

(3)能够通过分析函数值表、图像或口头陈述的条件去识别具有代数规则的可能形式;

(4)能够检查代数运算和预测结果的形式,在算术估计中,能够检查结果和判断正误的可能性;

① 郑毓信."数感""符号感"与其它——《课程标准》大家谈[J].数学教育学报,2002,11(3):30-32.

② 何小亚.全日制义务教育阶段数学课程标准(实验稿)刍议[J].数学教育学报,2003,12(1):45-49.

③ 张奠宙.对《全日制义务教育数学课程标准》理念部分的意见[J].数学通报,2005,44(12):1-4.

④ 史宁中.教育与数学教育[M].长春:东北师范大学出版社,2006:220-226.

⑤ Steen LA.On the Shoulders of Giants: New Approaches to Numeracy[M].Washington:National Academy Press,1990:80-81.

(5)能够确定几种等效形式中哪一种最适合回答特定问题。

国外对符号意识研究较为深入的是阿卡维(Arcavi),并从具体行为出发分析得出符号意识的8个表现行为[①]:

(1)解决问题时对数学符号的直观感觉;

(2)通过阅读操纵数学符号;

(3)通过图像信息来解释数学符号表达式含义;

(4)用数学符号表示“非等同”含义的等效表达式;

(5)数学符号的选择;

(6)数学符号的灵活操作;

(7)反思数学符号的含义;

(8)理解不同数学表达式中相同数学符号表示的不同含义。

其他学者也纷纷发表了对符号意识(Symbol sense)内涵认识的见解,如金策尔(Kinzel)认为符号意识是认识符号、操控符号和解释符号的能力结合[②]。索恩(Zorn)认为符号意识是从符号中抽象出数学含义和结构、有效的解析符号的含义,以及有效的操纵符号来发现新的数学含义和结构等的能力[③]。

从我国数学教育研究文献中得出,最早提出符号意识概念的是王林全教授。他在《发展学生数学符号意识的要领》一文中第一次提出了要发展学生的符号意识,但没有阐释符号意识的内涵,他认为“符号意识是比单纯的符号操作更高层次的数学素质”[④]。随后《义务教育数学课程标准(实验稿)》正式提出“符号感”这一概念,经过十年的数学课程改革和众多学者专家的研讨与总结,《标准(2011年版)》把“符号感”修订为“符号意识”,这不只是提法上的变化,更重要的应该是对数学符号学习结果表现的更进一步的要求。随之,学界对符号感和符号意识的研究也越来越多,但认识上并不统一。学者们对符号意识的提法,主要表现为以下几种观点。

① Abraham A. Symbol sense: Informal Sense Making in Formal Mathematics[J]. For the Learning of Mathematics, 1994, 14(3):24-35.

② Kinzel M T. Linking Task Characteristics to the Development of Symbol Sense[J]. The Mathematics Teacher,2001,96(6):494-499.

③ Zorn P. Algebra, Computer Algebra and Mathematical Thinking[C]. Presentation at the 2nd international conference on the teaching of mathematics, Hersonissos,crete,2002.

④ 王林全.发展学生数学符号意识的要领[J].数学通报,1996(5):4-8.

(1)观念说。何小亚从内容角度和英文翻译角度都不支持“符号感”的提法，建议把符号感改为符号观念。①周东明等认为符号感是“人的一种观念性活动，且小学生的数学符号感主要表现为对符号的认识、记忆、运用意识和运用能力”②。王兄认为符号感是“对符号的感受和领悟能力，对符号适时运用的理解以及对数学结构的感悟”③。

(2)反应说。《义务教育数学课程标准(2011年版)解读》把符号意识解释为学习者在感知、认识、运用数学符号方面作出的一种主动性反应④。王成营认为符号感是看到符号后产生的一种复杂的和多方面的感觉，这种感觉是符号作用于我们的眼睛，通过视觉系统把刺激信号传到大脑中所引起的心理和行为上的反应。⑤

(3)能力说。《标准(2011年版)》对符号意识的阐述是“能够理解并且运用符号表示数、数量关系和变化规律；知道使用符号可以进行一般性的运算和推理”。⑥其中的“能够”“理解”“运用”“知道”“使用”等词都是体现能力表现的行为动词，在一定意义上可以理解为符号意识就是这些理解和运用数学的能力体现。随后其他学者也纷纷对符号意识的内涵进行了分析。綦春霞认为“符号意识包含对符号本身的认识，符号之间的关系的理解，符号所蕴含的意义是符号能用于运算和转换，并解决现实问题”⑦。赵佳佳认为在小学阶段的符号意识主要表现在：认识常见的数学符号，理解符号的内涵和意义；能够鉴赏数学符号的精美及魅力，进而体会数学的美；自觉运用符号去表示数、数量关系和变化规律；在具体情境中具有选择合理符号的预感，选择最恰当的符号；具有识别符号信息，并能正确运用符号去解决问题的能力。⑧

(4)素养说。马云鹏认为符号意识是数学知识技能上位的东西，与数学能力相关，但又不限于数学能力，很大程度上是数学思想、方法或者对数学的整体理解与把握，是学生数学素养的表现。因此《义务教育数学课程标准(2011年版)解读》等一些材料，曾把符号意识称为核心概念或核心词，这并不是确切的表述，数学核心素养的

① 何小亚.全日制义务教育阶段数学课程标准(实验稿)刍议[J].数学教育学报，2003，12(1)：45-49.
② 周东明，姚相全.何谓小学生的符号感?[J].人民教育，2010，19：47-48.
③ 王兄.数学教学中的符号感：表象图式意义下的理解[J].中国教育学刊，2007(1)：63-65.
④ 史宁中.义务教育数学课程标准(2011年版)解读[M].北京：北京师范大学出版社，2012：83-85.
⑤ 王成营.数学符号意义及其获得能力培养的研究[D].武汉：华中师范大学，2012.
⑥ 中华人民共和国教育部.义务教育数学课程标准(2011年版)[S].北京：北京师范大学出版社，2012.
⑦ 綦春霞.浅谈新课程下符号意识的含义及其培养[J].数学教学研究，2012，31(1)：63-66.
⑧ 赵佳佳.小学生数学符号意识的培养研究[D].武汉：华中师范大学，2014.

表述更符合要反映的实质。[1] 朱立明等认为数学符号意识是数学素养之一,包含客观事物、符号表征、数学理解、思维结构、思想方法共5个方面的要素,具有阶段性、层次性、主体性、实践性等特征。[2]

关于符号意识内涵的相关研究,国内外学者存在不同的看法,但从上述观点中可以发现,学者们所理解的符号意识更偏向于能力。符号意识是符号能力吗?符号意识究竟是什么?大家可能都同意"意识≠能力"的观点,但意识和能力是什么关系?本书赞同唐晓清等人的观点,即认为意识是能力之魂,能力是意识的外化形式[3]。因此,本书认为符号意识是对数学符号的思维表现,也是因不同思维表现所外化出的不同的能力。

三、符号意识测评的研究

符号意识测评领域的研究成果较少,我们亟需从符号意识的内涵出发去构建符号意识的测评指标体系和测评模型。根据目前的文献,朱立明等初步建立了符号意识的PORE评价框架,具体包括数学符号的感知、数学符号的运算、数学符号的推理和数学符号的表达共4个维度,每个维度由低到高分为3级水平,如在数学符号的感知维度中他认为:0级水平,表示对数学符号的感知是一种模糊的状态;1级水平,表示对数学符号的感知是单一的,片面的;2级水平,表示对数学符号的感知是完整的,全面的。[4]故这一评价框架只是思辨研究的结果,在操作性上还没有进行实践验证。

四、符号意识调查的研究

符号意识的调查研究是符号意识研究的一个重要组成部分,是培养和发展学生符号意识的重要依据。但由于学界对符号意识内涵认识不统一,甚至在有些观点上还有很大的争议,因此这一部分研究成果的实效性还有待进一步验证,且研究选取的样本量在很大程度上还不足以说明该学段学生数学符号意识的整体情况,故对调查的已有现状不再进行深入的分析和探讨。

① 马云鹏.关于数学核心素养的几个问题[J].课程·教材·教法,2015,35(9):36-39.

② 朱立明,胡洪强,马云鹏."数学符号意识"研究:要素、特征与策略[J].中小学教师培训,2017(4):45-49.

③ 唐晓清,杨绍华.论执政意识与执政能力的互动关系[J].前线, 2008(11):38-40.

④ 朱立明,马云鹏.学生数学符号意识PORE评价框架的构建[J].数学教育学报,2016,25(1):84-88.

刘稀凤在对符号意识内容阐释的基础上，从学生对符号意义的理解、用符号表示数、用符号表示数量关系、用符号表示变化规律和表示符号的运算这5个维度对初中生数学符号意识进行了调查，研究结果显示：学生数学符号意识在年级之间存在明显差异，随着年级的升高，学生数学符号意识会随之增强；学生整体用符号表示数量关系的能力较弱。①

刘瑶从数学符号的理解、数学符号的表示和数学符号的操作3个维度对七年级学生的符号意识现状进行调查，结果显示：七年级学生在对数学符号的理解和数学符号的表示这2个维度上整体较好，但在数学符号的操作方面还有待提高。②

郭夏蓉从数学符号的理解、数学符号的表示、数学符号的操作和数学符号的思考共4个维度对七年级学生数学符号意识的现状进行了调查。分析学生符号意识现状中存在困难的原因：对抽象符号的本质理解不透彻，主动应用数学符号进行推理和思考的意识不够。③

任洁从学生对数学符号意义的理解、用符号表示数学对象和基于运算与推理的符号操作共3个方面对九年级学生的符号意识进行了调查。其结果显示：学生符号意识的整体表现欠佳，用符号表示数学对象不准确、考虑不全面，对数学符号的运算和推理能力较差。④

朱立明从数学符号意识的内涵出发，得出了建立义务教育数学符号意识的4个分析层次分别是感知与识别、理解与运算、联想与推理、抽象与表达的结论⑤。并把义务教育数学符号意识划为经验观察水平、本质内化水平、理性辩证水平、结构普适水平4个水平⑥。

纪何从小学中段学生数学符号的理解和操作、感知和识别、抽象和表达、联想和推理4个方面进行了调查，结果显示：小学中段学生在学习数学符号时感知与理解不透彻、理解与应用不灵活、符号推理较为困难。从教师对数学符号意识的认识、数学符号意识的体现、数学符号意识教学困境和数学符号意识教学建议4个方面进行调查，得到的结果如下：一是教师对数学符号的掌握不全面，其原因是教师对课标的研读不到位，教师忽略了数学符号意识培养对小学中段学生数学学习的重要性；二是教

① 刘稀凤.初中生符号意识的调查研究[D].长春：东北师范大学，2009.
② 刘瑶.初中生符号意识现状调查研究[D].北京：首都师范大学，2014.
③ 郭夏蓉.七年级学生数学符号意识现状调查及实践研究[D].临汾：山西师范大学，2015.
④ 任洁.海南初中生数学符号意识的调查研究[D].海口：海南师范大学，2015.
⑤ 朱立明.义务教育阶段学生数学符号意识分析层次的构建[J].数学教育学报，2019，28(2)：81-86.
⑥ 朱立明，马云鹏.义务教育阶段学生数学符号意识发展水平的实证研究[J].课程·教材·教法，2018，38(3)：87-94.

师的数学符号意识教学存在偏差，部分教师对数学符号的理解、运用及运算等较为重视，但对数学符号的抽象层面的认知和推理有所忽视。①

综上对学生符号意识的调查研究成果可知：虽然不同学者对符号意识调查维度不同，但结果总体体现为被调查对象的整体符号意识有待提高；现阶段对培养和发展学生符号意识的需要更加迫切，这也更加凸显了对符号意识进一步研究的必要性和迫切性。

五、符号意识培养策略的研究

符号意识是2011年版和2022年版标准对课程内容学习提出的明确要求，也是学生数学学习的重要环节。我国现有对符号意识的培养策略研究成果较多，但大多是理论思辨的研究成果，甚至部分还只是教学经验的总结，并且这些培养策略的可行性、可操作性和有效性都还有待在教学实践中去验证和完善。

王林全借鉴Fey对符号意识主要成分的分析，提出把数学符号的理解阅读能力、鉴赏能力、探究能力、选择能力和运用能力5个方面作为培养和发展学生数学符号意识的重要内容，提出要从学生能正确理解数学符号的意义、领会数学符号暗示的信息和排除数学符号迷惑的信息等方面去培养和发展学生的符号意识。②

刘云章提出应从阐明数学符号的来源，介绍数学符号的形成和发展过程，以及讲活符号的基本概念出发去培养和发展学生的符号感。③《义务教育数学课程标准（2011年版）解读》提出要从3个方面开展对学生符号意识的培养：①在各学段紧密结合概念、命题、公式的教学，培养学生的符号意识；②结合现实情境培养学生的符号意识；③在数学问题解决过程中发展学生的符号意识。④綦春霞提出从帮助学生理解符号，理解数学表达式和数学关系式的意义，提高自然语言与数学语言的转换能力等方面培养学生的符号意识。⑤赵佳佳在其硕士论文中提出从符号观念和符号能力方面对学生的数学符号意识进行培养⑥。

一线中小学数学教师和教学研究人员对符号意识的培养问题也进行了积极的思考和探索，提出了培养对策和建议，但他们的研究成果主要是对教学的观察和经验的总结。

① 纪何．小学中段学生数学符号意识培养的调查研究［D］．武汉：华中师范大学，2021.

② 王林全．发展学生数学符号意识的要领［J］．数学通报，1996(5)：4-8.

③ 刘云章．讲活符号，发展学生的符号感［J］．湖南教育，2006(1)：7-9.

④ 史宁中．义务教育数学课程标准(2011年版)解读［M］．北京：北京师范大学出版社，2012.

⑤ 綦春霞．浅谈新课程下符号意识的含义及其培养［J］．数学教学研究，2012，31(1)：63-66.

⑥ 赵佳佳．小学生数学符号意识的培养研究［D］．武汉：华中师范大学，2014.

陈华从创设情境、经历符号化过程和体验符号简约美等方面去探讨一年级学生符号意识的培养问题。[①]张玉平提出通过体会数学符号的作用、经历符号化的过程，在用字母表示数的过程中提升学生对符号的认识。[②]姜宁宁和李莹认为应采用注重符号生成、理解、运用的教学方法去培养学生的数学符号意识。[③]全奉提出从重视对符号含义与实质的理解、重视在情境中运用符号等方面去培养学生的符号意识。[④]江强认为理解符号的意义是符号意识培养的前提，应用符号解决问题是符号意识培养的最终目标，强调在符号的应用过程中去培养学生的符号意识。[⑤]

综上，在符号意识培养的相关研究分析的成果中，学者们对符号意识培养的重要性已达成共识。但由于对符号意识内涵认识的不一致，关于符号意识培养策略的研究成果也大相径庭，且大多研究成果是思辨和经验的总结，对一线教师教学的可操作性、指导性研究还不够。因此，要形成操作性和指导性都强的符号意识培养策略是培养和发展学生符号意识的关键研究点，其关键是深入研究符号意识的内涵，从内涵出发去探析可操作的培养策略。

六、小学低段数学符号意识的研究

目前对小学低段数学符号意识的研究还非常少。王俊在其硕士论文中对一年级学生的符号感知、提炼和运用方面进行了调查分析，以及对学生的具体表现和所展示的特征进行了比较研究。[⑥]陶红强从符号认识、符号理解和符号运用三个方面对二年级学生的符号意识进行了调查研究。[⑦]黄庆松从符号表征与运算的角度，开展了对小学低年级学生数学符号意识的现状调查，并根据问题归因提出相应的培养策略。[⑧]黄慧华认为培养学生的符号意识要从低年级抓起，并从教学实际出发提出了相应的培养策略。[⑨]作者在开展研究的过程中，从数学符号意识的含义及其表现形式[⑩]、测评指

① 陈华.浅谈一年级学生符号意识的培养[J].吉林教育，2009(1):120.

② 张玉平.建立符号意识，发展数学思维[J].江西教育，2011(1):31-33.

③ 姜宁宁，李莹.数学符号意识的内涵与培养策略[J].基础教育论坛(综合版)，2013(10):17-19.

④ 全奉.谈谈初中数学符号意识的培养[J].课程教育研究，2013(9):144-145.

⑤ 江强.小学生数学符号意识培养策略初探[J].福建教育学院学报，2016(3):37-40.

⑥ 王俊.小学低年级学生数学符号意识培养的调查研究[D].杭州:杭州师范大学，2015.

⑦ 陶红强.小学生数学符号意识发展的实验研究[D].南京:南京师范大学，2016.

⑧ 黄庆松.小学低年级学生数学符号意识培养探析——基于符号表征与运算视角[J].长春教育学院学报，2021(10):65-70.

⑨ 黄慧华.小学低年级学生数学符号意识的培养策略[J].福建教育学院学报，2020(11):87-88.

⑩ 李艳琴，宋乃庆.小学低段数学符号意识的含义及其表现形式[J].课程·教材·教法，2016，36(3):92-97.

标体系构建①和符号意识培养策略等方面②进行了较为深入的研究。

目前对小学低段数学符号意识的相关研究成果极少，一方面可能是由于小学低段的符号意识研究难度较大，不容易得出结论；另一方面可能是大家对小学低段数学符号意识的存在性及其内涵认识还存在争议，致使研究上的忽视。但《标准（2022年版）》已经明确把符号意识作为小学数学中的一个核心素养，这应该能极大地促进广大学者对小学低段数学符号意识的研究，以及促进一线教师在教学中去开展培养和发展小学低段学生数学符号意识的教学实践和研究。

七、数学符号意识研究趋势分析

与数学符号意识相关的研究并不多，通过知网数据库的期刊文献高级检索，让"主题=符号意识"，选取所有期刊来源，截至2022年可得63条数据。通过文献计量分析、COOC和SPSS软件对数据进行整理和分析，我们可以得到期刊文献的发表年份、主题分布和关键词频次等重要信息，为数学符号意识研究提供参考。

（一）发表年份分析

通过对63条数据进行统计分析，我们得到研究年份的频次统计图（见图2-5）。

从图2-5中我们可以发现，数学符号意识是从2016年后才开始逐渐受到学者的关注，在此之前关于数学符号意识的研究成果甚少，1994年以前甚至为零。《义务教育数学课程标准（实验稿）》提出的"符号感"，在一定程度上也影响了学界对数学符号意识的研究。从整体看，学界对数学符号意识的研究数量不多，2016年和2019年基本达到最高峰，虽然逐年有所增加，但数量还是非常少，这更反映出数学符号意识这一领域一直没有引起更多学者的关注。《标准（2022年版）》已明确把数学符号意识作为学生数学学习的一个核心素养，这就更值得引起数学界、数学教育界和一线教师的关注和重视。

① 李艳琴，宋乃庆．小学低段数学符号意识测评指标体系的初步构建[J]．教育学报，2016，12(4)：23-28.

② 李艳琴，宋乃庆．小学低段数学符号意识的培养策略研究[J]．数学教育学报，2016，25(5)：28-31.

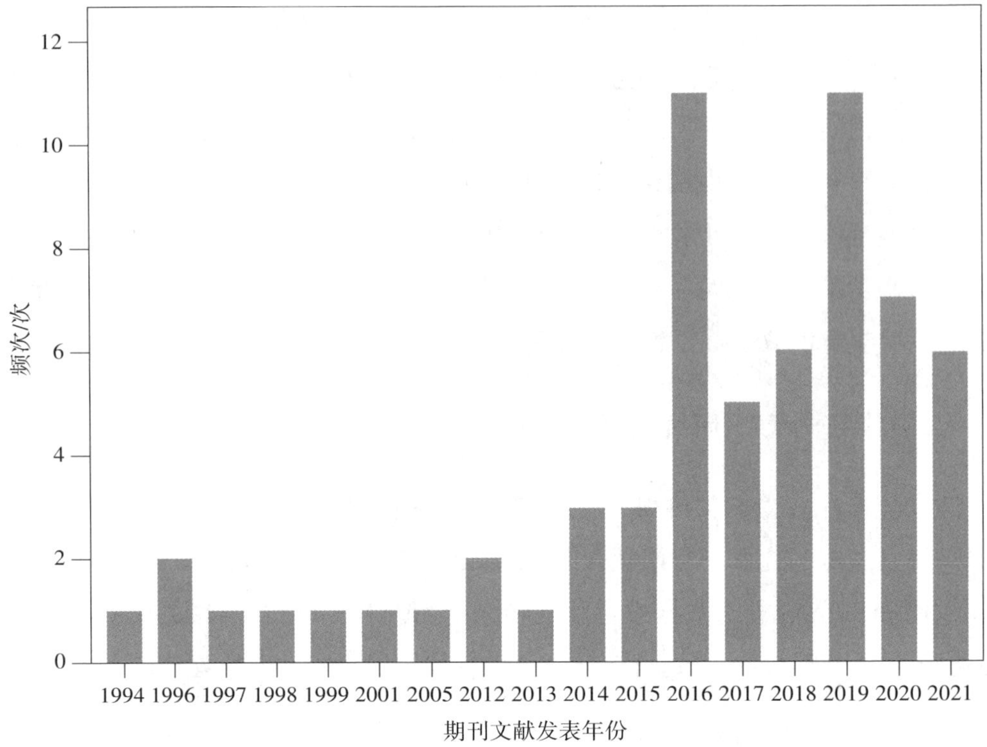

图2-5 “主题=符号意识”的期刊文献发表年份频次统计图

(二)主题分布趋势分析

符号意识这一大主题的研究背景还涉及了其他研究主题,通过分析其他相关主题的分布趋势,可以为后续研究或找到感兴趣的研究主题提供思考方向。根据研究需要和出现的高频主题词,我们截取了部分高频主题词的分布,详见图2-6。

从图2-6中我们可以发现,除主题为符号意识或数学符号意识外,还包含了小学数学、数学核心素养、数学思考等主题词,这反映出对小学阶段学生数学符号意识的研究相对较多,也体现出小学阶段学生数学符号意识培养和发展的重要性。《标准(2022年版)》明确把数学符号意识这一核心素养放在了小学阶段,其中在小学低段(一、二年级)的要求是“形成初步的符号意识”,在高段(五、六年级)的要求是“形成符号意识”。因此,从这两个方面来看,小学阶段学生数学符号意识,尤其是小学低段数学符号意识有较大的研究空间和较广阔的研究前景。

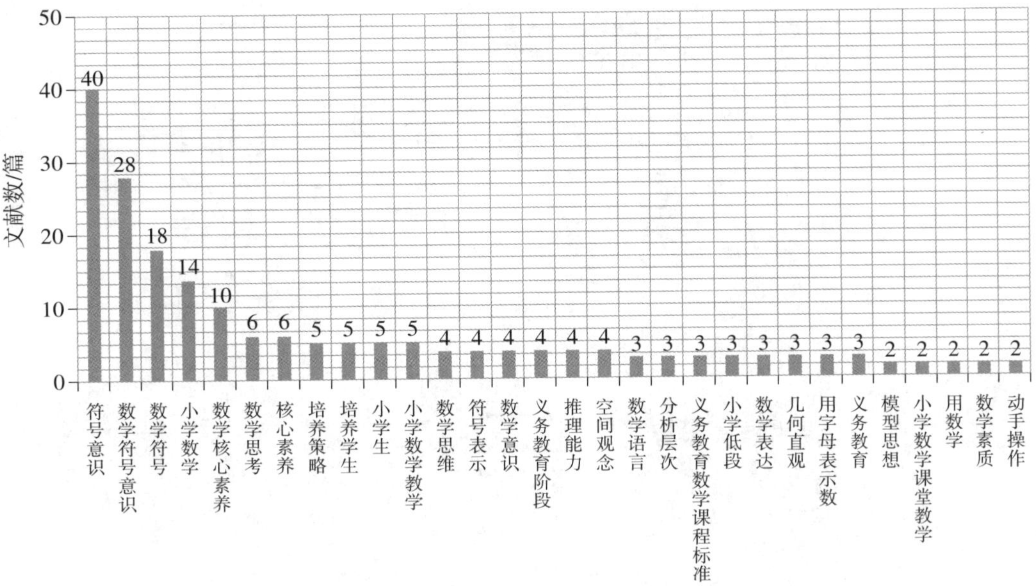

图2-6　“主题=符号意识”的期刊文献主题频次统计图

(三)文献关键词频次分析

通过COOC软件对数据进行清理去重,并对去重后的数据进行关键词频数统计,一共得到154个关键词,得到以下分析信息。

通过COOC软件,对去重后的关键词整体进行分析,得到如图2-7所示的词云图。

从图2-7中也可以直观发现,数学符号意识、符号意识、核心素养、数学核心素养、数学思考、小学生等是关键词中的高频词。除此之外,还包含了符号思维、符号语言、符号推理、符号表示、符号思考等关键词,这些关键词也反映了符号意识研究的重要内容,为后续符号意识内涵的界定提供了理论支撑和参考,其中出现2次以上的关键词统计见图2-8。

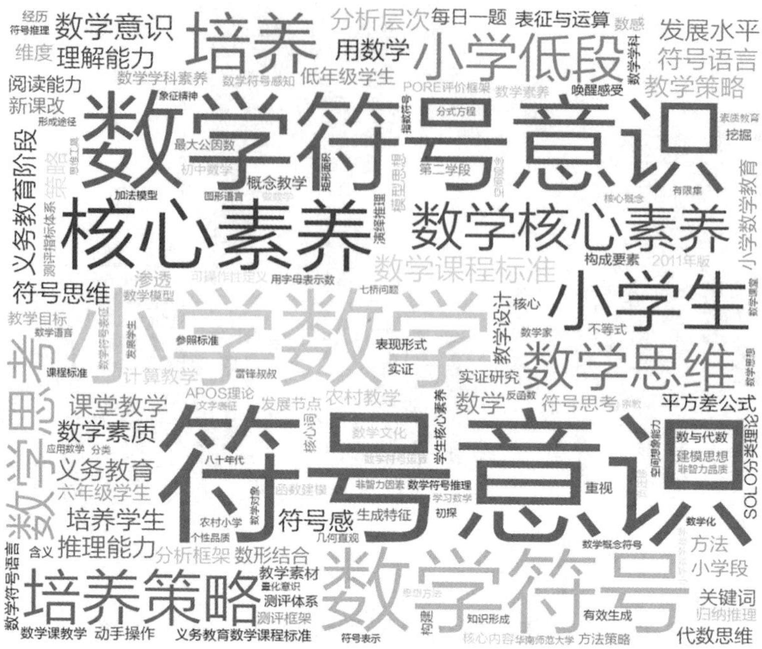

图2-7 “主题=符号意识”的期刊文献关键词词云统计图

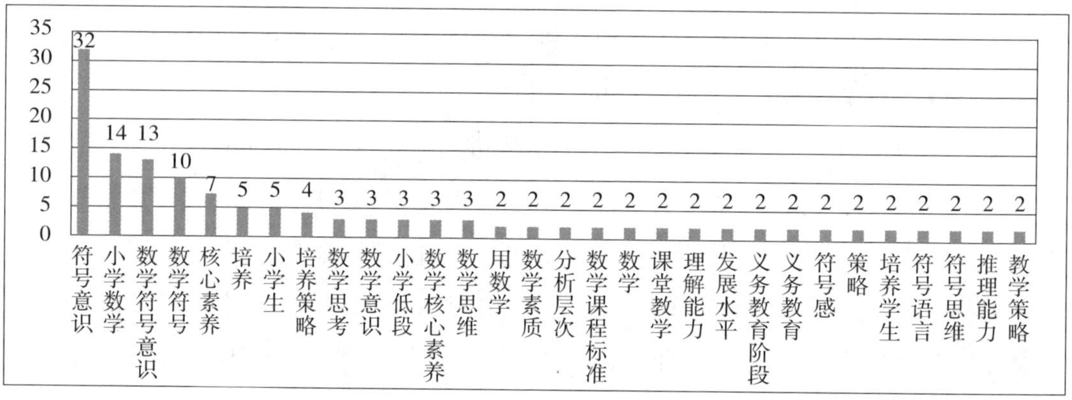

图2-8 “主题=符号意识”的期刊文献关键词频次统计图(部分)

针对本书要解决的主要问题,即如何构建小学低段数学符号意识测评模型,通过对数学符号、意识、符号意识等方面的相关研究成果进行综合分析,得到以下与本书有关的主要结论和思考:

(1)随着数学符号系统的完善,常用的数学符号已经得到广泛认可和使用,认识数学符号的重要性也不言而喻;

(2)通过对学生数学符号学习的困难成因分析得出,数学符号的理解和符号语言之间的转换是数学符号学习的难点;

(3)学界对符号意识内涵认识不统一,但从提法上看,更多把符号意识看成是对符号的一种信息加工和处理的能力;

(4)对符号意识内涵认识的不一致,导致学者们对学生符号意识现状调查的视角和维度有差异,甚至在部分观点上还存在争议,且调查对象和样本选取还不足以说明调查对象的整体情况;

(5)学者们对符号意识培养的重要性认识已达成共识,但由于对符号意识内涵认识的不一致,提出的符号意识培养的策略也大相径庭,且思辨和经验总结的研究成果较多,符号意识培养策略对一线教师教学实施的可操作性、指导性还不够强。

(6)学界对小学低段数学符号意识的研究处于初期,一方面是研究有很大的挑战,另一方面是该问题长期被忽视。

综述国内外相关研究成果可知,学者们对符号意识的理论和实践都进行了多方面的研究,也产出了一大批有影响力的成果,为符号意识的测评模型研究提供了依据。但从我国符号意识的相关研究成果来看,学界对符号意识内涵的认识并不统一,对符号意识的实证研究缺乏理论支撑,尤其是对符号意识内涵维度的确定很多是思辨的、经验的或直接套用《标准(2011年版)》对符号意识的阐释,缺少严谨的实证验证。同时,小学低段数学符号意识的研究成果也非常少,对符号意识的测评研究相对匮乏,尚未建立系统的理论体系。

因此,学界目前对符号意识究竟是什么,小学低段数学符号意识是否存在,以及重要性如何,符号意识能否进行测评,怎么构建测评工具等一系列问题还没有完全得出系统性解决的办法,这对本书有极大的挑战,也是本书的意义和价值所在。故而,本书尝试对小学低段数学符号意识的内涵、行为表现、操作性定义和科学的测评工具深入地梳理和研究,构建小学低段数学符号意识测评模型,期望对符号意识的研究提供一些理论和实践参考。

第三章

教育测评模型构建的相关理论

本书要解决的主要问题是如何构建小学低段数学符号意识的测评模型,该测评模型是对数学符号意识的特征定量分析的抽象结果。在一定意义上,测评模型的构建过程就是数学建模的过程。因此,本章节将对模型及测评模型的有关理论和研究成果进行综述,为小学低段数学符号意识测评模型的构建研究提供思路和方法。

第一节 模型的定义及类型

一、模型的定义

对模型的定义有很多,贺建勋在《系统建模与数学模型》一书中总结归纳了模型的8种定义,见表3-1[①]。沈以淡认为模型是对客观现实事物的某些特征与内在联系所作的一种抽象,它描述了事物有关因素之间的关系[②]。《数学辞海》解释模型可以是文字、图表、公式,也可以是计算机程序或其他实体模型[③]。

表3-1 模型的不同定义

模型定义种类	模型的含义
定义1	设S是原型,我们称M是S的模型,满足条件: (1)存在M的部分的某个集合,它的每个组成部分与S的一个组成部分相对应; (2)M的组成部分间的某些关系与对应的S的组成部分间的关系相类似
定义2	模型是对实际系统的描述、造型、模仿或抽象
定义3	模型以实物、图形或符号来代表一个真实系统或一项工程及其组成部分之间的相互关系,以便使问题和目标具体而明确,并求得最优解答
定义4	模型是指某一系统(包括现实世界的事物、现象、过程或拟研制系统)的简单描述,或其部分属性的模仿
定义5	模型是一种过程或行为的定量或定性的代表,它的显示对考虑的目标具有决定性意义
定义6	模型是对客观事物的特征及变化规律的一种表示或抽象,而且往往是指对事物中那些要研究的特定属性的定量抽象
定义7	对现实现象、过程或其中某一部分的任何一种概念性描述都是一个模型
定义8	模型就是研究情况的有关性质的模拟物

① 贺建勋.系统建模与数学模型[M].福州:福建科学技术出版社,1995:5-6.
② 沈以淡.简明数学词典[M].北京:北京理工大学出版社,2003:214.
③《数学辞海》编辑委员会.数学辞海:第3卷[M].南京:东南大学出版社,2002:109.

二、模型的类型

根据研究的功能和用途，模型可以有不同的分类，贺建勋在《系统建模与数学模型》一书中详细总结了模型的不同类型，见表3–2①。

表3–2　模型的分类汇总表

分类标准	模型名称
按表征	形象模型 模拟模型 符号模型 仿真模型
按总体观点	物理模型 思考模型
按运动特征	静态模型 动态模型
按粗细程度	简化模型 精确模型 线性模型 非线性模型 定性模型 定量模型 同态模型 同构模型
按模型形式	数学模型 逻辑模型 图像模型 探索模型 模拟模型 形象模型
按系统对象	价值模型 过程模型 性能模型 可靠性模型 仿真模型 费用模型
按研究对象	人口模型 经济模型 交通模型 城市模型 机械模型 工厂模型
按可否控制	可控模型 描述模型
按变量特征	确定性模型 随机模型 连续模型 离散模型 灰色模型 模糊模型
按用途	测评模型 决策模型 对策模型 库存模型 功能模型 评估模型
按适应范围	总体模型 局部模型 系统模型 子块模型 宏观模型 微观模型
按功能	概念模型 结构模型 状态模型 优化模型 实验模型

综上，学者们对模型的定义有多种表述方式，根据模型的功能和用途可以把模型分成若干类。本书中的测评模型是参考了表3–2中按用途分类得到的测评模型。虽然模型有多种定义，且表述方式不同，但它们之间存在的共性是模型的本质，即模型是一种刻画客观事物的抽象的表示。因此，本书所谈的模型也是对小学低段数学符号意识测评的一种抽象表示。

① 贺建勋．系统建模与数学模型[M]．福州：福建科学技术出版社，1995：10.

第二节　教育测评模型构建的操作路径

一、模型构建的基本步骤

模型构建的步骤和方法较多，如刘峰在《数学建模》一书中提出了建立数学模型的基本步骤：模型准备—模型假设—模型构成—模型求解与分析—模型检验—模型应用①。姜启源等提出了从现实对象到数学模型，再从数学模型到现实对象的全过程，以及数学建模的一般步骤，分别如图3-1和3-2所示②。

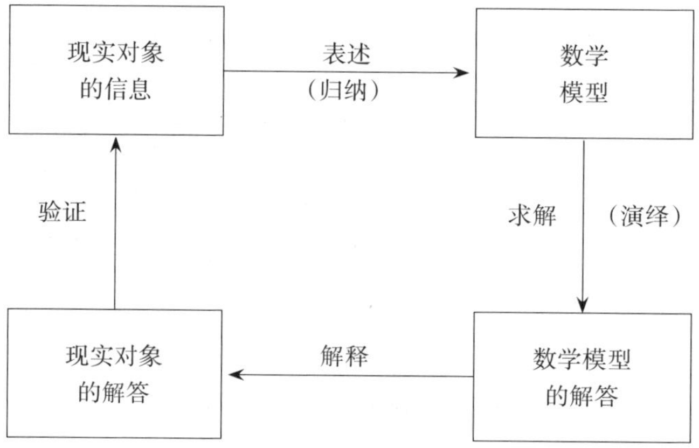

图3-1　数学建模的全过程

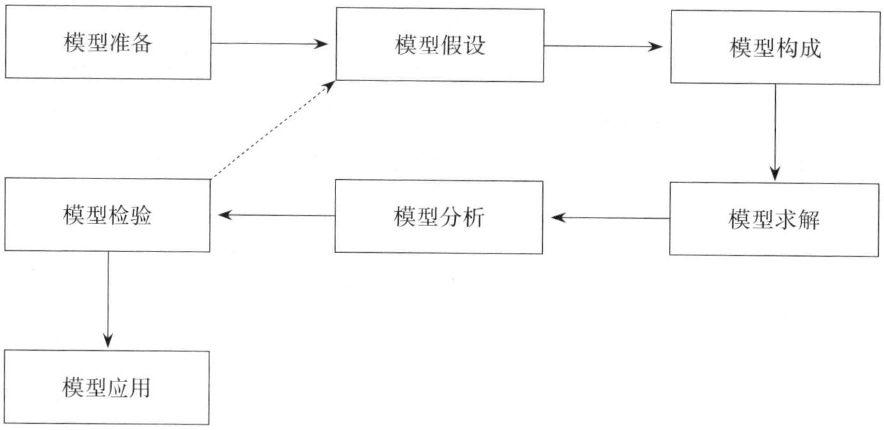

图3-2　数学建模的一般步骤

① 刘峰.数学建模[M].南京：南京大学出版社，2005：19.

② 姜启源，谢金星，叶俊.数学模型[M].4版.北京：高等教育出版社，2011：14-15.

二、教育测评模型构建的方法路径

教育测评模型与其他模型的构建有相同的地方，也有不同的地方。教育测评中的测评对象一般都比较抽象，如在数学教育中大家都在研究的数感、符号意识、量感、推理意识等，这些概念都比较抽象。在研究这一类对象的测评时，首先需要弄清要测评的对象是什么，即测评对象的内涵，但当测评对象的内涵还是比较抽象时，还需要进一步通过分析它的表现形式，构建出可以操作的定义，找到可以操作的观测表征的方法。在这个过程中，逐步把抽象的概念不断通过外显的观测点表征出来，得到具体的、可操作的、可测评的指标。当然，在这样一个概念逐步外显的过程中，概念本身的内涵会弱化（可能也会强化）。因此，为了更大程度地表现出一个抽象测评对象的内涵，在外显过程中，应尽可能抓住测评对象最本质、最重要的内涵，这样反映的表现形式也能尽最大可能接近测评对象本身，最终建立的测评模型的准确率也能尽可能地高。

因此，根据本书前面章节的文献述评，以及关于模型构建的基本思路和步骤的解读，结合教育测量评价的特点，运用教育统计的方法去构建教育类的测评模型。主要操作路径见图3-3。

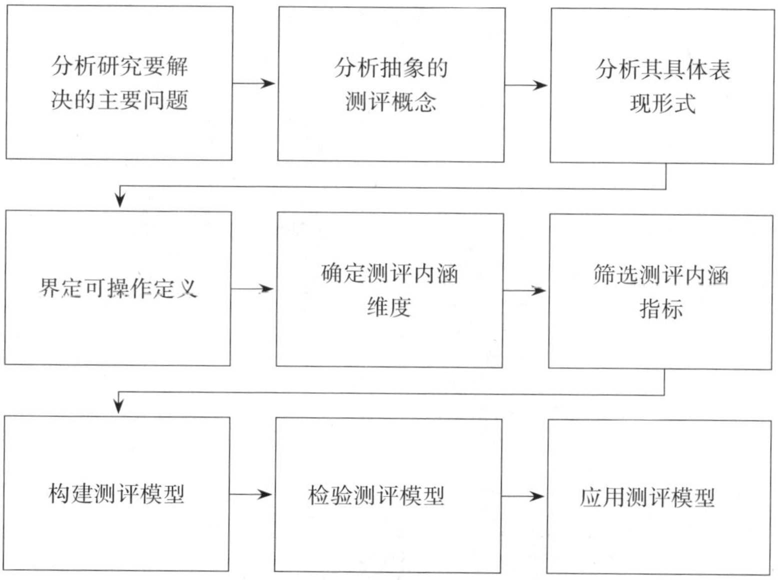

图3-3　教育测评模型构建的操作路径

在上述教育测评模型的操作路径中，主要运用到的研究方法有：

（1）通过文献分析法分析抽象的测评概念，探析它的含义、意义及表现形式；

(2)通过思辨并结合专家咨询等调查研究结果,界定测评概念的操作定义;

(3)通过实证研究,探索出测评的主要内涵维度,并进一步筛选出测评的内涵指标;整个过程可能需要重复操作,直到构建出较为合理的测评指标为止;

(4)通过实证研究,构建出测评模型并进行检验,检验一般可以分为统计检验和教育意义的检验。

三、小学低段数学符号意识测评模型构建的操作路径

综合来看,教育测评模型构建一般需要经历几个重要的步骤,针对小学低段数学符号意识测评模型的构建,也可以从研究思路和方法中得到启示,即从研究对象的内涵出发,构建研究对象的一个操作性定义,再根据系列实证研究和统计分析方法探析对象的测评指标和权重,通过验证得到最终的测评模型。因此,结合模型构建的一般步骤和教育测评模型的方法路径,可以得到小学低段数学符号意识测评模型构建的一般过程。同时,在图3-3的教育测评模型构建的操作路径中,在构建测评模型环节还需要从模型假设、模型参数估计、模型检验几个重要环节去阐述小学低段数学符号意识测评模型的构建和验证过程,如图3-4所示。

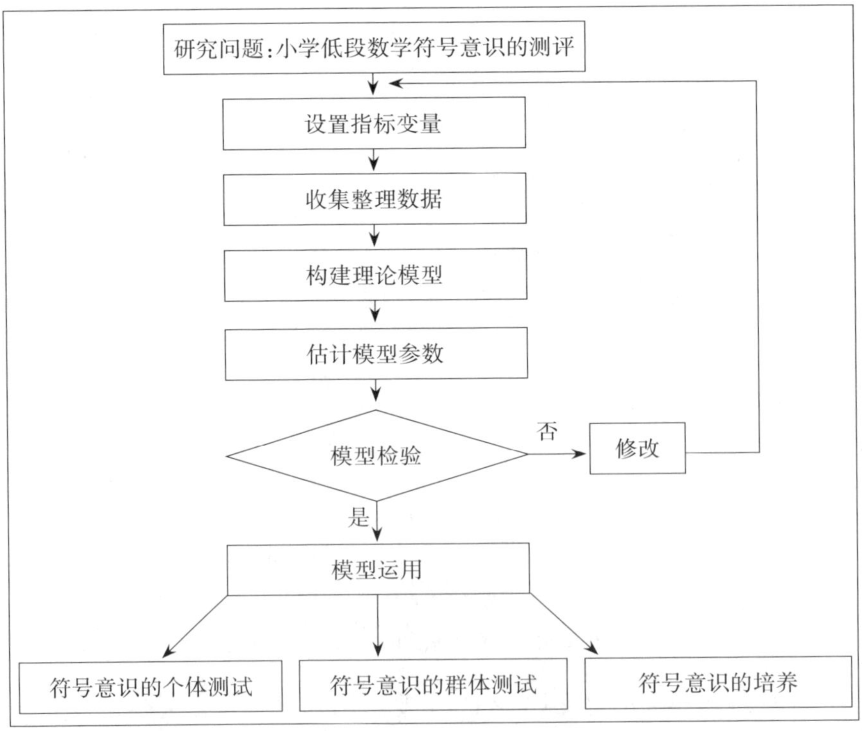

图3-4 小学低段数学符号意识测评模型的构建过程

第三节　测评模型构建的有关研究

一、教育测评模型构建研究

测评模型的构建研究已成为社会学、教育学、心理学、经济学、统计学等不同学科领域定量研究的热点。学科和行业的需求不同,测评模型研究的内容、形式和要求也各有不同,使得模型构建的思路和方法有所不同。因此,本部分仅对基础教育中测评模型构建的部分相关研究成果进行分析,为本书测评模型的构建研究探索研究思路和方法。

蔡庆有等运用文献分析、专家咨询、问卷调查和统计分析等方法从小学教材的难易度影响因素着手分析、探索,最终构建出小学数学教材难易度线性模型[①]。宋乃庆等从学生课业负担的操作性定义入手,通过大规模抽样调查,运用一系列统计分析方法构建出学生课业负担测评模型[②]。朱亚丽对义务教育资源配置均衡发展进行了内涵研究,通过文献梳理和专家访谈总结出了影响指标,利用统计分析方法确定了模型的结构,然后验证说明模型的适应性和有效性,最终构建出义务教育均衡发展的测评模型。[③]

范涌峰、宋乃庆基于大数据时代的特征,确定了"教育测评模型构建的价值取向—明确教育测评对象的操作性定义—构建教育测评指标体系—确定教育测评指标权重与生成教育测评模型—验证和修正教育测评模型"的教育测评模型研究范式。[④]

从文献研究数量和成果来看,符号意识测评的研究处于初期;从第二章的文献述评中我们发现,虽有学者已从思辨的视角提出符号意识的测评框架,但该测评框架的普适性和合理性还需要进一步的实证。

① 蔡庆有,邝孔秀,宋乃庆.小学数学教材难度模型研究[J].教育学报,2013,9(5):97-105.

② 宋乃庆,杨欣,王定华,等.学生课业负担测评模型的构建研究——以义务教育阶段学生为例[J].西南大学学报(社会科学版),2013,41(3):75-81.

③ 朱亚丽.义务教育资源配置均衡发展测评模型的构建研究——基于重庆统筹城乡教育的研究[D].重庆:西南大学,2015.

④ 范涌峰,宋乃庆.大数据时代的教育测评模型及其范式构建[J].中国社会科学,2019(12):139-155,202-203.

二、测评模型构建研究趋势分析

测评模型的研究逐渐增多，通过CNKI数据库的高级检索，让“主题=测评模型”，截至2022年，期刊有85 170个文献数据，在此基础上，选取中文核心、CSSCI和CSCD来源后得到539条数据，剔除缺失数据和其他无效数据后有499条有效数据。再进一步增加“主题=教育”的限制后，得到73条数据。这一方面说明测评模型的相关研究成果非常少，但另一方面也反映出对教育领域的测评模型研究关注还比较少。本节主要对“主题=测评模型”的文献数据进行分析，并通过文献计量分析、COOC和SPSS软件对数据进行整理和分析，从年份、关键词、主题词分布等信息直观分析“主题=测评模型”的研究发展趋势，为教育类的测评模型研究提供理论指导和参考。

（一）研究年份

通过对数据进行统计分析，我们得到研究年份的频次统计图（见图3-5）。

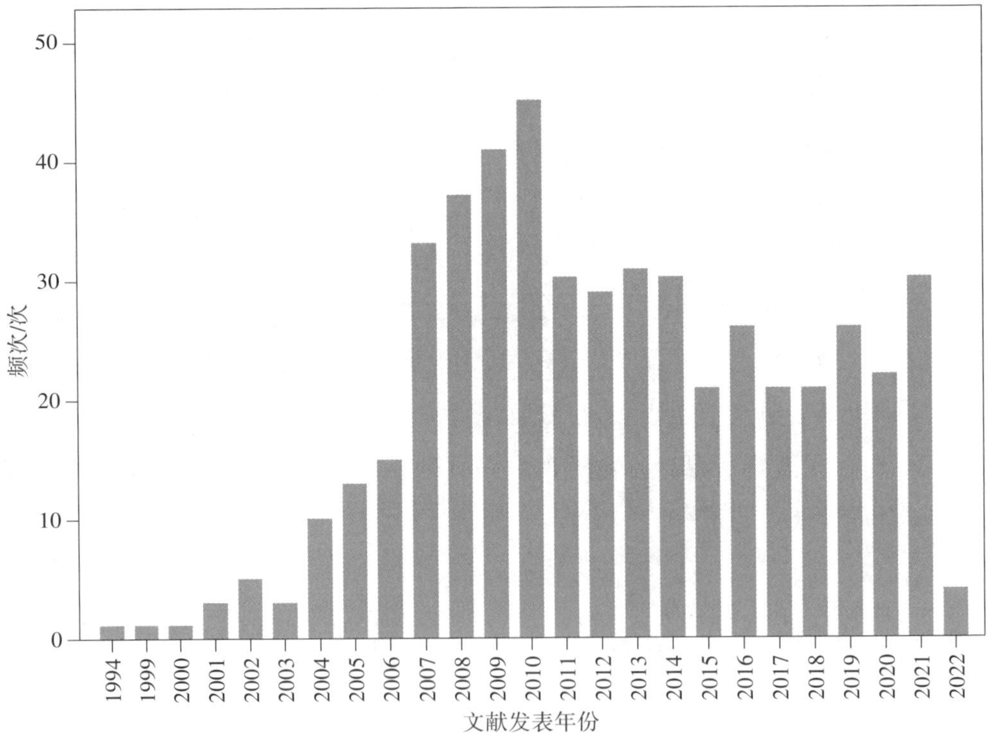

图3-5　“主题=测评模型”的研究文献发表年份统计图

从图3-5中我们可以发现，测评模型研究是从2007年后才开始盛行，2010年达到了研究数量的最高峰，2011年后的研究基本保持了良好的稳定状态。

（二）主题分布趋势分析

“主题=测评模型”这一大主题的研究还涉及了其他研究主题，通过分析其他相关主题的分布趋势，可以为后续研究找到感兴趣的研究主题，或找到思考方向。根据研究需要和出现的高频主题词，我们截取了部分高频主题词的分布，详见图3-6。

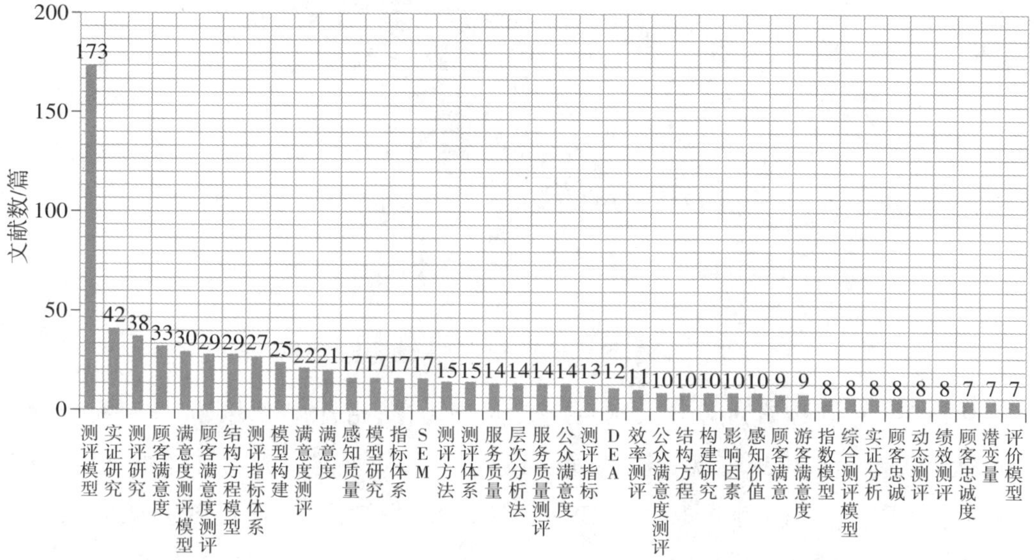

图3-6　“主题=测评模型”文献的主题词统计分布图

从图3-6中可以发现，除测评模型这一主题词外，还包含了实证研究、测评研究、顾客满意度、满意度测评模型等高频主题词，这些主题词反映出在测评模型这一大的研究主题下，主要采用实证研究法构建模型，使用次数较多的模型理论还有结构方程模型（SEM）。再进一步进行“主题=测评模型”且“主题=教育”的筛选后发现，学科核心素养是研究中的一个重要主题，这反映出学者关注到了教育测评中的学科核心素养，并试着从评价学的角度去探析如何评价核心素养。数学符号意识是《标准（2022年版）》的一个非常重要的核心素养，对学生数学学习和发展都十分重要，是非常值得深入研究的主题，也是本书的重点研究对象。

（三）文献关键词分析

通过COOC软件对数据进行清理去重，然后对数据进行关键词频数统计，一共得到1 346个关键词，主要得到以下分析信息。

用COOC软件对去重后的关键词进行整体分析，得到如图3-7所示的词云图。

图3-7 “主题=测评模型”研究的关键词词云统计图

从图3-7中可以直观发现，测评模型、测评指标、指标体系、结构方程模型、顾客满意度是关键词中出现频次较高的词。除此之外，从关键词词频统计中还可以进一步分析出常用的模型、测评对象、测评模型构建方法等信息，详见图3-8、3-9、3-10。一方面体现出在测评模型研究中，测评对象的多元性和多样化，另一方面，也给研究者提供了较为广泛的研究范式，给教育测评模型研究提供了参考。

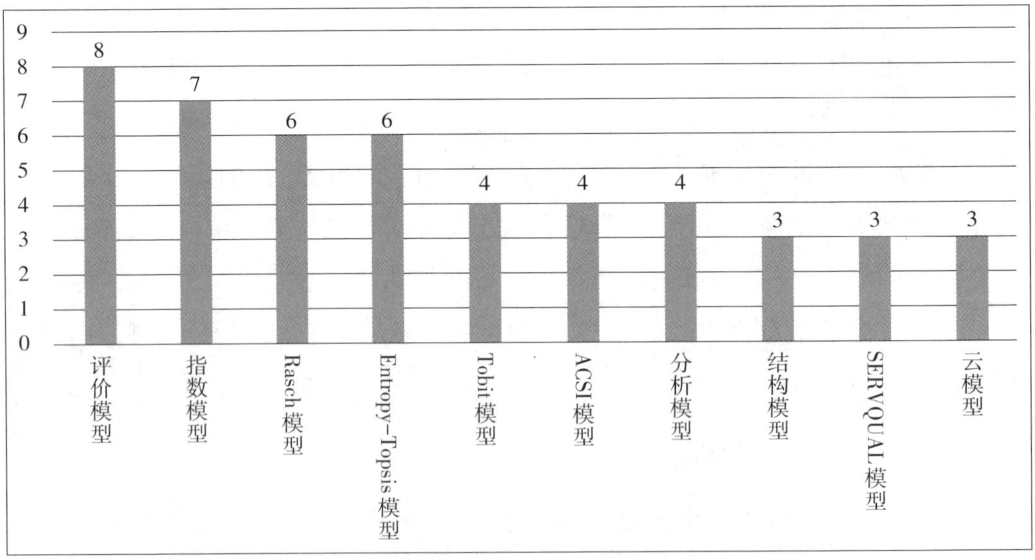

图3-8 “主题=测评模型”期刊文献关键词有关模型的频次统计

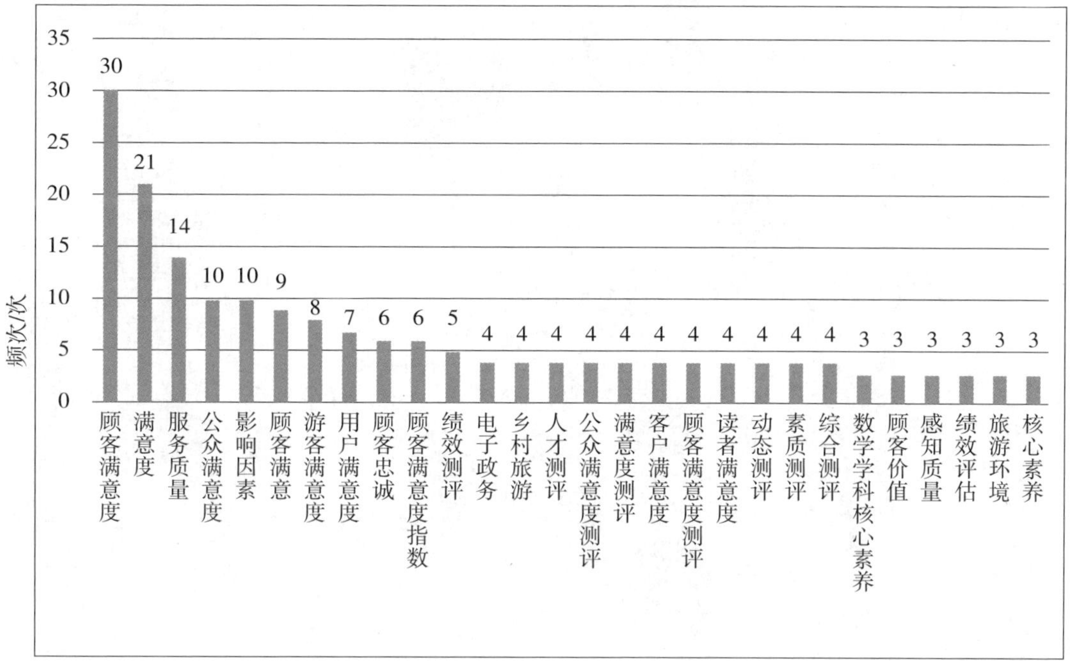

图 3-9 “主题=测评模型”期刊文献关键词有关测评对象的频次统计

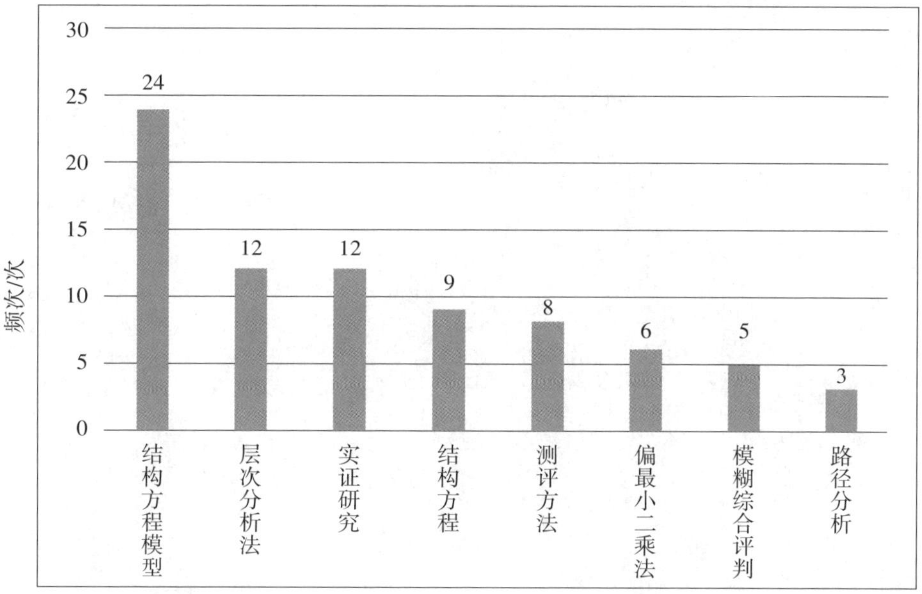

图 3-10 “主题=测评模型”期刊文献关键词有关模型构建方法的频次统计

从图 3-10 中可以发现，测评模型的构建需要采用实证研究的方法，所搜集文献大多采用了结构方程模型、层次分析法等研究方法来构建测评模型，这为本书提供了研究方法的参考和指导。

第四章

小学低段数学符号意识的有关问题探析

本章主要对小学低段数学符号意识的有关问题进行探究，为下一步确定小学低段数学符号意识测评指标和构建测评模型的研究奠定基础。主要包括对小学低段数学符号意识的含义及表现形式的探析，以及给小学低段数学符号意识下操作性定义等内容。

第一节　小学低段数学符号意识的含义

本书的主要研究内容是源于对小学低段数学符号意识的几个问题的思考:《标准(2011年版)》中对小学低段数学符号意识存在性问题认识的争议，小学低段数学符号意识很重要但长期被人们忽视的原因，在《标准(2022年版)》中如何评价“形成初步的数学符号意识”和“形成数学符号意识”，以及中小学低段数学符号意识培养和发展的现实需要。故而，在本书研究初期，学界对小学低段是否存在数学符号意识存在着很大的争议:有学者认为该学段不存在，或认为其涉及很少;有学者认为该学段的数学符号意识存在且十分重要。为了说明该学段数学符号意识是否存在，以及假设存在后的具体表现，首先要明确小学低段数学符号意识的含义，根据含义去探析它的存在性以及表现形式。因此，本章节将通过对2011年版和2022年版课程标准、小学数学课程教材的分析研究，结合小学数学教学实践调查，探讨小学低段符号意识的存在性，并深入分析和界定小学低段数学符号意识的含义及表现形式。

一、小学低段数学符号意识的课程内容表现分析

(一)《标准(2011年版)》及课程教材分析

(1)根据《标准(2011年版)》对符号意识的阐述，即符号意识主要是指能够理解并且运用符号表示数、数量关系和变化规律，以及《标准(2011年版)》对不同学段数学符号学习的要求，探析小学低段数学符号意识的存在性问题。

一是关于“用符号表示数”。《标准(2011年版)》在第一学段的课程内容中，明确要求学生“在现实情境中理解万以内数的意义，能认、读、写万以内的数，能用数表示物体的个数或事物的顺序和位置”。《标准(2011年版)》中提到的理解数、认识数、读写数、运用数表示顺序等要求就是对小学低段学生数学符号意识明确要求的体现，这里

的数就是用阿拉伯符号表示的数，这是对学生学习数学符号最本质的要求。另外，从数的产生和发展看，原始社会发明了石子计数、结绳计数和刻道计数，逐步过渡到用古巴比伦数字、中国数字、古罗马数字、阿拉伯数字等符号记录事物的数量。可见，数的表现形式促进了人们的数学符号意识的发展，而数学符号意识的形成又为数学学科的建立和发展提供了前提。

在小学低段的入门教学中，学生首先是认识10以内的数字符号、关系符号（>，<，=）以及运算符号（+，-）。学生在一类事物的认识过程中抽象出一般的表示符号，如认识1～5：学生通过具体地认识1个人、1支笔、1个苹果等情境，抽象出共同的数量属性“1”，并用阿拉伯数字符号“1”表示；同理通过2只小鸟、2朵花、2个老人等情境抽象出共同的数量属性“2”，并用阿拉伯数字符号“2”表示。学生经过数的抽象和用符号表示事物数量多少的过程，再根据事物数量的变化，认识不同的数。如添加一共是，抽象出数字“2”；同样再添加是，抽象出数字“3”；9个再添加1个一共是10个，抽象出数字“10”，依次下去就会认识不同的数。在这一过程中，学生在教师的引导下会感受到只用“0～9”共10个阿拉伯数字就可以表示无穷无尽的自然数的神奇，从而体会到符号的优越性和奇妙性。因此，在小学低段，学生能“使用阿拉伯数字符号去表示数”是学习数学的第一步，是数学学习的入门，也是他们经历从具体到抽象后而体会数学抽象思维的开始。

二是关于“用符号表示数量关系和变化规律”。《标准（2011年版）》在第一学段的课程内容中，明确要求学生“理解符号<，=，>的含义，能用符号和词语描述万以内数的大小”。这也反映了《标准（2011年版）》对小学低段数学符号意识的要求。我们知道，小学低段最为基础的内容是数的认识及其运算，包含从具体的情境中抽象出具体的数量和用符号表示它们数量关系的过程，从中体会抽象的数与具体数量间的关系。如一年级学生在学习《比大小》[1]时，通过情境得到具体的数量是3只猴子、3个桃子、2个香蕉和4个梨，而猴子与三种水果本身没有可比性，更不能说3只猴子=3个桃子，但从具体数量中抽象出数3，3，2，4后，学生可以直观感知到数量的多少，并能用一般性的符号语言表示数的大小，如“3=3，3>2，3<4”。同样学生在学习用“+”“-”“×”“÷”来表示一类事件时，也表现出用符号表示数量关系和变化规律的行为，如用3+2=5，3+5=2+6，3×5=15等表示事物间数量的关系和变化。由此我们可以得出，《标准（2011年版）》

①选自教育部审定2012年版的义务教育教科书一年级数学上册第11页.

在小学低段符号意识的要求上,体现了“用符号表示数量关系和变化规律”。

三是关于“使用符号进行一般性的运算和推理”。《标准(2011年版)》在第一学段的课程内容中,明确要求学生“结合具体情境,体会整数四则运算的意义”。如一年级《加法》一课中有这些问题:把1个小球和4个小球合并在一起,共有多少个小球?盒子里有3个橡皮,又放入2个,现共有多少个橡皮?虽然这些问题情境不同,但我们都能从中抽象出数字符号之间的一般加法运算,从而体会到把两个数合并成一个数的运算法则是加法,并且通过运算和推理知道4+1=1+4,在这个过程中学生能直观感知加法的交换律,即“交换加数位置,和不变”。反过来,当学生遇到1个气球和4支铅笔的情境时,他们大多就不会使用加法,因为他们知道这不是相同事物的数量相加。但当完全从具体的数量中抽象出纯粹的数字后,他们就会毫不犹豫地对数字符号作一般性的运算和推理。因此,结合具体情境是学生理解整数四则运算意义的前提,但抽象数字符号间的一般运算和推理是掌握整数四则运算的基础。同样,《标准(2011年版)》在小学低段符号意识的要求上,也体现了“使用符号进行一般性的运算和推理”的能力。

(2)根据小学数学教材对数学符号内容的编排,探析小学低段数学符号意识的存在性问题。

从第二章对人教版(2012年)小学数学一、二年级的教材进行文本整理分析的结果来看,我国小学数学教材从小学一年级开始就涉及了多种类型的数学符号。以人教版一年级教材为例,在“1～5的认识和加减法”章节中,从内容安排上看,首先安排了对数字符号1,2,3,4,5的认识、读写以及用数字符号去记录和表示数的教学内容,体现出对数的认识、理解和正确表达的重要性。以认识数“1”为例(见图4-1),教材从在不同具体情境中去认识数“1”,从1只小狗、1颗珠子、1只小羊和1本书等现象中抽象出共同的数量属性“1”,并用阿拉伯数字符号“1”表示。认识过程中包含了对“1”的读写、理解和运用等过程,这不仅充分体现了学生对数字符号所作的一系列感受、体会、认识、理解和运用等方面的反应,还让学生学会感知、认识以及运用关系符号“=”“>”“<”去表示数量的大小关系,也就是数学中重要的“序”的关系。在“1～5加减法”课程内容的安排中,学生认识运算符号“+”和“-”,理解它们的含义,并能运用它们表示一类事件。因此,从内容安排上来看,小学低段对学生有着不同程度符号意识的种种要求。

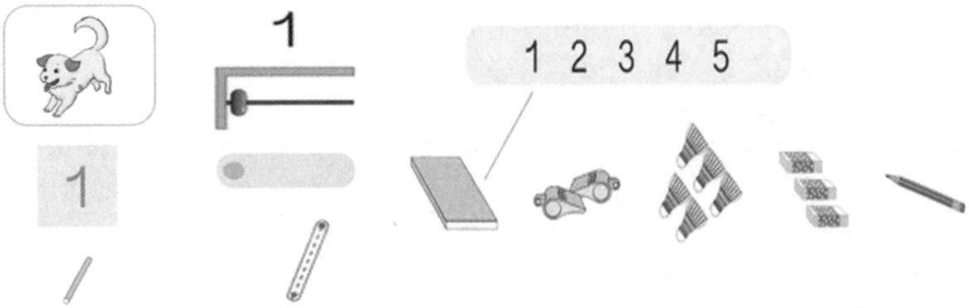

图4-1 人教版一年级数学(上)认识数"1"的内容呈现

(3)通过教学实践调查,探析小学低段数学符号意识的存在性问题。

为进一步陈述小学低段数学符号意识的存在性问题,和为下一步小学低段数学符号意识含义的解释和操作性定义的界定提供依据和参考,我们深入小学一线课堂进行课堂观察。

①课堂观察目的:观察教师课堂的教学过程和学生在课堂环节中的行为表现,分析小学低段学生数学符号的学习过程和学生课堂表现的反馈情况。

②课堂观察内容:苏教版一年级"1～5的认识和加减法"①的课堂教学,共3课时。

③课堂观察对象:贵阳市南明区和云岩区各1所小学的一年级学生。

④课堂观察结果:根据研究目的和要求,得出3节课的具体观察过程和结果,见表4-1、表4-2、表4-3。

表4-1 "认识1～5"的课堂观察结果

教学过程	观察结果/学生反馈情况
教师通过教师节场景图引导学生直观感知人和物的数量(识别场景图中的人和物)	95%以上的学生能回应老师的问题
教师让学生去发现图中有哪些数学信息	90%以上的学生能很快找到图中的数学信息
教师让学生数出情境图中的数学信息(数量属性),在数具体的人或物的基础上得出独立的数量属性	95%以上的学生都能够数出1个人、2盆花、3人跳舞、4个气球、5颗星星等信息
教师提问:场景图中相同数量的人或物有哪些	约30%的学生能很快说出图中有4个人和4个气球
教师引导:认识相同数量的人或物(认识每个人有2只眼睛、2只耳朵、2只手)	60%以上的学生能够举一反三地说出日常生活中数量相同的人或物
教师引导:对具有相同数量的人或物的再认识(记住不同的数量属性"1,2,3,4,5")	95%以上的学生能说出对不同的数量属性"1,2,3,4,5"的认识并举例
教师引导:用阿拉伯数字"1"标记物体个数为1的集合,再依次得出2,3,4,5的集合	100%的学生都能用阿拉伯数字符号记录情境中人或物的多少

① 选自江苏教育出版社义务教育教科书数学(一年级、二年级)第12页.

表4-2 “认识<、=、>”的课堂观察结果

教学过程	观察结果/学生反馈情况
教师通过森林运动会情境图引导学生直观感知并数出人和物的数量	100%的学生能从情境图中数出动物的数量
教师引导：从森林运动会情境图中根据小猴和小兔的数量抽象出数4，用符号“=”表示两种事物数量“同样多”的关系	90%以上学生能认识等号“=”，但对等号表示两个量相等关系的理解还不够
教师引导：根据小松鼠和小熊数量的多少得出5>3和3<5，引出大于号“>”和小于号“<”	90%以上学生能认识大于号和小于号，但书写和判别有问题
教师引导：在○里填“<、=、>”，5○2，3○3，2○3	90%以上学生能正确回答并填写出来
教师提问：在练习题的数一数、比一比中，用数字符号表示物体的个数、用关系符号表示事物数量的大小关系	95%的学生对等号“=”的表示没有问题，但容易弄反大于号“>”和小于号“<”

表4-3 “得数在5以内的加法和相应减法”的课堂观察结果

教学过程	观察结果/学生反馈情况
教师通过情境图让学生数出人和物的数量	100%的学生能数出相应的数
教师对情境图的分解和问题的引导：原来有3人浇花，又来了2人；原来有5人浇花，后又走2人；其目的是让学生理解加法和减法的含义	95%以上学生能回应老师的问题
教师引导：原来有3人浇花，又来了2人，现一共有5人，表示求两个相同事物数量的和的问题，得到加法的含义。同样引导出原来有5人浇花，后又走2人还剩3人的问题，表示从相同事物数量的总体中去掉部分的问题，引出减法运算	95%以上学生能回应老师的问题
教师提问：用符号记录和表示情境中发生的事件（3+2=5，5-2=3）	95%以上学生能根据情境写出加法算式和减法算式
教师提问：4+1=□，1+4=□；2-1=□，4-1=□	100%的学生能正确回答

从以上课堂观察结果表中得出：一年级学生在入学前就已经接触和认识了部分简单的数学符号（主要是数字符号），能初步对简单数字符号（1～10）进行大小比较和加减运算。进入小学后虽再次认识熟悉的数字符号，但认识的过程和方法已发生了很多的变化，这变化体现了数学符号学习的抽象过程，他们在数学符号学习的过程中也表现出不同的行为。可见，小学一年级学生甚至是还未进入小学的孩子已经有着不同程度的符号意识，且对简单的符号已完全能够理解和接受。

综上，无论是从《标准（2011年版）》的阐述还是小学数学教材内容的安排，还是小学数学教学实践的调查来看，小学低段学习都已经不同程度地涉及了符号意识的相关内容和要求，充分说明了小学低段数学符号意识的存在性和重要性。但也有学者认为这些不是符号意识而是数感。我们认为小学低段的数感与符号意识有很大关联，是密不可分的，但也不能完全等同。本书非常赞同史宁中（2006）的观点，他认为“数学符号是使数感得以深化的必要条件，数感借助于经验是表层的数感，而借助于数学符号则是一次深层次的数感”[①]。可见，符号意识与数感是相互促进、相互影响的，不能完全分离看待，更不能等同对待。

（二）《标准（2022年版）》中的课程内容分析

1.《标准（2022年版）》中符号意识的内涵界定

《标准（2022年版）》把符号意识的内涵界定为“符号意识主要是指能够感悟符号的数学功能”，并具体从“知道符号表达的现实意义；能够初步运用符号表示数量、关系和一般规律；知道用符号表达的运算规律和推理结论具有一般性；初步体会符号的使用是数学表达和数学思考的重要形式”这4个方面进一步解释了“符号的数学功能”，最后总结出符号意识和其他核心素养的关系，即“符号意识是形成抽象能力和推理能力的经验基础”。

2.《标准（2022年版）》中小学低段数学符号意识的相关课程内容要求

《标准（2022年版）》的小学阶段“数与代数”整体要求的部分内容，明确提出了“初步体会数是对数量的抽象，感悟数的概念本质上的一致性，形成数感和符号意识”。

《标准（2022年版）》的小学低段的课程内容部分具体表现如下：

①在“内容要求”部分。

在“数与运算”部分，第2条指出了“了解符号<，=，>的含义，会比较万以内数的大小；通过数的大小比较，感悟相等和不等关系”，第6条指出了“在解决生活情境问题的过程中，体会数和运算的意义，形成初步的符号意识、数感、运算能力和推理意识”。在“数量关系”部分，第2条指出“探索用数或符号表达简单情境中的变化规律”。

②在“学业要求”部分。

在“数与运算”部分指出：“能用数表示物体的个数或事物的顺序”；“能用符号表示数的大小关系，形成初步的数感和符号意识”。

③在“教学提示”部分。

在这一部分主要呈现了教学注意事项，其中涉及符号意识的有“使学生体会可以用一个数字符号表示同样的数量”；“在认识数，理解数的大小关系的教学活动中，帮助学生形成初步的符号意识和数感”。

① 史宁中.教育与数学教育[M].长春：东北师范大学出版社，2006：12.

综上,《标准(2022年版)》已明确提出在小学低段去培养和发展学生的数学符号意识的要求,并对数学符号意识的内涵进行界定和说明,但从一线教师的实施角度来看,还是具有很大的抽象性。同时从与符号意识相关的表述来看,小学低段的数感和符号意识有很大的关联性。

二、小学低段数学符号意识的含义

通过对小学低段数学符号意识在《标准(2011年版)》和《标准(2022年版)》中的阐述,和在教材的呈现、教学实践中的表现等三个方面的探析,得出小学低段数学符号意识是存在的的结论。尤其是在小学入门阶段,学生在“数”的认识学习中,经历了具体情境—概括数量信息—抽象的符号表示数—抽象的数的认、读、写—用符号表示物体的个数(理解符号的含义)的全过程,这是从形象思维转为抽象思维的重要过程,也是小学生符号意识表现中符号概念形成的重要过程。由此可以看出,在小学一年级学生认识数的过程中,数字符号的抽象形成过程是学生认识和理解数的基础,这也是小学低段学生数学符号学习的重要环节。因此,小学低段数学符号意识产生的第一步就是认识数学符号的抽象,它是数学抽象思维形成的基础,十分重要。

在第二章关于数学符号意识内涵的研究成果综述中发现:学界对符号意识的认识并不一致,学者们的提法主要分为观念说、能力说、反应说、素养说等不同观点。对广大一线教师和其他教育工作者而言,课程标准是教材编写、教学、评估和考试命题的依据,是大家从事教育教学和教育研究的纲领性文件。因此,依托课程标准对符号意识的描述是本书设计的基础之一。但从严格意义上讲,课程标准是对符号意识的目标和价值进行的解释性阐述,是课程教学的总纲或总体框架,在执行过程中需要根据不同学段的内容和要求作进一步的细化说明。符号意识的含义究竟是什么呢?我们首先要弄清楚数学符号和数学符号意识的含义。

(一)数学符号的含义

本书第一章在概念界定中,把数学符号界定为包括了反映事物数量关系和空间形式的一切标识或记号。如数字符号(1,2,3,4,…)、关系符号(>,<,=,…)、运算符号(+,−,×,÷,…)、图形符号(□,△,○,…)、字母符号(x,y,z,…)、多用符号(+,−,…)、图表符号(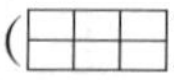)以及一些特定的约定符号(!,∧,〈,…)等。数学符号不是本身就存在的,而是在数学发展过程中,根据需要而定义或规定出的一些标识或记号。

(二)意识的含义

对意识的研究最早源于哲学,后来越来越多的学科涉足了意识领域,如医学、生理学、伦理学、心理学等,不同学科对意识概念的理解、使用也有差别。第二章在关于意识内涵研究的相关研究成果综述中,对意识的概念和内涵都进行了分析,发现本书的符号意识"Symbol sense"与哲学、心理学等领域的意识的词义和词性有很大的不同,以及与人们在政治、经济、文化的交流场合中,经常使用的"意识"这个词,如安全意识"Safety consciousness"、法律意识"Legal consciousness"等概念存在区别。心理学界对"意识"的解释也一直存在着不同的观点,霍涌泉在他的博士学位论文中详细阐述了心理学界对意识概念的不同观点,但他认为心理学界对意识的理解都反映了一个共同的倾向,即普遍认为觉知性、认识性是意识的主要内容。①

因此,本书对符号意识"Symbol sense"的理解结合了数学和数学教育专业特点。它与心理学上的"知觉、感觉、自觉、觉悟、意识、观念"不完全等同,本书更倾向于把意识理解为辨别、判断和领会。

(三)数学符号意识的含义

数学符号意识的含义包含了数学、符号和意识的相关概念,因此本书对数学符号意识的理解是建立在符号学、意识论和布鲁姆的认知目标分类学的相关理论的基础上的。

1.从符号学的研究理论看

西方符号学从不同的视角建立了三大符号学系统:索绪尔的语言学系统、皮尔士的分析哲学系统、胡赛尔的现象学系统。王成营在他的博士学位论文中通过对符号本质的分析,概括出符号学中的三种符号观②:

一元符号要素观,即"符号=记号",强调符号是一种能够指代他物的"存在物";

二元符号要素观,即"符号=能指(记号表象)+所指(意义表象)",认为"语言符号是能指和所指的一种两面心理实体"③。

三元符号要素观,即"符号=符号项+解释项+意义项",这是符号学的奠基人之一皮尔士以他的"三性存在"世界观为基础形成的符号学"三元观",即他提出的表征

① 霍涌泉.意识心理世界的科学重建与发展前景——当代意识心理学新进展研究[D].南京:南京师范大学,2006.
② 王成营.数学符号意义及其获得能力培养的研究[D].武汉:华中师范大学,2012.
③ 费尔迪南·德·索绪尔.普通语言学教程[M].高名凯,译.北京:商务印书馆,1999:101.

(Representamen)、对象(Object)和解释(Interpretant)的三元一体的符号观[①]。

本书中的数学符号"Mathematical symbol"是指反映事物数量关系和空间形式的一切标识或记号,是数学学科中特有的符号。因此,本书对数学符号的理解倾向于皮尔士的三元符号观,即对数学符号的认识和理解包含了对符号的认识、符号意义的理解和解释等内容,因此学习数学符号也特别强调对符号项的认识和符号意义的理解。

2.从哲学意识论的研究理论看

韩民青在他的《意识论》中阐述了意识的基本理论[②]:意识与思维是不可分离的,意识是人的思维反映在控制活动中的内在形成的主观世界。提出研究意识的思路:从研究意识的产生、意识的层次到分解和剖析意识的层次(意识的内容与形式)。其中意识的形式包括思维形象、概念、判断和推理;而思维形象是意识的最初级形式,概念、判断和推理是在思维活动的推动下,借助语言,产生的反映客观事物特有属性的抽象形式,是意识的高级形式。因此,数学符号意识的研究是以哲学意识论的基本理论观点为指导而进行的研究,即重视学生数学符号思维的作用。

3.从布鲁姆认知目标分类学理论看

洛林·W.安德森等在所著的《布鲁姆教育目标分类学修订版》中,把学生学习知识的认知过程划分为6个认知过程维度:记忆/回忆、理解、应用、分析、评价和创造。每个维度具体、详细的说明见表4-4[③]。布鲁姆认知目标分类学的理论对本书的启发是:学生在学习数学符号的过程中对数学符号认知维度或程度理解的不同,对其数学符号意识形成和发展有不同的影响。因此,学生的数学符号意识包含了其对数学符号的认识、记忆、理解和运用等认知过程的结果。

表4-4　布鲁姆认知目标分类学——认知过程维度

类别和认知过程	同义词	定义
1.记忆/回忆(Remember)——从长时记忆中提取相关的知识		
1.1识别(Recognizing)	辨认(Identifying)	在长时记忆中查找与呈现材料相吻合的知识
1.2回忆(Recalling)	提取(Retrieving)	从长时记忆中提取相关知识
2.理解(Understand)——从口头、书面等交流形式的教学信息中构建意义		

① 贾中恒,朱亚军.Peirce的符号学三元观[J].外语研究,2002(3):6-9.

② 韩民青.意识论[M].南宁:广西人民出版社,1988:78-106.

③ 洛林·W.安德森,等.布鲁姆教育目标分类学修订版[M].北京:外语教学与研究出版社,2016:50-52.

续表

类别和认知过程	同义词	定义
2.1 解释(Interpreting)	澄清(Clarifying) 释义(Paraphrasing) 描述(Representing) 转化(Translating)	将信息从一种表示形式(如数字的)转变为另一种表示形式(如文字的)
2.2 举例(Exemplifying)	示例(Illustrating) 实例化(Instantiating)	找到符合概念和原理的具体例子或例证
2.3 分类(Classifying)	归类(Categorizing) 归入(Subsuming)	确定某物某事所属类别(如概念或类型)
2.4 总结(Summarizing)	概括(Abstracting) 归纳(Generalizing)	概括总主题或要点
2.5 推断(Inferring)	断定(Concluding) 外推(Extrapolating) 内推(Interpolating) 预测(Predicting)	从呈现的信息中推断出符合逻辑的结论
2.6 比较(Comparing)	对比(Contrasting) 对应(Mapping) 配对(Matching)	发现两种观点、两个对象之间对应的关系
2.7 说明(Explaining)	建模(Constructing models)	建构一个能体现系统的因果关系的关系式
3. 应用(Apply)——在给定的情景中执行或使用程序		
3.1 执行(Executing)	实行(Carrying out)	将程序用于熟悉的任务
3.2 实施(Implementing)	使用,运用(Using)	将程序用于不熟悉的任务
4. 分析(Analyze)——将材料分解为不同的部分,确定各部分之间的相互关系,以及各部分与总体结构之间的关系		
4.1 区别(Differentiating)	辨别(Discriminating) 区分(Distinguishing) 聚焦(Focusing) 选择(Selecting)	区分呈现材料的相关、无关部分或重要、次要部分
4.2 组织(Organizing)	发现连贯性(Finding coherence) 整合(Integrating) 概述(Outlining) 分解(Parsing) 构成(Structuring)	确定要素在某结构中的合适位置或作用
4.3 归因(Attributing)	解构(Deconstructing)	确定呈现材料背后的观点、倾向、价值意图
5. 评价(Evaluate)——基于准则和标准作出判断		
5.1 检查(Checking)	协调(Coordinating) 查明(Detecting) 监控(Monitoring) 检验(Testing)	发现一个过程或产品内部的矛盾和谬误;确定一个过程或产品是否具有内部一致性;查明程序实施的有效性

续表

类别和认知过程	同义词	定义
5.2 评论(Critiquing)	判断(Judging)	发现一个产品与外部准则之间的矛盾;确定一个产品是否具有内部一致性;查明程序与给定问题的匹配性
6. 创造(Create)		
6.1 产生(Generating)	假设(Hypothesizing)	基于准则提出相异假设
6.2 计划(Planning)	设计(Designing)	为完成某一任务而设计的程序
6.3 生成(Producing)	建构(Constructing)	生产出一个产品

综上,在符号学、意识论和认知目标分类学等理论的指导下,根据学生对数学符号含义的理解程度,本书认为数学符号意识是指学生对表示事物数量关系和空间形式等记号的感知、认识、理解、运用等方面作出的反应,这些反应具体表现为学生在思维活动的推动下对数学符号进行信息加工和处理的能力。

(四)小学低段数学符号意识的含义

在认识数学符号意识含义的基础上,结合小学低段数学符号的特点和学生数学符号认知过程维度,进一步分析小学低段数学符号意识的含义。数学符号意识的含义涉及了符号的感知,在本书中对数学符号的感知是不是意识的内容呢? 潘菽认为如果只有感觉和知觉而没有思维方面的认识活动,那就不会有意识。[①]韩民青认为感觉、知觉和表象是意识的自在态或前内容状态,在没有思维或未进入思维之前,它们都还是独立的反映形式,在自在态时感觉、知觉、表象都不属于意识的范围;只有当感觉、知觉转变成表象,表象暂时离开对象物通过记忆作用在脑中得到保存,然后通过形象思维和抽象思维对表象进行改造,纳入各种意识形式之后,才形成了人的主观意识世界。[②]因此,在定义小学低段数学符号意识含义时,小学生对数学符号的感知(即小学生通过感官对数学符号产生的有意义的印象)在自在态时也不属于符号意识的范围,只有当学生把对数学符号的印象通过记忆作用在头脑中保存,并通过形象思维和抽象思维的改造后纳入意识的形式中,其才能属于数学符号意识的形式和研究内容。

因此,根据小学低段学生对数学符号意识含义的理解程度,再结合其认识、学习数学符号的特点和规律,本书认为小学低段的符号意识主要是指学生对数学符号的

① 潘菽.意识——心理学的研究[M].北京:商务印书馆,1998:31.

② 韩民青.意识论[M].南宁:广西人民出版社,1988:111-114.

感知、认识、理解、运用等方面所作的一种反应。这些反应具体反映在学生对数学符号抽象过程的体会中，是数学符号认识、读写、理解、掌握和运用等方面的能力表现，使学生能初步体验使用符号是数学表达和数学思考的重要形式。①

三、《标准(2011年版)》与《标准(2022年版)》中关于符号意识的比较分析

由于两个版本的课标对数学符号意识的要求和具体表述有些不同，为了更好地分析和研究小学低段数学符号意识的测评指标体系，本节将对2011年版和2022年版课程标准中涉及数学符号意识的内容进行比较分析。为更清楚地说明小学低段学生数学符号意识培养和发展的具体要求和注意事项，以及小学低段数学符号意识的重要性，通过比较分析2011年版和2022年版课程标准对符号意识的内涵界定和学段目标要求，得到具体的结果。

(一)关于符号意识内涵界定的比较分析

通过对比对符号意识的内涵界定可知，符号意识内涵界定中的总体要求、具体表现和价值作用都有了一些新的变化，具体见表4-5。

表4-5 两版标准中关于符号意识内涵界定的文本比较分析

内涵界定	《标准(2011年版)》的具体表述	《标准(2022年版)》的具体表述	比较分析
总体要求		能够感悟符号的数学功能	《标准(2022年版)》以核心素养为导向，总体概述了符号意识中蕴含的关键能力和必备品质，即感悟符号的数学功能
具体表现	①能够理解并且运用符号表示数、数量关系和变化规律 ②知道使用符号可以进行运算和推理，得到的结论具有一般性	①知道符号表达的现实意义 ②能够初步运用符号表示数量、关系和一般规律 ③知道用符号表达的运算规律和推理结论具有一般性 ④初步体会符号的使用是数学表达和数学思考的重要形式	①《标准(2022年版)》的第一条是新增内容，体现了从抽象到直观的认识过程 ②《标准(2011年版)》的第1条和《标准(2022年版)》的第2条基本相关，但也有区别，主要表现在：数—数量；数量关系—关系；变化规律—一般规律 ③《标准(2011年版)》的第2条和《标准(2022年版)》的第3条基本相同 ④《标准(2022年版)》的第4条是《标准(2011年版)》中对建立符号意识的价值作用的表述

① 李艳琴，宋乃庆.小学低段数学符号意识的含义及其表现形式[J].课程·教材·教法，2016，36(3)：92-97.

续表

内涵界定	《标准(2011年版)》的具体表述	《标准(2022年版)》的具体表述	比较分析
价值作用	建立符号意识有助于学生理解符号的使用是数学表达和进行数学思考的重要形式	符号意识是形成抽象能力和推理能力的经验基础	《标准(2011年版)》中的表述被调整到了《标准(2022年版)》中的具体表现部分。《标准(2022年版)》明确了符号意识和其他核心素养之间的关系

我们通过分析它们之间的联系和变化,看到了《标准(2022年版)》是《标准(2011年版)》的继承和发展。同时,课标也有很多的变化值得进一步分析和探讨,这里主要针对符号意识具体表现中"符号表示"的变化做下列思考。

1.从"符号表示"的行为动词运用方面来分析

《标准(2011年版)》中使用了"理解并且运用",《标准(2022年版)》中使用的是"初步运用"。从行为动词的程度上看,《标准(2011年版)》对"符号表示"的要求高于《标准(2022年版)》。初探原因是《标准(2022年版)》已经明确了符号意识的培养和发展主要是在小学阶段,而《标准(2011年版)》中虽然没有明确指出所属阶段,但从学段目标和课程内容要求中可以发现其主张主要在初中阶段去培养和发展学生的符号意识。

2.从"符号表示"的具体对象来分析

《标准(2011年版)》中明确的是运用符号表示数、数量关系和变化规律,在《标准(2022年版)》中明确的是运用符号表示数量、关系和一般规律。看似几字之差,但新课标对运用符号表示数学对象的定义已经有了很大的变化。进一步分析如下:

首先是运用符号表示数和运用符号表示数量,这里有变化的就是数和数量。我们知道,数和数量是两个不同的概念,它们既有联系但又有本质上的区别。数量是指事物的多少,也是现实生活中实物量的抽象,如一个人、两条鱼、三只鸟等,其本质是多与少。而数的概念解释有多种,这里主要是指事物的量的基本数学概念,是数量本质属性的抽象结果,其本质是大与小,如源于生产生活实践中我们对计数的需要,得到了一个人、一条鱼、一只鸟,从它们数量属性的共性来看都是1,这样就抽象得到了自然数1,在表示一个人时也可以表示为1个人。可见,运用符号表示数是运用符号表示数量的进一步抽象的结果,也是数学的重要研究对象之一。

其次是运用符号表示数量关系和运用符号表示关系。同样,变化的部分是从"数量关系"转为"关系"。从字面上看,关系的范畴大于数量关系的范畴。《标准(2022年版)》对数量关系解释为"主要是用符号(包括数)或含有符号的式子表达数量之间的关系或规律”[1]，如相等关系、不等关系、比例关系等。而关系这个范畴包含了数量关系、位置关系、对应关系等。因此，从这一点上来看，《标准（2022年版）》中运用符号表示数学中的关系的范畴更为广泛和全面，除了能处理常见的数量关系外，还可以用图形符号表示图形的位置关系、对应关系等。

最后是运用符号表示变化规律和运用符号表示一般规律。这里的变化是从“变化规律”变为“一般规律”。从字面上看，变化规律和一般规律也有一定的区别和联系，一般规律的范畴在一定程度上大于变化规律的范畴。小学数学中有和、差、积、商的变化规律，以及图形的变化规律等，虽然这些规律也具有一般性，但更多体现了变化中的规律。而一般规律是一切事物的共同规律，具有较大的普遍性和一般性。在现实问题中，变化规律不一定都能形成一般规律，或者说变化规律只在一定范围内形成一般规律，这样就不具有最大的普遍性。而一般规律是在变化规律的基础上，最大限度地拓展适应范围而得到的一般性的规律。

（二）关于符号意识在课程目标中的比较分析

通过对比两版标准中对符号意识的目标要求，可以得到课标中符号意识学段目标、课程内容等部分的具体变化，详见表4–6。

表4–6　两版标准中关于符号意识目标要求的文本比较分析

目标描述	《标准（2011年版）》的具体表述			《标准（2022年版）》的具体表述			
	1～3年级	4～6年级	7～9年级	1～2年级	3～4年级	5～6年级	7～9年级
学段目标描述		数学思考：感受符号和几何直观的作用	①知识技能：体验从具体情境中抽象出数学符号的过程 ②数学思考：建立符号意识	形成初步的数感、符号意识和运算能力		形成符号意识	
比较分析	①从学段归属来看，在第1学段中没有明确提出要发展学生符号意识；但实际上在第1学段学习中就已经涉及了学生符号意识的培养，这也是本书研究的背景之一 ②从目标的具体表述来看，第2学段有了初步要求，即感受符号的作用。但真正要建立符号意识是在第3学段，从建立符号意识的过程来看，其应该是一个长期的过程，因此在前2个学段中也应该有符号意识的形成过程			①从第1学段形成初步的符号意识到第3学段形成符号意识，是一个循序渐进的发展过程，体现了符号意识的长期培养过程 ②第2学段的主要任务没有涉及符号意识，但符号意识贯穿在整个数学学习的过程中，有了第1学段初步的符号意识，学生可以通过知识迁移主动建构，为第3学段形成符号意识奠定经验基础 ③构建了符号意识形成的2个水平			

① 中华人民共和国教育部．义务教育数学课程标准（2022年版）[S]．北京：北京师范大学出版社，2022：18.

（三）关于符号意识的其他比较分析

除了上述两个方面的比较外，两版标准中对小学低段学生的符号意识的具体要求还有其他方面的一些变化。如在关系符号的内容要求中，《标准(2011年版)》中的要求是“理解符号<,=,>的含义，能用符号和词语描述万以内数的大小”。《标准(2022年版)》中的要求是“了解符号<,=,>的含义，会比较万以内数的大小；通过数的大小比较，感悟相等和不等关系”。这里的目标行为动词从“理解”变为“了解”，增加了“感悟”。在数的运算内容要求中，《标准(2011年版)》的要求是“能运用数及数的运算解决生活中的简单问题，并能对结果的实际意义作出解释”。《标准(2022年版)》的要求：“在解决生活情境问题的过程中，体会数和运算的意义，形成初步的符号意识、数感、运算能力和推理意识。”在这个部分的具体要求上，两版标准的要求基本相同，只是《标准(2022年版)》更加明确了要在解决问题的过程中体会数和运算的意义，形成初步的符号意识，也就说明了这一个过程是学生符号意识形成的重要经验积累过程。

第二节　小学低段数学符号意识的表现形式

一、小学低段涉及主要数学符号的来源和历史

在小学低段主要涉及的数学符号类型有元素符号（主要是数字符号）、关系符号（简单排序关系）和运算符号（四则运算）等，为了能更好地认识和探析符号意识的内涵，研究符号的来源和历史是必不可少的。

（一）数字符号的来源和历史

数字符号是记录和表示数的一种记号，数与数字符号是不同的概念，小学低段的“数”指的是自然数。史宁中认为数是一种感官，是人类对于生存环境的一种悟性[①]。原始人在长期狩猎过程中形成了“有”和“无”、“多”和“少”的概念，这就是人类对数的一种感悟，这种感悟激发了人类对计数符号的愿望和迫切需要。我们的祖先经历了最古老的实物计数—结绳计数—刻痕计数的计数过程。在此基础上发明了文字和计

① 史宁中.论数以及数字符号的产生[J].东北师大学报，2000(6)：31-35.

数符号，如古巴比伦的楔形符号、中国甲骨文中的数字符号[①]，后发展出了古希腊的数字符号、古罗马的数字符号、玛雅数字符号、中国数字符号等，最后逐步演变成通用的阿拉伯数字符号。李文林在他的《数学史教程》中按时代顺序详细地列举了世界上几种古老文明的早期计数系统[②]：

①古埃及的象形数字(公元前3400年左右)

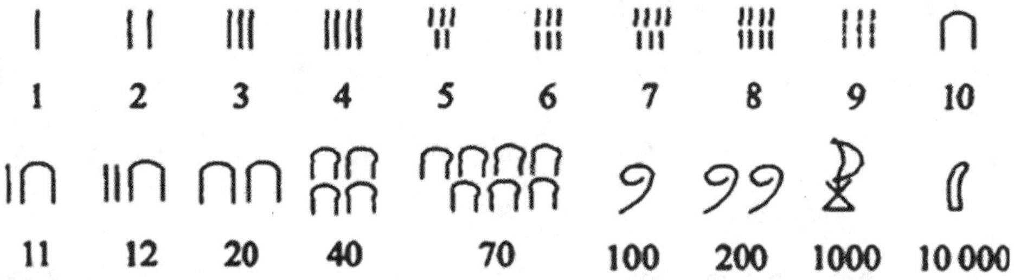

②古巴比伦楔形数字(公元前2400年左右)

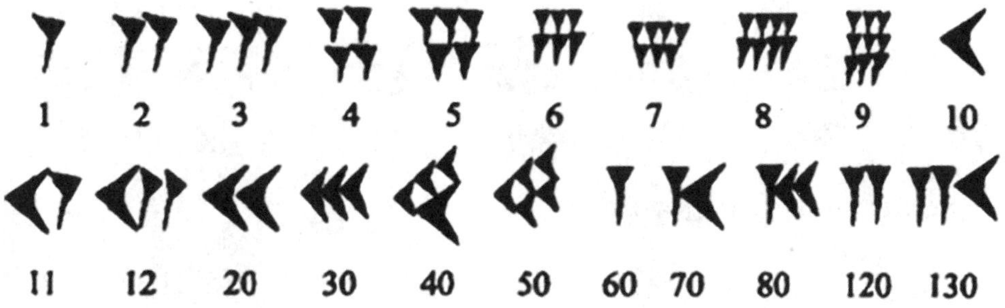

③中国甲骨文数字(公元前1600年左右)

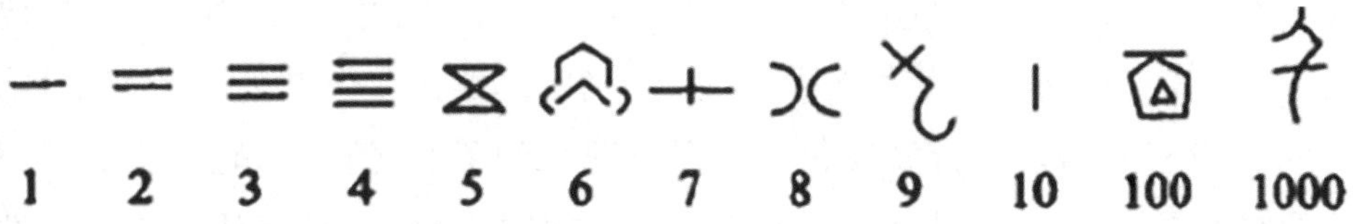

④古希腊阿提卡数字(公元前500年左右)

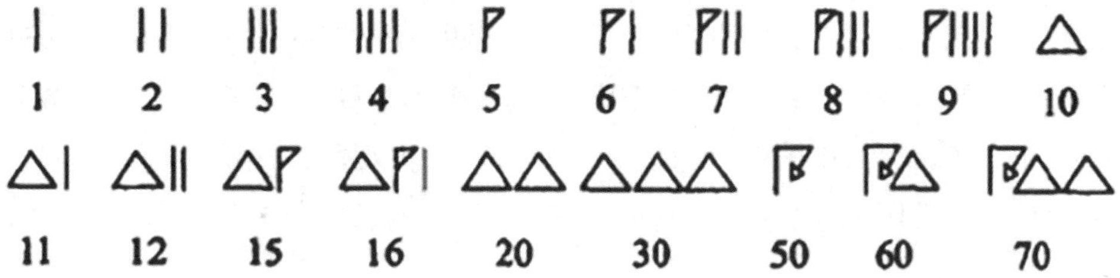

① 徐品方，张红．数学符号史[M]．北京：科学出版社，2006：18．
② 李文林．数学史教程[M]．北京：高等教育出版社，2000：13–14．

⑤中国筹算数码(公元前500年左右)

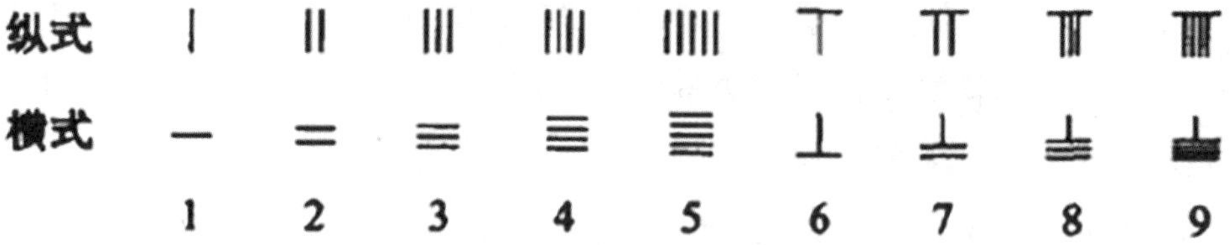

⑥古印度婆罗门数字(公元前300年左右)

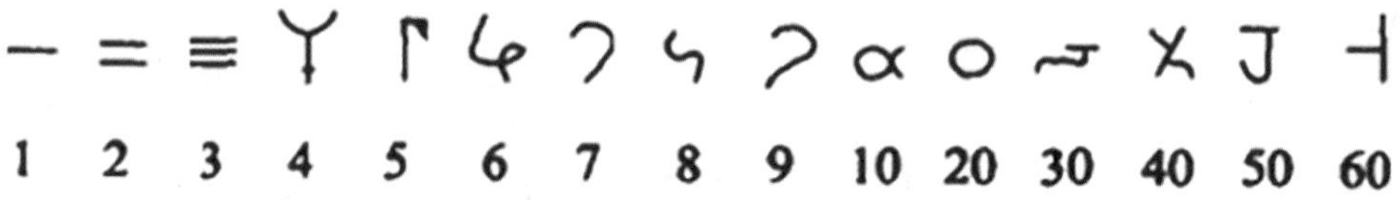

⑦玛雅数字(时间待考证)

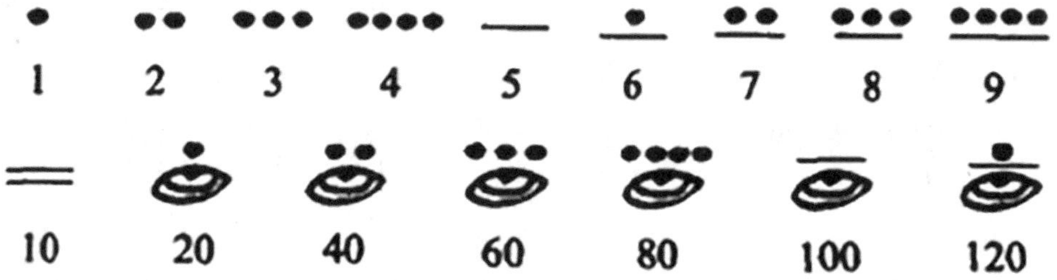

(二)关系符号的来源和历史

小学低段主要学习的关系符号有等于“=”,小于“<”,大于“>”这3个符号,其中,最早发明创造出来的是等于符号“=”,用于表示相等。历史资料显示,1557年,英国数学家雷科德在他的著作《智慧的磨刀石》中,首先使用了符号“=”表示相等,且他在文中写道:为了避免枯燥重复使用等于这个词,我认真地比较了许多图形和记号,觉得世界上再也没有比两条平行又等长的线段更适合的了①。但遗憾的是这个相等记号并没有立即地普遍地被使用,直到17世纪德国数学家莱布尼兹在他正式出版的著作中大量使用符号“=”后,“=”才逐渐被人们接受并广泛使用,且一直沿用至今。而最早创用小于“<”、大于“>”符号的是英国数学家哈里奥特,在他死后的第十年(1631年),人们发现其遗著《分析术实例》首次使用了大于、小于符号②。后来也有一些数学家创用了其他符号来表示大小关系,但都因书写烦琐、不美观而被淘汰,因此,哈里奥特创用的“<”和“>”被沿用至今,这两个符号非常直观、形象、简洁,表示“开口对大数、尖尖对小数”。

① 孙兴运.数学符号史话[M].济南:山东教育出版社,1998:26.
② 斯科特.数学史[M].侯德润,译.北京:商务印书馆,1981:133.

(三)运算符号的来源和历史

在小学低段数学学习中主要涉及的运算符号有“+”“-”“×”“÷”,学生最先认识到的是加法、减法运算符号,分别是“+”“-”,这也是人类最早掌握的两种运算符号。文献显示,加号、减号的萌芽时间最早要追溯到世界上最古老的数学文献——古埃及纸草书①。后来古巴比伦人采用文字“tab”表示加号,我国古代数学家也习惯用文辞方式书写。公元4世纪左右,古希腊数学家、代数学的鼻祖丢番图创用了一套简洁漂亮的数学符号,其中就包括加法和减法的表示符号。在此之后数学家们也都纷纷自创不同的符号表示加和减,但大多数仍然用文字去表示加和减。如德国的天才数学家缪勒在1456年的一本数学手稿中使用“et”表示加号,意大利数学家邦别利在代数著作中用P表示加号,R表示减号。而“+”“-”符号最早出现在15世纪末,数学家瓦格涅尔在他的算术著作手抄本中正式使用“+”“-”符号②。在正式印刷图书中使用“+”“-”的是德国数学家维德曼,但他创用的加、减符号是在商业上用于表示剩余和不足,并不是当作运算符号使用。正式使用“+”表示加法、“-”表示减法,并将其作为代数运算符号的是荷兰数学家赫克③,但他名气小,当时并没有得到数学界的高度关注和认可。直到后来的一大批数学家在不同的著作中都频繁地使用“+”“-”,并且运用非常自如,这两个符号才得到了公认和大家的使用。因此,加、减符号也经历了文辞符号—缩写式—通用的“+”“-”号这一历史演变过程。

迄今乘号和除号还没有完成国际统一的约定,如a乘以b可以记为$a\times b$,$a*b$,ab(省略乘号),$a\cdot b$, a除以b可以记为$a\div b$,a/b,$\frac{a}{b}$,$a:b$。而在小学低段学生所认识的乘号“×”、除号“÷”是比较常用的符号。乘号和除号的产生比加、减号要晚,且最早使用的是省略乘号,起源于古印度,即把数a与数b相乘写成ab。据史料知,最早使用乘号“×”的是奥特雷德,在他的著作《数学入门》中为了摆脱复杂烦琐地用缩写文字表达数学运算,特意创造了100多个符号,其中一个就是“×”④,而最早使用除号“÷”的是瑞士数学家雷恩⑤。

① 徐品方,张红.数学符号史[M].北京:科学出版社,2006:109.

② B.B.鲍尔加尔斯基.数学简史[M].潘德松,沈金钊,译.北京:知识出版社,1984:113.

③ H.伊夫斯.数学史概论[M].欧阳绛,译.太原:山西经济出版社,1986:207.

④ M.克莱因.古今数学思想(第1册)[M].张理京,译.上海:上海科学技术出版社,2002:302.

⑤ 徐品方,张红.数学符号史[M].北京:科学出版社,2006:124.

二、小学低段数学符号的类型及符号意识的表现形式

我们虽然对小学低段数学符号意识的含义进行了阐释，但那只是对数学符号意识意义和数学符号意识内容的阐释，而数学符号意识是什么仍然较为抽象。因此，根据小学低段数学符号意识的含义，我们需要进一步探讨小学低段数学符号意识的表现形式，更加深入地理解小学低段数学符号意识是什么。为此，我们通过对《标准（2011年版）》《标准（2022年版）》的教材内容和教学实践内容调查的分析，可以看出小学低段已经涉及了多种类型的数学符号。按符号的作用分类，小学低段涉及的数学符号主要可以划分为：元素符号（主要是数字符号）、运算符号、关系符号和结合符号等类型。同时根据内容，还可增加表示计量单位的符号（简称计量单位符号）和为便于学生理解、表示的一些特殊约定的符号（简称约定符号）。最后，我们根据《标准（2011年版）》和《标准（2022年版）》的要求、教材内容的呈现以及教学实践内容调查，总结得出小学低段涉及的数学符号类型及其符号意识的表现形式（见表4-7）。

表4-7　小学低段数学符号的类型及其符号意识的表现形式

符号类型	教材内容	符号表现	符号意识的表现形式	所属年级
元素符号	1～5的认识	1，2，3，4，5	正确地认、读、写5以内的数，能用数表示物体的个数和顺序，会区分几个与第几个	一年级上册
关系符号	比大小	3>2，4<5，3=3	认识“=”“<”“>”，能正确读写和理解其含义，会用符号描述数的大小	一年级上册
运算符号	1～5的加减	2+3=□，5−2=□，…	认识加号“+”、减号“−”，能正确读写加、减法算式，初步理解它们的含义，并能运用它们去解决简单实际问题	一年级上册
	表内乘法（一）	3+3+3+3+3=15 →3×5=15	认识乘号“×”，会改写加法算式和乘法算式，理解乘法算式的含义，能运用乘法去解决简单实际问题	二年级上册
	表内除法（一）	8÷4=2	认识除号“÷”，会读、写除法算式，并理解它的含义，能运用除法解决简单实际的问题	二年级下册
计量单位符号	长度单位	“cm”，“m”	初步认识厘米“cm”和米“m”，能用符号语言对物体的长度进行描述和表示	二年级上册
	克和千克	“g”，“kg”	初步认识克“g”和千克“kg”，能用符号语言对物体的重量进行简单的描述和表示	二年级下册

续表

符号类型	教材内容	符号表现	符号意识的表现形式	所属年级
结合符号	两位数的减法	10−2−3=10−(2+3)	认识小括号“()”,理解其表示的含义,能正确书写和运用	一年级下册
约定符号	数的分与合	5 3　2	能用符号“∧”“〈”“∨”“〉”表示数的分与合	一年级上册

由表4−7可以看出,小学低段已经涉及了抽象的数字符号(0～9)、关系符号(=,>,<)、运算符号(+,−,×,÷)等符号类型。从表现形式看,《标准(2011年版)》和教材内容已从不同程度要求学生能对符号进行认识、理解和运用。其实,随着年级的升高,学生学习的数学符号会越来越多,含义也越来越丰富,抽象程度也越来越高。如元素符号就会逐步增加字母符号、图形符号,而运算符号会逐步增加乘方、开方等,学生对每一种数学符号的学习都会产生不同的符号意识表现。

三、《标准(2022年版)》对小学低段数学符号意识的具体要求

(一)内涵界定

在《标准(2022年版)》对数学符号意识内涵的解释中,包含3句话。

第1句话:“符号意识主要是指能够感悟符号的数学功能。”这是从整体或宏观上说明符号意识这个核心素养的内涵。我们知道核心素养主要是指“关键能力、必备品质”,因此,可以认为符号意识的关键能力就是“感悟符号的数学功能”。

第2句话:“知道符号表达的现实意义;能够初步运用符号表示数量、关系和一般规律;知道用符号表达的运算规律和推理结论具有一般性;初步体会符号的使用是数学表达和数学思考的重要形式。”这是对“符号的数学功能”的解释和说明,接下来将从核心素养的“三会”去解释说明符号的数学功能。

①“会用数学的眼光观察现实世界”,《标准(2022年版)》把数学的眼光进一步解释为抽象能力,其中抽象能力就包含了符号意识。

②“会用数学的思维思考现实世界”,《标准(2022年版)》指出“能够运用符号运算”。

③“会用数学的语言表达现实世界”,《标准(2022年版)》指出“通过数学的语言,可以简约、精确地描述自然现象、科学情境和日常生活中的数量关系和空间形式”。对其中的“数学的语言”,我们可以马上联想到用数学符号表述的一些数学概念、数学公式、数量关系、数学命题等,如阿拉伯数字符号“1”表示自然数“1”,“2>1”表示了两个数之间的大小关系。

第3句话:“符号意识是形成抽象能力和推理能力的经验基础。”这句话体现出符号意识对其他核心素养形成的作用和两者的关系。

①从抽象能力来看,如何体现符号意识是学生形成抽象能力的经验基础。

我们知道,数学本身就是抽象性很强的一门学科,数学研究的对象也都是抽象思维的产物。普通高中数学课程标准把数学抽象作为六大核心素养之一,并表述为“通过对数量关系与空间形式的抽象,得到数学研究对象的素养”①,这里表现出来的抽象能力主要是从数学对象的众多属性或特征中辨认出其本质属性或特征,从看似不同的同类数学对象中找出共同的特征,这样的思维法则被学者称为“特征分离概括化法则”②。《标准(2022年版)》把抽象能力这个核心素养的内涵界定为“主要是指通过对现实世界中数量关系和空间形式的抽象,得到数学的研究对象,形成数学概念、性质、法则和方法的能力”③。可见,抽象的本质就是要排除不同特征而抽出相同的属性。在小学生学习数学的过程中,每一个新的数学概念的形成过程都蕴含了抽象,而这些概念的形成过程是抽象的,表示这些概念的抽象结果也是抽象的符号。可见,数学的抽象更难的就是用本身抽象的符号去表示抽象的结果。因此,在学生符号意识形成过程中需要充分体现数学的抽象,数学符号本身就是数学抽象物的表现形式,而学生符号意识的形成过程也为学生抽象能力的形成奠定了经验基础。

②从推理能力来看,如何体现符号意识是学生形成推理能力的经验基础。

《标准(2011年版)》中推理能力是十大核心概念之一,指出了要发展学生合情推理和演绎推理的两大推理能力。《标准(2022年版)》在核心素养中分别提出了推理意识和推理能力,小学阶段主要是发展学生的推理意识,初中阶段主要发展学生的推理能力。其中,推理意识主要是指:“对逻辑推理过程及其意义的初步感悟。知道可以从一些事实和命题出发,依据规则推出其他命题或结论;能够通过简单的归纳或类比,猜想或发现一些初步的结论。”把推理能力的内涵界定为:“主要是指从一些事实和命题出发,依据规则推出其他命题或结论的能力。④我们知道,学生推理能力的发展贯穿整个数学学习过程,数学符号意识的形成发展也贯穿整个数学学习过程,并且在数学符号意识形成过程中,蕴含了归纳、类比、抽象等思维过程,包含了数学符号的表示、符号的运算、符号的推理过程。因此,从这些过程中可以得到,数学符号意识的

① 中华人民共和国教育部.普通高中数学课程标准(2017年版2020年修订)[S].北京:人民教育出版社,2021:4.

② 徐利治,王前.数学与思维[M].大连:大连理工大学出版社,2008:7.

③ 中华人民共和国教育部.义务教育数学课程标准(2022年版)[S].北京:北京师范大学出版社,2022:8.

④ 中华人民共和国教育部.义务教育数学课程标准(2022年版)[S].北京:北京师范大学出版社,2022:9.

形成过程有助于学生推理意识的形成，为推理能力的培养和发展奠定经验基础。

（二）学业要求

《标准（2022年版）》在1～2年级，也就是小学低段，对数学符号意识的要求是“形成初步的符号意识”。在5～6年级，也就是小学高段，对数学符号意识的要求是“形成符号意识”。小学低段中所谓的“初步的符号意识”究竟是什么水平，在《标准（2022年版）》中没有非常明确的说明和界定，这就需要研究者和一线教师对小学低段数学符号意识进一步思考和研究。

（三）学业质量要求

学业质量是《标准（2022年版）》新增加的一项内容，突出了新课标对学业评价的指导性。学业质量是学生在完成课程阶段性学习后的学业成就表现，反映学生的核心素养，也是学业水平考试命题及评价的依据。从《标准（2022年版）》中关于符号意识的学业质量标准要求来看，主要表现在①：

①1～2年级：能结合具体情境，认识万以内的数及其大小关系，描述四则运算的含义，能进行简单的整数四则运算，形成初步的数感、运算能力和符号意识。

②5～6年级：能用字母表示数量关系和规律，理解常见的数量关系，形成符号意识。

第三节　小学低段数学符号意识的操作性定义

数学符号意识是一个很抽象的概念，是两版标准的课程内容之一，也是《标准（2022年版）》中的一个重要的核心素养，是一个隐性课程目标。它涵盖了小学低段数学符号意识较多的特征，比较适用于思辨分析和定性研究，很难用它来测评学生数学符号意识的现状和进行实证研究设计，没有操作性，不便于量化研究。因此，在小学数学符号意识含义及其表现形式的基础上，给小学低段数学符号意识下一个操作性定义，有利于后续实证研究的设计与实施。

① 中华人民共和国教育部．义务教育数学课程标准（2022年版）[S]．北京：北京师范大学出版社，2022：80-82.

一、操作性定义的含义

操作分析方法是操作主义创始人——美国物理学家、哲学家布里奇曼(P.W. Bridgman)在1923年提出的一种方法,1971年该方法论被美国《科学》杂志载文列为世界五大哲学成就之一。郭建庆在《寻找科学认识的基点——布里奇曼操作分析方法述评》一文中详细阐述了布里奇曼关于操作分析方法的含义、特点、意义和作用的观点。他指出布里奇曼所称的“操作”一般包括狭义的操作(实验操作)和广义的操作(精神或智力操作);该操作分析方法强调了人的因素在一切自然认识中的地位和作用,反映了认识和认识手段的内在联系并力图找出关于意义的实践解释;该方法的意义和作用在于能保证人的认识和知识的可靠性,提高知识的精确性、增强知识的稳定性,提供概念之间的理解差异、提高人们的预见性。同时他还认为布里奇曼的操作分析方法是把科学认识的基点移到了实践操作及其结果的分析上,这对深入研究实践在人的认识中的作用,具体分析实践与人的认识的关系有一定的启发意义。[①]操作分析方法已作为一种方法论被推方,目前在社会科学、心理学领域广泛使用。但操作分析方法也有它的缺陷,高剑婷对操作性定义的理论作了历史梳理与个案分析,对操作主义的缺陷[②]提出了疑问。因此,在操作性分析过程中要同时考虑该方法的优缺点,做出合理、简化的解释。

根据李方提出的操作性定义的步骤和方法,按一定的逻辑顺序对变量作出概念性定义—分析内涵,找本质特征—将本质特征化为若干可操纵要点连接起来,形成操作性定义[③],本书运用的操作性定义就是去将抽象的研究变量(小学低段数学符号意识)转化为可以测量、观测和操作的具体形式(小学低段学生对数学符号意识外化的行为表现),并根据研究变量的可观测、可测量、可操作等特征去界定研究变量(小学低段数学符号意识)。

通过对小学低段数学符号意识操作性定义的界定,我们可以较为清晰地知道要观测的符号意识的主要程序和活动,更加明确地界定小学低段数学符号意识的主要内涵,也解决了在概念上的纠缠不清、认识不统一的问题。但操作性定义也有不足的地方,操作性定义刻画研究变量的可测量、可观察和可操作的特征和行为,但忽略了

① 郭建庆.寻找科学认识的基点——布里奇曼操作分析方法述评[J].上海大学学报(社会科学版),1988(3):95-98.

② 高剑婷.操作主义可操作吗?——对操作性定义理论的历史梳理与个案分析[J].云南大学学报(社会科学版),2010,9(4):90-93,96.

③ 李方.教育研究的概念性定义和操作性定义[J].教育导刊,2009(9):12-15.

研究变量中不可操作的因素,这样就有可能缺少了研究变量需要解释的部分内容。因此,操作性定义在很大程度上取决于研究者对研究变量的知识积累、认知能力的程度,以及个人理论水平高度和实践经验的丰富程度,常常需要经验的支撑。

二、操作性定义的多种方法

给研究变量下操作性定义的方法有很多,郑金洲等在《学校教育研究方法》一书中归纳出三种常用的定义方法[①]。

(一)条件描述法

条件描述法是对抽象研究变量的特征或可能产生的现象进行描述,对要达到结果的特定条件进行规定,指出用什么样的操作去引出什么样的状态。即规定某种条件,观察该条件产生的结果,如“把一个人24小时没有进食定义为饥饿”。这种方法是通过陈述研究变量的测量操作程序来对概念进行界定的。

(二)指标描述法

指标描述法是对解释对象的指标和判断标准作出规定,如“把儿童定义为年龄在0~14岁的人群”。这种方法是通过约定测量标准来界定抽象研究变量的概念的。

(三)行为描述法

行为描述法是对抽象研究变量的动作特征进行描述,对可观测的行为结果进行描述,如“注视别人的活动达2~3分钟以上,自己未参与的行为称为旁观”。这种方法是通过陈述测量的结果去界定变量的概念的。

三、小学低段数学符号意识的操作性定义

从小学低段数学符号意识的含义及其表现形式上看,小学生的数学符号意识主要是受到学生思维支配而表现出来的外在活动,即主要表现是学生认识数学符号后产生出来的一系列结果行为,如对数学符号抽象过程的体会、对数学符号的认识和读写等。因此,结合小学低段数学符号意识含义和表现形式,本书选择用操作性定义中的行为描述法,对小学低段数学符号意识下操作性定义,即小学低段数学符号意识主要表现以下行为[②]:

---

① 郑金洲,陶保平,孔企平.学校教育研究方法[M].北京:教育科学出版社,2003:62-65.

② 李艳琴,宋乃庆.小学低段数学符号意识测评指标体系的初步构建[J].教育学报,2016,12(4):23-28.

①从具体情境中概括并抽象出数、数量关系和空间形式的属性，并用抽象的统一记号去表示属性；

②识别不同类型的数学符号，并能规范读写；

③知道符号代表的含义，感悟符号的数学功能；

④根据符号间的区别和联系，按照数学的规则对符号进行操作；

⑤运用符号表示数、数量关系和变化规律；

⑥通过对数学符号的运算和推理解决具体情境中的简单问题。

该操作性定义比前面探析出来的含义及其表现形式更加清晰、明确、直观且操作性强，便于后续实证研究的设计。但该操作性定义并没有解释研究变量的全部内容，有可能缺少符号意识内涵中的部分信息。因此，此处的小学低段数学符号意识的操作性定义是根据本书的实际需要而提出的，尽可能去解释更多的研究内容。

综上，本章节通过对小学低段数学符号意识有关问题的讨论，初步说明了《标准(2011年版)》中的数学符号意识在小学低段的存在性和重要性的问题，并通过对《标准(2011年版)》和《标准(2022年版)》中关于符号意识相关内容的比较分析，教科书的文本分析和课堂观察，小学低段学生数学符号意识的具体表现形式的分析，构建出小学低段数学符号意识的操作性定义。这是本书构建小学低段数学符号意识的测评模型的依据和分析框架的前提。

第五章

小学低段数学符号意识测评指标的构建与验证

小学低段数学符号意识的测评指标是指测量和评价小学低段学生数学符号意识预期要达到的标准。目前，学界中关于指标构建的研究成果也非常丰富，如绩效指标、监测指标、生态指标、发展指标、评估指标、考核指标等，但目前对指标构建没有统一的方法和理论，许多指标的选取与测评目标和研究背景密切相关。因此，本书构建的小学低段数学符号意识测评指标，是基于一般性的指标构建的方法和原理的，具体的测评指标结合了小学低段数学符号意识测评的目标。具体过程包括：首先，结合小学低段数学符号意识的操作性定义对数学符号意识的内涵理论进行梳理，然后通过一系列实证研究、分析，总结出小学低段数学符号意识的测评指标，为构建小学低段数学符号意识的测评模型提供理论支撑。

第一节　小学低段数学符号意识测评指标的设计

一、小学低段数学符号意识测评指标设计的分析依据

本书的第四章，已经对小学低段数学符号意识的有关问题进行了探析，包括小学低段数学符号意识的含义、表现形式和操作性定义。其中，小学低段数学符号意识的操作性定义是其确定测评指标的分析论依据，它反映了数学符号意识的内涵特征，体现了数学符号的本质，更重要的是决定了测评指标的可操作性，同时也决定了测评指标的可行性。

因此，小学低段数学符号意识的测评指标依据小学低段数学符号意识的操作性定义，即：一是从具体情境中抽象出数、数量关系和空间形式的属性，并用抽象的统一记号去表示属性；二是识别不同类型的数学符号，并能规范读写；三是知道符号所代表的含义，感悟符号的数学功能；四是根据符号间的区别和联系，按照数学的规则对符号进行操作；五是运用符号表示数、数量关系和变化规律；六是通过对数学符号的运算和推理解决具体情境中的简单问题。[①]通过对操作性定义进行分析和总结，得出数学符号意识的内涵指标主要体现在数学符号的抽象、数学符号的认识、数学符号的理解、数学符号的表达、数学符号的操作、数学符号的运算、数学符号的思考和数学符号的应用等方面。

① 李艳琴，宋乃庆. 小学低段数学符号意识测评指标体系的初步构建[J]. 教育学报，2016，12(4)：23-28.

二、小学低段数学符号意识测评指标设计的现实依据

在第二章对数学符号意识研究成果的分析中我们发现，学界对数学符号意识的研究主要集中在初中阶段，对小学阶段数学符号意识进行的系统研究极少，只针对小学低段的数学符号意识研究更少。因此，在已有分析框架的基础上，还应根据数学的特征、小学低段数学符号的类型和特征、小学生学习数学的规律等现实问题去设计小学低段数学符号意识的测评指标。

（一）数学学科的特征

数学具有抽象性、精确性和应用广泛性等特点，数学符号是数学的主要载体，其本身也是抽象的。A.D.亚历山大洛夫指出，抽象并不是数学独有的属性，它是任何一门学科乃至全部人类思维都具有的特性。但数学抽象的特征在于：数学的抽象首先是保留了量的关系和空间形式而暂时舍弃了其他一切；数学的抽象是经过一系列阶段而产生的。[①]因此，数学符号的抽象是数学符号意识中一个重要的内涵指标。《标准（2022年版）》对核心素养的解释之一是“会用数学的眼光观察现实世界”，其中抽象能力是数学眼光的一个主要表现形式，而抽象能力又包含了数感、量感和符号意识这三个核心素养。可见，符号意识中一定包含了数学抽象的概念，并且是很重要的内涵维度。

（二）小学低段数学教学内容的编排特点

从小学一、二年级数学教科书内容的编排来看，小学低段的数学学习内容一开始安排的就是认识和学习数字符号，它是学生学习数学从具体到抽象、直观到概括的第一步，对学习数学的发展十分重要。学习了数字符号后，学生还会接触到关系符号、运算符号等。这些数学符号本身也是抽象的，具有从具体情境中抽取出相对独立的数、数量关系和空间形式的属性，并用统一的记号去表示这种属性。由此可见，数学符号的抽象性在小学低段数学符号的学习过程中体现得淋漓尽致。

（三）小学低段学生学习特点

从学生数学符号的学习上看，在小学数学符号学习的入门期，认识和规范读写符号是符号学习的基础。数学符号的运算和操作法则，以及运用数学符号去推理和解决简单的实际问题是数学符号学习的重要内容。因此，小学低段数学符号的认、读、

① A.D.亚历山大洛夫，等.数学：它的内容，方法和意义：第1卷[M].孙小礼，赵孟养，裘光明，等译.北京：科学出版社，2001：2.

写、算、用等都是小学低段数学符号意识内涵的重要部分。

综上所述，从小学低段数学符号意识理解依据和现实情况出发，可以初步设想出小学低段数学符号意识的内涵指标主要包括：数学符号的抽象、数学符号的认识、数学符号的理解、数学符号的运算、数学符号的操作、数学符号的运用。

三、小学低段数学符号意识测评指标设计的基本原则

根据汤光华等提出的构建指标的目的性、全面性、可行性、稳定性、协调性和结合性原则①，结合小学低段数学符号意识测评指标构建的必要性，本书采用指标设计的目的性、层次性和可操作性等原则设计测评指标。

（一）目的性原则

目的性原则是指在设计中要考虑从研究目的出发，结合研究目的设计相应的测评指标。本书从小学低段数学符号意识测评的目的出发，结合学生数学符号意识形成过程中的重要环节，有目的性地设计各项测评指标。小学低段数学符号意识的测评的主要目的是要通过具体的内涵维度和指标测试出学生的数学符号意识。

（二）层次性原则

层次性原则是指在设计中根据各指标的不同层次或难度设计相应的测评指标。在本书中，层次性主要体现为把数学符号的本质特点和学生学习数学符号的认知过程维度相结合，根据学生的认知层次设计测评指标。

（三）可操作性原则

可操作性原则是指在设计中根据指标的实际可操作性去设计各测评指标。根据可操作性原则设计指标的目的是避免对抽象概念的认识和判断出现困难和混乱，真正发挥指标测评的作用。因此，可操作性原则是指标设计的一个非常重要的原则。

因此，从上面三个原则出发，在小学低段数学符号意识测评指标的构建过程中，需要弄清楚数学符号意识是什么、能不能测评、从哪些方面测更能体现出测试的准确性等问题。

---

① 汤光华，曾宪报．构建指标体系的原理与方法[J]．河北经贸大学学报，1997(4)：60-62.

四、小学低段数学符号意识内涵的再认识

符号意识正在成为数学教育理论和实践研究的重要内容。目前已有学者从不同的角度对符号意识的内涵进行界定，但在认识上仍未达成一致。有学者从学生应具有什么样的符号意识的角度说明了符号意识包含如下内容：会正确把握符号的功能、正确解读符号和应用符号、对符号表达式进行技术处理、从等价的符号表达式解读出不同的含义、正确选择符号来表达语言或图片中的数学信息、灵活地操纵符号、正确反思符号的含义以及理解不同数学情境中符号的含义①。也有学者从符号意识的不同取向总结出符号意识的内涵主要由数学符号感知、数学符号运算、数学符号推理和数学符号表征构成②。对于小学低段而言，我们通过研究《标准（2011年版）》和小学数学教材的内容，结合教学实践调查结果，已经探析出小学低段的符号意识主要是指学生对表示数学概念、数学关系等的符号的感知、认识、理解、运用等方面的一种反应，这些反应具体表现为学生对数学符号的认识、读写、理解、掌握和运用等方面的能力③。

《标准（2022年版）》把符号意识的内涵界定为“能够感悟符号的数学功能”，也明确提出了符号意识是形成抽象能力和推理能力的经验和基础。在这种内涵界定中有两个重要信息：一是表示过程的目标行为动词“感悟”；二是具体内容“符号的数学功能”。首先感悟一词是非常抽象的，《标准（2022年版）》在有关行为动词的分类中把感悟解释为：“在数学活动中，通过独立思考或合作交流，获得初步的理性认识。”在这一解释中又出现了“理性认识”，这就不得不回到“什么是理性认识，什么是初步的理性认识”的问题上。陈金清认为理性认识是人们借助抽象思维，运用概念、判断、推理等形式把握客观事物本质的认识。④

因此，鉴于本书的研究目的和已有研究现状，我们对小学低段数学符号意识的内涵进一步探析，认为学生对数学符号的不同反应和表现出来的能力，实际上包括学生从具体对象中抽象出数学的本质属性，并对属性进行认识、表述的过程，以及能按照数学的规则对符号进行操作和应用的过程。

① Arcavi A. Symbol Sense: Informal Sense-Making in Formal Mathematics[J]. For the Learning of Mathematics, 1994, 14(3): 24-35.

② 朱立明，马云鹏．“数学符号意识”研究：内涵与维度[J]．教育理论与实践，2015，35(32)：6-8.

③ 李艳琴，宋乃庆．小学低段数学符号意识的含义及其表现形式[J]．课程·教材·教法，2016，36(3)：92-97.

④ 陈金清．论理性认识的发展过程[J]．江汉论坛，1992(9)：29-34.

第二节 小学低段数学符号意识测评指标的实证研究过程

结合小学低段数学符号意识测评指标设计的理论依据和现实依据，初步得到小学低段数学符号意识的内涵测评指标，但这些指标还只是思辨的结果和初步的设想，如果直接用于小学低段数学符号意识的内涵测评，还不具有说服力，也缺少科学性。因此，还需要通过严谨的实证研究去探索和确定最终的小学低段数学符号意识内涵指标。

本书第三章关于数学符号意识测评模型的相关研究综述显示，目前国内外尚无可参考的现有的数学符号意识的测评指标。因此，本书根据对小学低段数学符号意识测评指标的初步设想，结合一系列的实证研究去逐步探索出小学低段数学符号意识的测评指标。

这一阶段的实证研究主要包含三个步骤：

第1步：通过专家咨询法，初步确定小学低段数学符号意识的测评指标；

第2步：通过探索性因素分析法，提取小学低段数学符号意识的主要测评指标；

第3步：通过验证性因素分析法，验证小学低段数学符号意识测评指标的合理性。

一、小学低段数学符号意识测评指标的专家咨询[①]

对高校数学教育专家和小学数学优秀教研员进行电话咨询和深度访谈后，获取他们对小学低段数学符号意识的认识和理解。

（一）咨询对象

根据研究目的，我们先后对7名国内外知名大学的数学教育专家，以及沪、渝、黔等地的5名小学一线数学教研员，和12名小学数学名师、特级教师、骨干教师等一线优秀数学教师，共24名数学方面的专家进行了访谈和咨询，其间对部分高校研究者和一线教研员的访谈次数高于3次，个别专家访谈次数高于10次。本阶段专家咨询和访谈次数总计50余次。

① 注：本章节中涉及的专家访谈时间是2015年和2016年。

(二)咨询和访谈的主要问题

①什么是数学符号意识？具体表现在哪些方面？

②小学低段数学符号意识是否存在？具体表现在哪些方面？

③小学低段数学符号意识可不可以测评？

④小学低段数学符号意识的测评指标有哪些？

⑤对数学符号的抽象、数学符号的认识、数学符号的理解、数学符号的运算、数学符号的操作、数学符号的运用等内涵维度的理解和认识。

(三)咨询结果

为了便于分析专家意见，依次把高校数学教育专家编码为GX_i，$i=1,2,3,\cdots,7$；一线教研员编码为GY_i，$i=1,2,3,\cdots,5$；一线优秀教师编码为IS_i，$i=1,2,3,\cdots,12$。根据专家咨询结果可得出以下结论。

1.高校数学教育专家咨询结果

在第1次咨询时，高校数学教育专家中除GX_5、GX_6、GX_7外，其余4位专家都认为小学低段数学符号意识不存在或存在性较低。通过讨论和交流，在第2次咨询过程中，高校数学教育专家们已一致认同小学低段存在数学符号意识。GX_3、GX_5和GX_6这3位专家还提出如下建议。

一是肯定小学低段数学符号意识内涵包括数学符号的抽象、数学符号的认识、数学符号的理解、数学符号的运算、数学符号的操作和数学符号的运用。

二是强调数学符号的抽象过程对发展小学低段学生的符号意识十分重要，但建议此阶段学生只初步感知和体会符号抽象的过程，可适当降低培养其符号意识的要求。

三是建议根据《标准(2011年版)》对数学符号意识的要求，适当加强学生对数学符号的理解和运用训练程度。

2.一线教研员咨询结果

在首次对一线教研员的咨询中发现，有2位教研员认为小学生数学符号意识主要体现在代数符号方面，认为在五年级学习了“字母表示数”以后才会有符号意识。经过与他们多次讨论和交流后，这2位教研员对小学低段数学符号意识的存在性问题基本达成共识。从5位教研员的咨询结果中可以看出，他们得出一个共同的结论是数学符号的运用是学生符号学习的重要环节，用符号表示数、数量关系是培养数学符号意识的最终目的。

3.一线优秀教师咨询结果

在咨询中发现，一线教师对小学低段数学符号意识或数学符号意识的理解和认识并不多，但对学生数学符号的学习阐述较多。其中90%的老师认为在小学低段数学符号教学中需要重视以下几点：

一是重视让学生在现实情境中体会数学符号的意义和作用；

二是重视学生对数学符号的认识、读写；

三是重视学生对数学符号的理解，以及对符号进行简单运算的能力；

四是重视学生在具体情境中去运用符号解决简单实际问题的能力。

综上所述，根据对小学低段数学符号意识内涵的再认识和专家咨询结果，初步确定小学低段数学符号意识的内涵维度包含数学符号的抽象、数学符号的认识、数学符号的理解、数学符号的掌握、数学符号的运用共5个方面。并且根据小学低段数学符号意识的表现形式，可以归纳出每个内涵维度不同的具体行为因素，详见表5-1。这5个维度即可作为小学低段数学符号意识的测评指标。

表5-1　小学低段数学符号意识内涵维度(测评指标)及具体行为因素

内涵维度/测评指标	具体行为因素
数学符号的抽象	从具体情境中概括出关键的数学信息
	抽象出共同的数、数量关系和空间形式的属性
	用抽象的统一记号表示属性
数学符号的认识	识别单个符号并知道它们的含义
	知道单个符号的读法和写法
数学符号的理解	能规范读写符号并区分它们的含义
	根据不同类型符号之间的联系和区别作简单运算
数学符号的掌握	能根据符号间的联系和区别作比较复杂的运算
	能在具体情境中用符号进行运算和推理
数学符号的运用	能用符号表示数、数量关系和变化规律
	能在具体情境中用符号工具解决简单实际问题

二、小学低段数学符号意识测评指标的第一次探索性因素分析

在小学低段数学符号意识测评指标实证研究的第一阶段，已通过专家咨询初步构想出小学低段数学符号意识的5个测评指标及其具体行为因素。这一阶段实证研

究目的是试图通过探索性因素分析提取出主要的内涵指标，因此，本阶段的样本数量仅基本符合样本数量（300人）的要求。下面分别从研究方法、研究过程和研究结论来说明本阶段的实证研究过程。

（一）研究方法

1.研究被试

首先，在贵阳市云岩区的1所小学一、二年级中各选1个班级的学生进行2次预测。其次，在贵阳市南明区、云岩区、观山湖区各选1所小学，且每所小学选择一、二年级各1个班级的学生进行正式测试，总被试人数为300人。

2.研究工具

由于没有现成可参考的小学低段数学符号意识的测试卷，因此本书的测试工具主要是根据研究问题和目的自编的测试题。我们组织了重庆、贵州两地的数学教育专家、一线教师和教研员共同编制了《小学低段数学符号意识的学生测试题》。测试题编制的基本构想是将小学低段数学符号意识的测评划分为5个内涵维度（数学符号的抽象、数学符号的认识、数学符号的理解、数学符号的掌握、数学符号的运用），根据每个维度下的行为因素编制相应的测试题目。

由于小学一、二年级的学生刚进入学校，他们理解和书写汉字的能力都还是入门水平，尤其是一年级学生参与测试还需要老师读题加以引导，因此对他们进行测试是非常难的。所以，在正式测试前要进行多次预测。一方面，是为了了解学生完成全部测试题目的时间；另一方面，也是为了达成预测最重要的目的，即检查测试题的题目表述、选项表述等是否是学生熟悉的话语，或问题是否能反映我们要测试的具体因素。正式测试卷共包含11个测试题（T1，T2，…，T11），总测试卷的内部一致性α系数为0.684。各测试题具体反映的测试维度见表5-2，每个具体行为因素又包含不同的测试小题，如“识别符号并知道它们的含义”具体行为因素对应的测试题T4，包含了对数字符号、关系符号、运算符号的认识，以及知道它们的含义，具体测试题目见图5-1；“根据不同类型符号之间的联系和区别作简单运算”具体行为因素对应的测试题T7，包含了对四则运算符号和关系符号的简单操作，具体测试题目见图5-2。

T4：用自己的方式表示出下面数和式子的意思。

(1)5　　　　11

(2)5>4　　　　3=3　　　　2<3

(3)1+4=□　　　　4−2=□

图5-1　“识别符号并知道它们的含义”对应的测试题目

T7：在○里填“+”“−”“×”“÷”，“>”“<”“=”，或适当的数。

12○21　　　　5+○=14　　　　9○6=3

5○7=12　　　　36−8=○　　　　6+○>9

图5-2　“根据不同类型符号之间的联系和区别作简单运算”对应的测试题目

表5-2　题项与其反映的具体测试指标

题项号	内涵维度/测评指标	具体行为因素
T1，T2，T3	数学符号的抽象	从具体情境中概括出关键的数学信息
		抽象出共同的数、数量关系和空间形式的属性
		用抽象的统一记号表示属性
T4，T5	数学符号的认识	识别单个符号并知道它们的含义
		知道单个符号的读法和写法
T6，T7	数学符号的理解	能规范读写符号并区分它们的含义
		根据不同类型符号之间的联系和区别作简单运算
T8，T9	数学符号的掌握	能根据符号间的联系和区别作比较复杂的运算
		能在具体情境中使用符号进行运算和推理
T10，T11	数学符号的运用	能用符号表示数、数量关系和变化规律
		能在具体情境中用符号工具解决简单实际问题

3.数据收集与处理

对一、二年级学生进行现场测试（测试时间为40分钟）后收集数据，每次测试均有1名教师现场监督，一年级学生的测试要求由老师读题。测试卷的回收率为100%，并通过SPSS 20.0对数据进行录入和处理。

(二)研究过程

1. 因素分析条件检测

在测试题目的编制过程中,虽然我们已经尽量让题目反映的内涵维度基本独立,但是每个内涵维度下的行为因素仍有部分有交叉。因此,为较科学合理地探索出行为因素的主要成分,我们选择11个测试题的得分作为原始数据进行探索性因素分析。通过对11个题的KMO与Bartlett进行检验,得到的结果见表5-3。

表5-3　KMO与Bartlett检验结果

KMO	0.707
Bartlett sig	0.000

注:Bartlett sig 表示巴特利球体检验的p值。

依据凯撒(Kaiser)给出的KMO指标值的判断标准可知,KMO值在0.7以上表明尚可进行因素分析,且因素分析的适切性适中①。从表5-3中可知,KMO统计量为0.707,大于0.7,且Bartlett球形检验后相应的概率sig为0.000。因此,可以说明各题项之间有共同因子存在,还能对数据进行因素分析。

2. 因素萃取

通过采用主成分分析法提取特征值大于1的因子,提取出三个因子的碎石图(图5-3),得到解释总变异量为62.37%的3个因子(详见表5-4)和旋转后的因子矩阵(详见表5-5)。

表5-4　解释总变异量

	初始特征值			提取平方和载入			旋转平方和载入		
成分	合计	方差/%	累积/%	合计	方差/%	累积/%	合计	方差/%	累积/%
1	2.816	26.160	26.160	2.816	26.160	26.160	2.289	24.894	24.894
2	2.176	20.764	46.924	2.776	20.764	46.924	1.898	20.983	45.877
3	1.345	15.446	62.370	1.345	15.446	62.370	1.449	16.493	62.370
4	0.921	9.212	67.493						
5	<以下数据省略>								

① 吴明隆.问卷统计分析实务——SPSS操作与应用[M].重庆:重庆大学出版社,2010:208.

表5-5　旋转后的因子矩阵

	成分		
	因子1	因子2	因子3
T1	−0.171	0.847	0.034
T2	−0.073	0.752	0.348
T3	0.017	0.743	−0.282
T4	0.354	−0.143	0.631
T5	0.083	−0.005	0.546
T6	0.764	0.003	0.125
T7	0.679	0.027	0.084
T8	0.222	−0.055	0.657
T9	0.710	−0.056	0.255
T10	0.654	−0.126	−0.194
T11	0.707	−0.182	−0.077

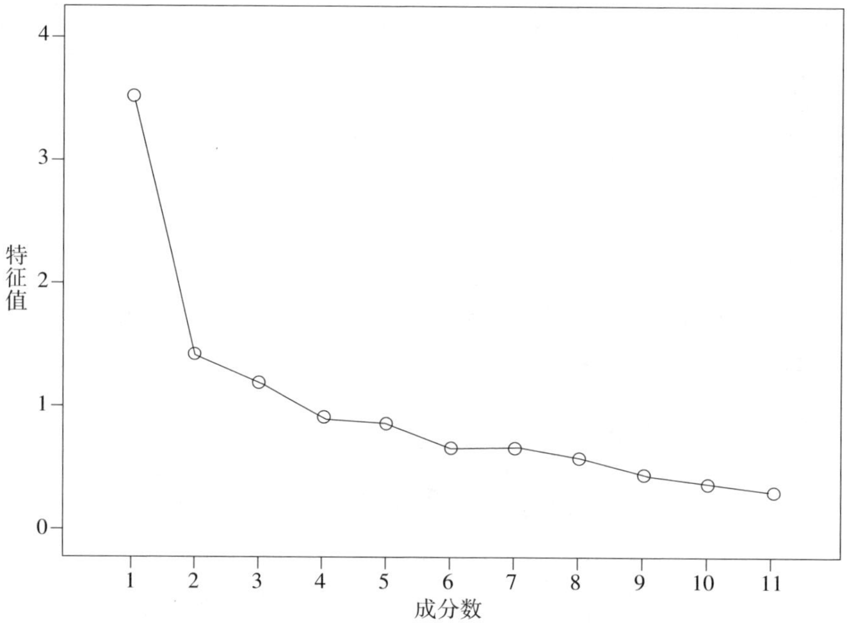

图5-3　提取出三个因子的碎石图

(三)研究结论

根据表5-4和图5-3的结果,对照原假设题目所反映的测试项目,并综合考虑各因素的共同性和在各抽取因子上的负荷量差异,得到以下结论:

①从11个反映小学低段数学符号意识内涵的测试项中提取出3个主要成分,即把预设的5个内涵维度降为3个;

②把数学符号的抽象和数学符号的认识两个内涵维度相对独立地提取出来；

③从T8项中提取的主成分与理论不相符，因此删去T8项(结果见表5-6)；

④数学符号的理解、掌握和运用被提取到了一起。一方面是因为测试项中数学符号的理解、掌握和运用三者的区分度不高，另一方面是因为三者的测试项都落到对所学数学符号及其概念的运用上。

表5-6　旋转后的因子矩阵(删掉T8)

	成分		
	因子1	因子2	因子3
T1	−0.146	0.837	−0.130
T2	−0.033	0.761	−0.306
T3	−0.030	0.746	0.331
T4	0.257	−0.144	0.711
T5	0.173	−0.021	0.639
T6	0.782	−0.003	−0.058
T7	0.683	0.029	0.025
T9	0.746	−0.062	−0.199
T10	0.613	−0.125	0.317
T11	0.704	−0.195	0.102

从这一阶段探索性因素分析的结果来看，虽然已经从5个因素中提取出3个测评指标，各项具体行为指标也基本符合标准，但数据结果还不够理想。如总测试题的内部一致性系数不高，数学符号的理解、掌握和运用被全部提取到了一起，这说明我们的测试题目编制存在问题。以及总的方差贡献率不够高，这些都表明测试题目还需要进一步改进。因此，我们改进后进行了第二次探索。

三、小学低段数学符号意识测评指标的第二次探索性因素分析

在第一次探索性因素分析结果的基础上，为体现出和原数学符号的认识维度的不同，我们把合并后的维度称为数学符号的识记，即包含了数学符号的认识、读写、简单理解后记忆。结合小学低段数学符号意识测评指标的原研究设想(表5-1)，本阶段的研究首先提出了"数学符号的理解"是否应该作为独立的小学低段数学符号意识内涵维度(测评指标)的问题，并通过专家咨询寻求该问题的解答。本次咨询的数学教育专家和一线数学教研员共5人，主要来自重庆、山东、贵州等地。咨询结果如下。

有3位专家认为，数学符号的理解是数学符号学习的重要环节，是形成数学符号

意识的重要基础，建议可把数学符号的理解作为独立的小学低段数学符号意识的内涵维度(测评指标)；

有2位专家认为，在小学低段数学符号理解维度的两个行为因素中，第一个行为因素“能规范读写符号并区分它们的含义”，主要是测试学生对单个符号意义的理解，一定意义上也可以作为数学符号的认识维度的行为因素，不只是简单意义上的识记，而是在理解的基础上记忆符号，从而理解符号表示的含义。第二个行为因素“根据不同类型符号之间的联系和区别作简单运算”，主要表现在对符号的简单运算，这与数学符号的掌握维度中的第一个行为因素“能根据符号间的联系和区别作比较复杂的运算”很难区分，主要因为符号间的简单运算和复杂运算的标准不统一，尤其在小学低段很难区别简单运算和复杂运算。因此，对数学符号的理解的维度可以分解到认识和掌握的维度。

由于专家咨询出现了不同意见和建议，故而本书决定对小学低段数学符号意识的测试题目进行调整和修改，并再次进行探索性因素分析。

(一)研究方法

1.研究被试

为保证因素分析结果的有效性，本次测试选择以贵阳市级优质小学、市级中等小学、市郊中心小学、市郊乡镇农村小学为样本进行正式测试，每一类各选2所小学，共8所小学，每所小学选择一、二年级各2个班级的学生进行正式测试，总测试人数1 580人。

2.研究工具

本阶段研究重新调整和修改上一阶段编制的小学低段学生数学符号意识的测试题目，在遵循第一次探索性因素分析结果的基础上，把数学符号的抽象独立出来，把数学符号的掌握和运用整合为数学符号的应用，重新对数学符号的认识、理解和应用的测试项进行了调整。也就是说，在这一阶段我们把原来5个内涵维度所对应的测试项进行了调整和修改，得到的测试题与对应的具体测评指标，见表5-7。修正后得到4个内涵指标，即数学符号的抽象、识记、理解和应用，并对调整后的内涵指标维度再次进行探索性因素分析。

表5-7　调整前、后测试题项反映的具体测试指标

调整前		调整后	
题号	反映的具体测试指标	题号	反映的具体测试指标
T1，T2，T3	数学符号的抽象	T1，T2，T3	数学符号的抽象
T4，T5	数学符号的认识	T4，T5，T6	数学符号的识记
T6，T7	数学符号的理解	T7，T8	数学符号的理解
T8，T9	数学符号的掌握	T9，T10，T11	数学符号的应用
T10，T11	数学符号的运用		

3. 数据收集与处理

本阶段的数据收集与处理过程和第一次探索性因素分析的过程相同，即对一、二年级学生进行现场测试后（测试时间为40分钟）收集数据，每次测试均有1名教师在现场监督，一年级学生的测试要求由老师进行读题，总测试卷的回收率为100%，并通过SPSS 20.0对数据进行录入和处理。出于小学低段数学符号意识内涵维度的探索性因素和验证性因素分析的需要，本阶段随机从各群体中抽取出580个数据进行分析，且保证这580个数据包含了贵阳市级优质小学、市级中等小学、市郊中心小学、市郊乡镇农村小学四类学校的样本数据。

（二）研究过程

1. 因素分析条件检测

为较科学合理地探索出因子的主要成分，本阶段仍然选择以11个测试题的得分作为原始数据进行探索性因素分析。通过对11个题项的KMO与Bartlett进行检验，得到的结果见表5-8。

表5-8　KMO与Bartlett检验结果

KMO	0.837
Bartlett sig	0.000

KMO统计量为0.837，且Bartlett球形检验后相应的概率sig为0.000，依据KMO指标数值的判断标准，说明各题项之间有共同因子存在，可以对数据进行因素分析。

2. 内部一致性信度分析

信度是测量的可靠性，是指测量结果的一致性或稳定性[①]，信度的估计方法有很多，如再测信度、复本信度、折半信度、内部一致性信度等。本书采用了直接计算测试题目内部之间的Cronbach's α一致性系数作为测量的信度指标，即α内部一致性系数，得到总测试卷与各内涵指标的α系数，见表5-9。

表5-9　正式测试卷的内部一致性Cronbach's α信度

	数学符号的抽象	数学符号的识记	数学符号的应用	总测试卷
Cronbach's α	0.591	0.796	0.707	0.782

根据吴明隆（2010）对内部一致性信度系数指标判断的原则，各分层面的最低内部一致性信度系数应高于0.5，大于0.6为尚佳，整份量表的最低内部一致性信度系数需在0.7以上[②]。由表5-9可知，除了数学符号的抽象信度不够高，其他两个分层面的信度值均达到佳的标准，整体信度大于0.7接近0.8，较为理想。数学符号的抽象维度的测试是本研究的一个难点，尤其对小学一年级学生关于数学符号的抽象过程进行测试较难，所以数学符号的抽象维度的内部一致性信度不够高，但该信度也基本可用。由此说明，本研究采用的小学低段数学符号意识测试卷的信度良好，是一个有效的测量工具。

3. 内容效度分析

效度代表测量的正确性，是指测验或其他测量工具确实能够测得其想要测量的构念的程度[③]。效度的评估内容包括内容效度、效标关联效度、构念效度（或结构效度），效度评估方法主要有判断法和实证法。本阶段主要对反映测量工具本身的内容范围与广度的适切程度进行判断分析，即分析测试题目的内容效度，内容效度又可以分为逻辑效度和表面效度。其中，逻辑效度是用系统的逻辑分析方法得到结果，表面效度是表示测试工具在外显形式上的有效程度。

本书主要通过系统的逻辑分析方法对测试题目与涉及的内容范围进行符合性判断，即逻辑效度。小学低段数学符号意识测试题目的编制过程按照规范的程序进行。首先，对相关的国内外文献进行了整理分析，从理论上对小学低段数学符号意识的含义、表现形式、操作性定义进行了初步建构。其次，询求一线数学教师、教研员以及数学教育专家的意见，要求各位专家们从小学低段数学符号意识测试“题目描述与内涵

① 邱皓政.量化研究与统计分析——SPSS(PASW)数据分析范例解析[M].重庆：重庆大学出版社，2013：299.
② 吴明隆.问卷统计分析实务——SPSS操作与应用[M].重庆：重庆大学出版社，2010：244.
③ 邱皓政.量化研究与统计分析——SPSS(PASW)数据分析范例解析[M].重庆：重庆大学出版社，2013：303.

维度定义的符合程度”和“题目语言表达的恰当性”的角度对各维度下的题目逐一地进行综合性判断，然后修改不符合和基本不符合的题项。再次，对初步形成的测试题进行预测，修改让学生感觉题目语言表达不恰当的题项。最后，经过讨论、修改，形成最终的测试题目。因此，从逻辑分析来看，本测试卷题目具有良好的内容效度。

4. 因素萃取

同样，在本次探索性因素分析过程中，采用主成分分析法提取特征值大于1的因子，得到解释总变异量为74.54%（详见表5-10）和旋转后的因子矩阵（详见表5-11）。

表5-10 解释总变异量

	初始特征值			提取平方和载入			旋转平方和载入		
成分	合计	方差/%	累积/%	合计	方差/%	累积/%	合计	方差/%	累积/%
1	3.016	29.360	29.360	3.016	29.360	29.360	3.180	29.204	29.204
2	2.376	25.435	54.794	2.376	25.435	54.794	2.472	24.413	53.616
3	1.345	19.746	74.540	1.345	19.746	74.540	1.841	20.923	74.540
4	0.925	0.925	75.861						
5	<以下数据省略>								

表5-11 旋转后的因子矩阵

	成分		
	因子1	因子2	因子3
T1	-0.021	0.737	0.070
T2	-0.238	0.780	-0.417
T3	0.464	0.746	0.020
T4	-0.179	0.407	0.585
T5	-0.158	0.216	0.659
T6	-0.028	-0.451	0.543
T7	0.457	0.354	0.458
T8	0.565	-0.359	0.499
T9	0.635	-0.219	0.500
T10	0.619	-0.280	-0.302
T11	0.610	-0.231	-0.408

(三)研究结果

根据表5-7和表5-11的结果,对照原假设题目所反映的测试项目,并综合考虑各因素的共同性和各抽取因子的负荷量差异,得到以下结果:

①从11个反映小学低段数学符号意识内涵的测试项中提取了3个主要成分,即把4个内涵维度降为3个内涵维度;

②把数学符号的抽象维度相对独立地提取出来;

③从T7项中提取的因子负荷量均小于0.5,因此舍去这个题项;

④T8被提取到数学符号应用的维度中,T8表示根据数学规则对符号进行简单操作。

从第二次探索性因素分析的结果来看,数学符号理解的维度还是没有独立出来,这其中的原因可能是该维度的测试题没有较好地体现该维度的内涵,或是笔者对数学符号理解的把握程度不够好(对于这一问题,又专门咨询了2位小学数学一线教研员,她们几乎一致认为对某一知识的理解水平的测试很难独立区分。尤其是对小学低段数学的理解目标很难独立测试,如果理解层次较浅就很容易被划分为初步认识或了解的水平,但如果理解程度较深就很容易被划分为掌握和应用的水平,总的来说小学低段学生对数学符号的理解程度较浅)。从整体结果上看,提取出来的3个因子总方差贡献率有所提高,说明该测试题目已经比较理想,且把T6项(理解符号的含义)提取到数学符号的识记中也可以接受。

四、小学低段数学符号意识测评指标的验证性因素分析

经两次探索性因素分析后,即对原设想的5个内涵维度和11个行为因素进行探索,通过逐步降维,删除或合并不合适的行为因素,已经初步得到小学低段数学符号意识主要包含了3个一级内涵维度和7个二级行为因素的结果。为了便于记录,把数学符号抽象维度的2个行为因素记为抽象1和抽象2,把数学符号识记维度的2个行为因素记为识记1和识记2,把数学符号应用的3个行为因素记为应用1、应用2和应用3。为验证此结果是否与实际数据适配和探索3个内涵维度与小学低段数学符号意识的关系,本阶段对小学低段数学符号意识测评指标作验证性因素分析。

由于删减或合并后的行为因素个数减少,尤其是数学符号的抽象和识记都只包含了2个行为因素,为保证数据结果的收敛率(侯杰泰认为因素个数为2时,样本量等

于400其收敛率为82.4%，样本量等于1 000收敛率为93.0%①），我们对第二次探索性因素分析调查中的1 000个调研数据进行验证性因素分析。

使用AMOS 21.0分析一阶验证性因素，得到其标准化的结构模型图，如图5-4所示，以及经过修正后得到的模型各项主要适配指标数据，见表5-12。

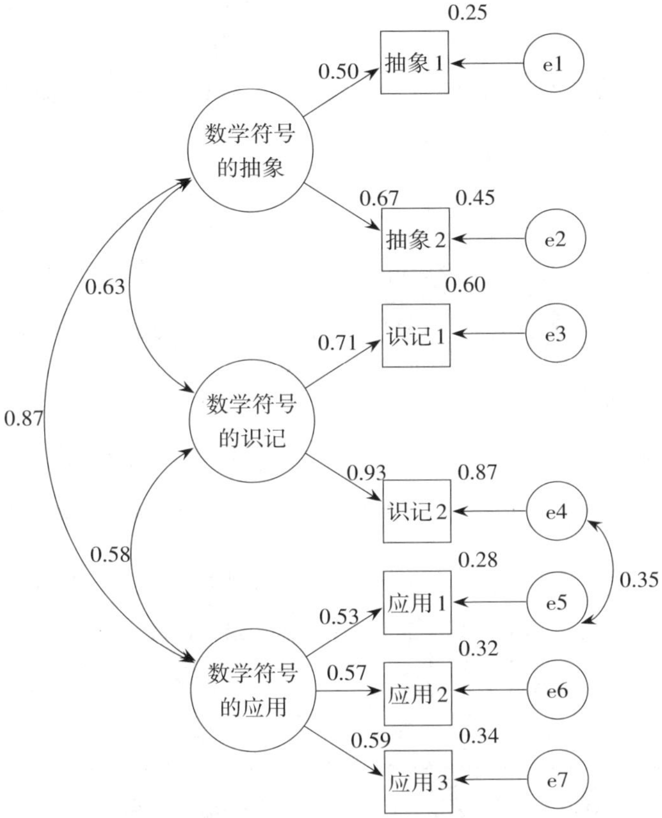

图5-4　小学低段数学符号意识的测评结构模型图

表5-12　小学低段数学符号意识测评结构模型中主要适配指标

适配指标	CMIN/DF	GFI	AGFI	NFI	TLI	CFI	RMSEA	RMR
数值	3.591	0.986	0.961	0.967	0.949	0.976	0.061	0.032

（一）几个主要适配指标的含义和评价标准

1. 卡方自由度比

卡方自由度比是模型适配契合的一个重要指标，比值越小说明假设模型的协方差矩阵与观察数据越适配。但卡方和自由度分别受样本和估计参数的影响，模型的

① 侯杰泰，成子娟，马殊赫伯特.验证性因素分析：问卷题数及小样本应用策略[J].心理学报，1999，31（1）：76-83.

估计参数越多则自由度会越小,模型的样本数增多则模型的卡方值会随之增大。因此,有学者提出卡方自由度比小于1表示过度适配,其比值在1到3之间为良好,大于3(较宽松值为5)表示适配不佳①。由于本次样本量为1 000,所以卡方值相对较大,卡方自由比值为3.591,说明模型适配程度良好。

2.GFI/AGFI

GFI是适配度指数,AGFI是调整后适配度指数,GFI/AGFI数值都介于0~1之间,数值越接近1,表示模型的适配度越佳。

3.RMSEA/RMR

RMSEA/RMR表示的是模型的不同残差值,残差值越小,说明模型适配度越好。一般而言RMSEA/RMR越小越好,在0.05以下说明模型的适配度可以接受。

(二)组合信度分析

在探索性因素分析中,通常是用内部一致性α系数作为各分层面和整体的信度系数,而在验证性因素分析中,则以组合信度作为模型潜在变量的信度系数。根据输出结果和组合信度的计算方法得出数学符号的抽象、识记和应用的组合信度值,见表5-13。

表5-13　3个测评指标的组合信度

	数学符号的抽象	数学符号的识记	数学符号的应用
组合信度(cr)	0.662	0.807	0.603

根据吴明隆(2010)对潜在变量的组合信度的判别准则,若潜在变量的组合信度值在0.6以上,表示模型的内在质量是理想的②。从表5-13中可知,数学符号的抽象、数学符号的识记和数学符号的应用这3个潜在变量的组合信度系数值均在0.6以上,表明小学低段数学符号意识测评结构模型的内在质量尚佳。

(三)结构效度分析

结构效度是指测试题目能够测量出理论的结构或概念的程度,常用的分析方法是通过验证性因素分析的结果去分析测试题的结构效度。由表5-12的数据结果可知,小学低段数学符号意识的一阶测评结构模型的基本适配指标均达到检验标准,表

① 吴明隆.结构方程模型——AMOS的操作与应用[M].重庆:重庆大学出版社,2010:42-53.

② 吴明隆.结构方程模型——AMOS的操作与应用[M].重庆:重庆大学出版社,2010:227.

示一阶验证性因素分析的模型与实际观察数据的适配情况良好，也说明小学低段数学符号意识测试卷的结构效度良好。

通过分析本阶段的验证性因素，可以看出小学低段数学符号意识的3个内涵维度和7个行为因素之间的适配度较好，初步证明可以用该结构模型对小学低段学生的数学符号意识进行测评。

（四）进一步思考

虽然已经完成了小学低段数学符号意识测评指标的探索和验证研究，但在第一次探索性因素和验证性因素分析结果的基础上，又经过反复地思考和研究，我们认为把数学符号的理解单独作为小学低段数学符号意识的内涵测评指标比较合适。因此，又组织重庆、贵阳的一批专家和一线教师对实证研究结果进行论证分析，结果显示如下。

部分专家认为，虽然实证研究结果是可以把数学符号的理解、掌握和运用提取到一起，但是由于测试项中测试题目的区分度不够高，以及数学符号的理解、掌握和运用的测试项没有相对独立出来，所以对于符号意识的内涵维度来说，数学符号的理解仍是数学符号意识形成的重要环节，可以保留数学符号的理解这一维度；而另一部分专家认为，可以把理解这个维度放在识记部分，意指不是简单意义上的识记，而是在理解的基础上记忆符号，从而理解符号表示的含义。

我们在小学数学符号意识测评指标体系的初步构建中采用后者的观点，从而构建了数学符号的抽象、识记和应用这3个内涵维度的测评指标体系①。当然，从《标准（2022年版）》对符号意识内涵的解释来看，其中包含了几个行为动词如“知道”“初步运用”“初步体会”，其中“初步体会”是表示过程的行为动词，而“知道”和“初步运用”是表示结果的行为动词，“知道”与“了解”是同类词，“初步运用”应属于“运用”的上一级水平的“掌握”。故，从多个角度来看，我们可以把符号意识划分为符号的抽象、识记和应用3个内涵维度。

① 李艳琴，宋乃庆．小学低段数学符号意识测评指标体系的初步构建[J]．教育学报，2016，12(4)：23-28．

第三节　小学低段数学符号意识测评指标的初步形成

从小学低段数学符号意识测评指标的设计到一系列实证结果的研究，本书已经初步确定了小学低段数学符号意识的测评指标，本小节主要通过案例来阐述小学低段数学符号意识测评指标的各项指标要素。

一、小学低段数学符号意识测评指标要素构成

结合本书的研究问题，根据指标设计的目的性、层次性、实用性和操作性原则，在思辨和实证研究结果的基础上，我们根据小学低段数学符号意识测评指标的理论探析—专家咨询—第一次探索性因素分析—第二次探索性因素分析—验证性因素分析—进一步反思分析的全过程，得到了小学低段数学符号意识操作性定义的6大行为表现、5个测评指标及11个行为因素、4个测评指标及11个行为因素、3个测评指标及7个行为因素。经过比较科学严谨的实证研究得出，小学低段数学符号意识主要体现在数学符号的抽象、数学符号的识记和数学符号的应用这3个一级指标上，具体见表5-14所示。

表5-14　小学低段学生数学符号意识的各项测评指标

一级指标	二级指标
数学符号的抽象	概括具体情境中有关数、数量关系和空间形式的属性
	用抽象的统一记号表示上述属性
数学符号的识记	识别不同类型的数学符号，知道符号的读法和写法
	知道数学符号所代表的含义
数学符号的应用	按照数学的规则对数学符号进行操作
	运用符号表示数、数量关系和变化规律
	通过符号的运算和推理解决具体情境中的简单问题

在确立小学低段数学符号意识测评指标的过程中，我们遵循了以下原则：目的性原则，即体现小学低段数学符号意识的内涵特征，这也是数学符号意识研究的目的；可操作性原则，即通过试题测量我们能够得到该指标较为明确的结果数值；实用性原则，即能够迅速让该指标转化为具体的培养策略，为有针对性地培养和发展小学生数学符号意识提供理论和实践参考。

二、小学低段数学符号意识测评指标的解析

表5-14已经清晰呈现了小学低段数学符号意识的各项测评指标，下面以新人教版教材的素材为例描述各指标的具体内容，对3个内涵测评指标进行详细解析。

（一）数学符号的抽象

数学的抽象首先是保留量的关系和空间形式而舍弃了其他的一切[①]，是一种脱离了具体物体集合存在的性质。小学低段数学符号的抽象是指从具体情境中抽取出相对独立的数、数量关系和空间形式的属性，并用统一的符号去表示某一属性。具体表现在：一是从具体情境中概括出相对独立的数、数量关系和空间形式的属性（如通过“农家小院”的情境图，见图5-5，说出1个老奶奶、1只小狗、1座房子、1串玉米和2个食盘、2个筐、2只鹅等数量信息）；二是抽取出共同的本质属性（如从对1个老奶奶、1只小狗、1座房子、1串玉米的认识中抽取出共同的、本质的数量属性“1”）；三是对抽取出来的数、数量关系和空间形式的属性给予特定符号（如抽象出共同的数量属性“1”用阿拉伯数字“1”来表示）。

图5-5　小学一年级教材中“农家小院”的情境图

（二）数学符号的识记

这里所指的识记是识别不同类型的数学符号，并在理解符号所代表含义的基础上记忆符号，因此，这里所指的“识记”比布鲁姆认知领域教育目标分类的中“识记”的要求要略高些。具体表现在：一是能识别不同类型的数学符号（如识别符号“1，2，3，+，-，×，÷，

① A.D.亚历山大洛夫，等.数学：它的内容，方法和意义：第1卷[M].孙小礼，赵孟养，裘光明，等译.北京：科学出版社，2001：8.

△,□…"),知道它们的写法和读法;二是知道数学符号所代表的含义(如对数字符号"3",知道它可以表示3只小鸭的数量或第3只小鸭的位置或顺序)。

(三)数学符号的应用

这里指的应用是对所学的概念、法则、原理的运用,能正确地把抽象概念运用于适当的情况①。小学低段数学符号的应用是表示能初步简单应用数学符号,具体表现如下:一是按照数学的规则对纯粹的数学符号进行操作(如在□里填上适当的数学符号:9□4=5,12□21,6+□>9);二是运用符号表示数、数量关系和变化规律(如用数表示物体的个数,用符号表示数的大小关系、运算关系等);三是通过符号的运算和推理解决具体情境中的简单问题。

第四节　小学低段数学符号意识测评指标的验证

通过对小学低段数学符号意识的内涵分析和一系列的实证研究,最终初步确定了小学低段数学符号意识的各项测评指标,以更好地说明各项测评指标的合理性、可行性和可操作性。因此,本阶段的研究目的是通过对小学低段数学符号意识测评指标的认同度调查来初步验证各测评指标的合理性。

(一)研究方法

1.调查对象

为保证调查对象回答问题的客观准确性,本次调查依托2016年5月在重庆举行的"第二届全国小学数学文化优质课大赛暨课堂教学观摩研讨会"现场开展较大规模调查,调查群体包括来自全国17个省区市的一线教师代表群、参赛教师群,以及高校教学名师、省市教科院所、一线教研员组成的评委群。此外我们还调查了数学教育方向博士、硕士群,数学与应用数学、统计学专业的本科生群,同时还在贵州、重庆、海南、山东、浙江、辽宁等多个地区的小学数学教研员的帮助下完成了部分小学优秀数学教师及教研员的二次调查。

① 魏超群.数学教育评价[M].南宁:广西教育出版社,1996:235.

2. 研究工具

根据研究需要，自编小学低段数学符号意识测评指标认同度的调查问卷，问卷内容涉及数学符号的抽象、数学符号的识记和数学符号的应用共3个维度（一级指标），以及每个维度下的具体行为因素（二级指标）。该问卷采用五级量表计分方式，选项包括“完全同意”“比较同意”“不确定”“比较不同意”“完全不同意”。为了保证调查问卷的有效性和便于老师理解，在小学低段数学符号意识测评指标认同度调查问卷中添加了实际的案例用以说明，让更多的被调查对象理解指标的含义，问卷具体形式如图5-6所示。借助贵阳市小学数学教研活动平台对一线教师进行预测后形成比较正式的问卷，正式问卷的内部一致性α系数为0.807。

一级指标	二级指标	案例说明	完全同意	比较同意	不确定	比较不同意	完全不同意
数学符号的抽象	概括出具体情境中有关数、数量关系和空间形式的属性	通过“农家小院”的情境图，概括出“1个老奶奶、1只小狗、1座房子……”等数量信息，从而抽象出共同的数“1”。或从实物、实物图“”中抽象出共同的空间形式“角”					
	对上述属性给出抽象的数学符号	对抽象出的数“1”用阿拉伯数字符号“1”来表示；或对抽象的“角”用图形符号“∠”来表示					

图5-6　小学低段数学符号意识测评指标认同度调查问卷案例说明

3. 数据收集与处理

通过现场调查（主要方式）、网络邮件调查等方式开展调查，收集整理数据，共发放问卷1 400份，回收1 138份，回收率81.3%。通过SPSS 20.0对数据进行录入和处理。

（二）调查结果

统计不同调查群体的调查结果，得出每一类调查群体对小学低段数学符号意识测评指标的整体认同度（取整数），见表5-15。

表5-15　小学低段数学符号意识测评指标认同度调查情况的统计表

调查群体	测评指标的整体认同度				
	比较同意	同意	不确定	不同意	比较不同意
一线小学数学教师群	49%	44%	7%	0	0
中小学数学教研员群	17%	83%	0	0	0
高校数学及数学教育专家群	14%	86%	0	0	0
数学教育、教育统计专业的博士、硕士群	12%	77%	11%	0	0
数学与应用数学、统计学专业本科生群	9%	84%	7%	0	0

综上，得出不同群体对小学低段数学符号意识测评指标的整体认同度：比较同意占31%、同意占62%、不同意和比较不同意为0%（即同意及以上的认同度高达93%），说明不同群体对小学低段数学符号意识测评指标的整体认同度很高。由此可以初步判断我们构建的小学低段数学符号意识测评指标体系是基本合理、可操作的。

第六章

小学低段数学符号意识测评模型的构建与检验

小学低段数学符号意识的测评模型是指依据一定的规则对小学低段数学符号意识的特征进行定量分析后抽象出来的数学表达式，这里所指的一定的规则就是小学低段数学符号意识的测评框架。因此，在初步构建出小学低段数学符号意识的测评指标（3个内涵维度和7个行为因素）的基础上，本章节试图通过模型构建的一般方法和步骤，构建出小学低段数学符号意识的测评模型，该测评模型可以精准、简明、客观、定量地刻画测评指标之间的数量关系。

第一节　小学低段数学符号意识测评模型的假设

模型假设是根据模型构建的目的和研究内容的特征，抓住问题的本质，暂不考虑次要因素，做出必要的、合理的、简化的假设[①]。因此，模型假设是模型构建的基础和前提，模型假设给研究提供了一个较为理想的研究状态。小学低段数学符号意识测评模型的假设是依据小学低段数学符号意识的内涵和本质，不考虑小学低段数学符号意识测评过程中次要和不可操作的因素（如数学符号的感知），而构建出来的一个可操作的测评模型。

一、小学低段数学符号意识测评的概念模型

概念模型是对真实世界和问题空间的第一次抽象，它是一种借助形式化的方法，对问题空间的概念及其关系进行描述的技术。它将零散的、非结构化的领域知识转换为系统的、结构化的、可读性强的概念模型文档，为后续的建模和仿真奠定良好的基础。[②]因此，可以说小学低段数学符号意识测评的概念模型的构建是后续模型构建的基础。

本书的第四章已经对小学低段数学符号意识的有关理论进行了探析，初步得出小学低段数学符号的含义及其表现形式，并给出了小学低段数学符号意识的操作性定义。在本书的第五章中已经通过一系列实证研究得出小学低段数学符号意识的测评指标体系。从理论探析和实证研究都不难看出，小学低段数学符号意识是一个复杂、多维的概念，但我们可以基于小学低段数学符号意识的理论探究构建出一个概念

① 姜启源，谢金星，叶俊.数学模型[M].4版.北京：高等教育出版社，2011：16.

② 王杏林，曹晓东.概念建模[M].北京：国防工业出版社，2007：8-9.

框架,这个概念框架就是小学低段数学符号意识测评的概念模型,我们采用概念模型的半形式化语言的描述工具得到它的概念模型图,见图6-1。

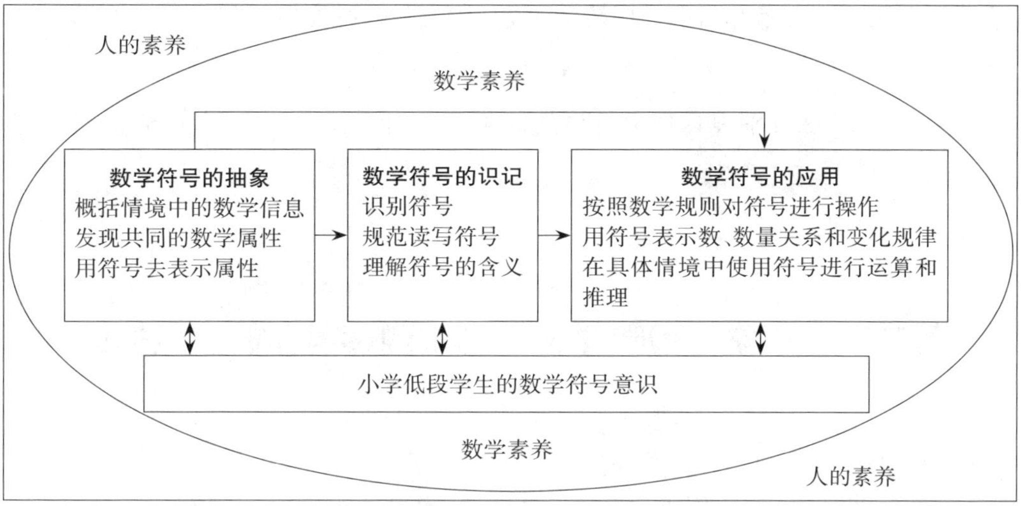

图6-1　小学低段数学符号意识测评的概念模型图

该概念模型反映了小学低段数学符号意识测评的主要概念、主要要素以及它们之间的关系,同时体现了概念模型的重要的教育意义和价值,即符号意识是数学素养的重要组成部分,尤其是数学符号的抽象是数学核心素养(数学抽象)的直接体现,是数学抽象的第一步。因此,整个概念模型的构建重点体现了小学低段数学符号意识的本质。

二、小学低段数学符号意识测评的理论模型

测评模型是指根据一定的规则把事物特征进行定量分析后抽象出来的关系式,其表现形式是数学表达式。因此,小学低段数学符号意识的测评需要依据一定的规则(测评框架)用数据(定量)对小学生数学符号意识进行判断、预测、分析,得出结果。这里的一定规则指的就是测评框架,也可以理解为小学低段数学符号意识测评的概念模型。因此,为了能更好地对小学低段数学符号意识进行定量的判断和分析,需要在概念模型的基础上构建出理论模型,这里的理论模型是指用数学表达式(公式)表示的评价工具。

根据小学低段数学符号意识的概念模型,对理论模型进行以下的假设:小学低段学生数学符号意识的测评误差为0;小学低段学生数学符号的抽象、数学符号的识记和数学符号的应用相对独立;小学低段数学符号意识综合评价值等于数学符号的抽

象、数学符号的识记和数学符号的应用的线性组合结果。为书写方便，分别记小学低段数学符号意识的综合测评值为Y、数学符号的抽象为x_1、数学符号的识记为x_2、数学符号的应用为x_3。从而得到小学低段数学符号意识测评的理论模型：

$$Y=a_1x_1+a_2x_2+a_3x_3$$

其中的a_1,a_2,a_3分别表示数学符号的抽象、识记和应用这3个测评指标的权重值，也是模型中的3个重要参数。

第二节　小学低段数学符号意识测评模型的参数估计

在小学低段数学符号意识测评模型中，3个内涵指标的权重系数是模型中的未知参数。本章节将通过主客观赋值法对模型的这3个参数进行估计和确定。

一、指标权重的确定方法

确定指标权重的方法有很多种，在教育研究中，主要采用主观赋值法和客观赋值法。主观赋值法是一种定性评估的方法，是由专家根据经验进行主观判断而得到权数的一种方法。如专家调查法（Delphi法）[①]、层次分析法（AHP法）[②]、二项系数加权和法[③]等方法。其中层次分析法确定指标权重的步骤是先根据专家对测评指标认同的重要程度赋值，再通过计算判断矩阵的特征向量计算出指标的权重。许树柏（1988）认为层次分析法是一种定量分析与定性分析相结合的决策分析方法[④]。因此，它是实践应用中使用得较多的一种方法。如熵值法[⑤]、主成分分析法[⑥]、最大离差法[⑦]、变异系数法[⑧]等方法，都是在教育研究中使用较多的方法，其中主成分分析法中通过因子的贡献率来计算指标的权重。客观赋值法是一种根据调研数据研究指标之间的关系或

① 齐宇歆，甘雅娟．Delphi法在学习素养评价指标权重中的应用探析[J]．闽南师范大学学报（自然科学版），2016(3)：122-128.

② 常建娥，蒋太立．层次分析法确定权重的研究[J]．武汉理工大学学报（信息与管理工程版），2007，29(1)：153-156.

③ 程明熙．处理多目标决策问题的二项系数加权和法[J]．系统工程理论与实践，1983(4)：23-26.

④ 许树柏．实用决策方法——层次分析法原理[M]．天津：天津出版社，1988：1.

⑤ 郭秀英．区间数指标权重确定的熵值法改进[J]．统计与决策，2012(17)：32-34.

⑥ 王应明，傅国伟．主成份分析在有限方案多目标决策中的应用[J]．系统工程理论方法应用，1993，2(2)：42-48.

⑦ 王应明．运用离差最大化方法进行多指标决策与排序[J]．系统工程与电子技术，1998(7)：24-31.

⑧ 汤光华，曾宪报．构建指标体系的原理与方法[J]．河北经贸大学学报，1997(4)：60-62.

指标与评估结果的关系进行综合评估的方法。客观赋值法是通过对原始数据的分析，使权数具有绝对的客观性，但没有考虑到决策者的主观意愿，因此在实际情况中，需要考虑主观和客观的因素最终确定出指标的权重。

因此，在本书中我们充分考虑了主观和客观两个方面的因素后，综合两个方面确定小学低段数学符号意识测评指标的权重。

二、客观赋值法确定指标权重

客观赋值法是通过对原始数据进行综合分析、计算得出指标权重的一种方法。在本书的第五章确定小学低段数学符号意识测评指标的过程中，通过探索性因素分析得出了小学低段数学符号意识的主要内涵指标，即数学符号的抽象、数学符号的识记和数学符号的应用。并通过对因素分析中因子得分值进行比较，以3个因子的方差贡献率占总方差贡献率的比重作为权数进行加权计算，结果得出3个因子的权数分别是0.280 7（数学符号的抽象）、0.327 5（数学符号的识记）、0.391 8（数学符号的应用）[①]。

三、主观赋值法确定指标权重

主观赋值法是专家根据主观经验判断给定指标权重的一种方法。由于小学低段数学符号意识指标的相对重要程度有差别，这种重要性程度与人们的数学观和数学教育观相关，因此本书通过咨询一线教师、教研员、高校专家来确定它们的权数。本书通过主观赋值法中的专家调查法确定层次分析分配指标权数，以此来检验客观分析结果与主观判断的吻合度，从而进一步说明指标的合理性和有效性。下面是运用专家调查法进行层次分析的过程，然后利用专家评价法对各指标进行两两比较，利用层次分析法确定指标权重。

（一）专家评价法

本阶段通过现场和网上调查问卷的方式，邀请小学一线数学教师、教研员，以及高校数学和数学教育专家对测评指标（主要是一级指标）的重要性关系和衡量各指标间重要性程度的分值做出判断。参与调查共35人，其中高校数学教育专家10人，一线教师和教研员25人。

① 李艳琴，宋乃庆．小学低段数学符号意识测评指标体系的初步构建[J]．教育学报，2016，12(4)：23-28.

(二)层次分析法

层次分析法是20世纪70年代由美国运筹学家T.L.萨蒂提出来的一种简便、实用的多维决策方法。根据许树柏(1988)采用的层次分析法(AHP)确定权重的基本原理[①],结合小学低段数学符号意识的测评指标,本书只定义第一层次权重集为$A=(a_1, a_2, a_3)$,即数学符号的抽象、识记、应用,则其的权重计算步骤如下:

1.构造判断矩阵P

u_{ij}表示u_i对u_j的相对重要性数值,并由u_{ij}组成A–U判断矩阵$\boldsymbol{P}$,从而构造第一层次(小学低段数学符号意识的综合测试)的判断矩阵$\boldsymbol{P}$。

$$\boldsymbol{P}=\begin{bmatrix} u_{11} & u_{12} & u_{13} \\ u_{21} & u_{22} & u_{23} \\ u_{31} & u_{32} & u_{33} \end{bmatrix}$$

根据指标之间相对重要性的比例标度(见表6–1)得出相应的判断矩阵,第一层次的判断矩阵$\boldsymbol{P}$,如表6–2所示。

表6–1　指标之间相对重要性的比例标度

A指标比B指标	极重要	很重要	重要	略重要	同等	略次要	次要	很次要	极次要
A指标评价值	9	7	5	3	1	1/3	1/5	1/7	1/9
备注	取8,6,4,2,1/2,1/4,1/6,1/8为上述评价值的中间取值								

表6–2　$T\leftarrow\{u_1\ u_2\ u_3\}$

T	u_1	u_2	u_3
u_1	1	2	1/2
u_2	1/2	1	1
u_3	2	1	1

2.求解特征向量

求解特征向量ω,计算重要性排序。即根据判断矩阵$\boldsymbol{P}$,求出其最大特征根λ_{max}所对应的特征向量ω。方程如下:$\boldsymbol{P}\omega=\lambda_{max}\omega$,所求特征向量$\omega$经归一化,即为各测评指标的重要性排序,也就是权重分配。

① 许树柏.实用决策方法——层次分析法原理[M].天津:天津出版社,1988:17–25.

3. 判断合理性

一致性经验，即检验特征向量所表示的权重分配是否合理。检验使用公式：CR=CI/RI。CR为判断矩阵的随机一致性比率，CI为判断矩阵的一般一致性指标，RI为判断矩阵的平均随机一致性指标。本书中只对小学低段数学符号意识的内涵指标权重进行确定，因此对应的RI值为0.58。

当判断矩阵$\boldsymbol{P}$的CR<0.1时或λ_{max}时，认为$\boldsymbol{P}$具有满意的一致性，否则需要调整$\boldsymbol{P}$中的元素以使其具有满意的一致性。

在本书中，我们使用Matlab进行层次分析并计算权重。

(三)分配和确定指标权重

首先，通过专家评价法将指标重要性程度进行两两比较，将结果写成矩阵形式。用层次分析法确定和分配指标权重，以第一层的$T\leftarrow\{u_1\ \ u_2\ \ u_3\}$的某专家数据为例，结果见表6-3。

表6-3　某专家指标权重

	数学符号的抽象	数学符号的识记	数学符号的应用	权重(ω_1)
数学符号的抽象	1	1	1/3	0.209 844
数学符号的识记	1	1	1/2	0.240 211
数学符号的应用	3	2	1	0.549 946

其中，判断矩阵$\boldsymbol{P}=\begin{bmatrix}1 & 1 & 1/3\\ 1 & 1 & 1/2\\ 3 & 2 & 1\end{bmatrix}$，一级指标数学符号的抽象、识记、应用的权重矩阵$\omega_1$为$\omega_1$=(0.209 844，0.240 211，0.549 946)。

其次，判断矩阵的一致性检验。其方法如下：

①计算判断矩阵的最大特征值λ_{max}。

$$\lambda=\sum_{i=1}^{3}\frac{(P\omega)_i}{n\omega_i}\frac{1}{n}\sum_{i=1}^{3}\frac{(P\omega)_i}{\omega_i}$$

其中$(P\omega)_i$表示$P\omega$的第i个元素，且n=3。

$$P\omega=\begin{bmatrix}(P\omega)_1\\ (P\omega)_2\\ (P\omega)_3\end{bmatrix}=\begin{bmatrix}1 & 1 & 1/3\\ 1 & 1 & 1/2\\ 3 & 2 & 1\end{bmatrix}\begin{bmatrix}0.209\,844\\ 0.240\,211\\ 0.549\,946\end{bmatrix}$$

根据已知数据计算得λ_{max}=3.102 574 4。

②一致性检验，检验公式：

CR=CI/RI，CI=($\lambda_{max}-n$)/($n-1$)，

代入n=3，RI=0.58，λ_{max}=3.102 574 4，得CR=0.088 462<0.1，

表明判断矩阵P具有满意的一致性。

因此，ω_1=(0.209 844，0.240 211，0.549 946)的各个分量可以作为$T\leftarrow\{u_1, u_2, u_3,\}$的权重系数，

即$A=(a_1, a_2, a_3)$=(0.209 844，0.240 211，0.549 946)。

同理，确定其他n-1位专家的各项指标权重，各项指标权重取平均值，即为平均权重$\overline{\omega}$。本阶段一共调查了35名专家学者，除去不满足一致性检验的5人（其中1人来自高校，4人来自一线），其余30人的结果如表6-4所列。

表6-4　30名专家的指标权重

专家编号	a_1	a_2	a_3
1	0.209 844	0.240 211	0.549 946
2	0.493 386	0.195 800	0.310 814
…	…	…	…
30	0.278 447	0.330 135	0.391 418
平均权重$\overline{\omega}$	0.315 002	0.269 519	0.415 480

故$Y=a_1x_1+a_2x_2+a_3x_3=0.315\ 002x_1+0.269\ 519x_2+0.415\ 480x_3$。

四、小学低段数学符号意识的测评模型

通过主客观赋值法对小学低段数学符号意识的3个内涵维度（即数学符号的抽象、数学符号的识记和数学符号的应用）权重进行计算后得到相应的结果，见表6-5。

表6-5　客观赋值法确定的指标权重值

	数学符号的抽象(a_1)	数学符号的识记(a_2)	数学符号的应用(a_3)
主观数据分析结果	0.315 002	0.269 519	0.415 480
客观数据分析结果	0.280 7	0.327 5	0.391 8

把主客观数据分析的结果四舍五入保留两位有效数字后的模型分别为：

模型1：$Y=0.32x_1+0.27x_2+0.42x_3$；

模型2：$Y=0.28x_1+0.33x_2+0.39x_3$。

如果四舍五入都只保留一位有效数字，则得到的模型是：

模型3：$Y=0.3x_1+0.3x_2+0.4x_3$。

将3个模型运用于验证性因素分析中的1 000个学生的测试数据计算，得出3组学生的综合测评值。对3组数据的两两配对样本进行非参数检验，检验配对数据是否服从同一分布，即检验配对数据是否存在显著性差异。选用Wilcoxon符号秩检验法去检验所得结果，见表6-6。

表6-6　3个模型综合测评值的配对数据Wilcoxon符号秩检验结果

	模型1-模型2	模型1-模型3	模型2-模型3
Z	-0.450^b	-0.287^c	-0.510^b
渐近显著性（双侧）	0.653	0.774	0.610

由表6-6可知，通过对3个模型计算出的综合测评值进行Z检验，得到对应的概率P值均大于0.05，即认为3个模型计算出的学生综合测评值分布没有显著性差异。因此，为了使模型的表达式更加简明，本书选用模型3作为小学低段数学符号意识测评模型的表达形式，即$Y=0.3x_1+0.3x_2+0.4x_3$。

第三节　小学低段数学符号意识测评模型的检验

模型检验是模型构建过程中的重要环节，构建小学低段数学符号意识测评模型的目的是评价学生数学符号意识的现状和水平，为数学符号意识的培养和发展提供理论支撑，如果用未经检验的模型去测评、预测和分析，显然是不够慎重的。因此为确定该测评模型是否真正揭示了小学低段数学符号意识内涵指标间的关系，一般模型构建后需要进行统计检验，以及通过小范围测试检验模型的教育意义，判断模型的预测率、检验模型的实用性和可操作性。

一、小学低段数学符号意识测评模型的统计检验

小学低段数学符号意识的测试题只用于对小学一、二年级学生在数学学习过程中数学符号意识的测评，因此只有当测评模型所得结果与教师对学生的数学符号意识评价的一致性较高，即高度相关时，才能说明本书建立的小学低段数学符号意识测

评模型具有较好的可信度和有效性。基于此，将本书综合测评的小学低段数学符号意识，即模型加权计算所得的测评值，与教师对学生的数学符号意识评价进行卡方检验，以对评价模型进行验证。检验过程具体如下：

首先，我们对测试对象中4所学校的二年级学生共357人的数学符号意识测试的结果进行分析。根据测评模型$Y=0.3x_1+0.3x_2+0.4x_3$，其中x_1表示数学符号的抽象得分、x_2表示数学符号的识记得分、x_3表示数学符号的应用得分，Y表示根据测评模型计算出的每一个学生数学符号意识的综合测评值，其散点分布如图6–2所示，列出20名学生测试数据，见表6–7。

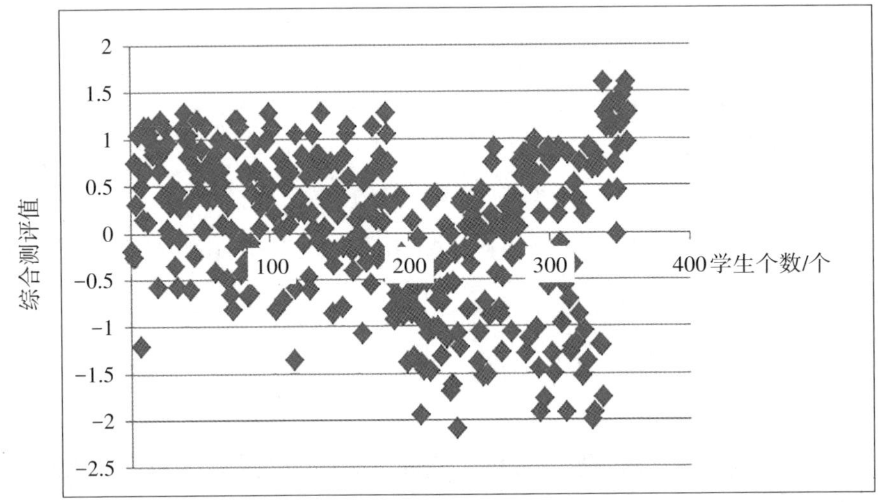

图6–2　二年级学生数学符号意识测试综合评价分布散点图

表6–7　二年级部分学生的数学符号意识的综合测评值得分

序号	x_1	x_2	x_3	Y
1	1.439 483	1.232 724	2.484 563	1.795 487
2	1.304 031	1.232 724	2.588 428	1.796 398
3	0.821 414	−0.608 630	2.987 296	1.258 755
4	1.232 182	1.232 724	1.571 560	1.368 096
5	0.427 917	−1.222 410	1.905 046	0.523 671
6	1.251 224	0.618 941	1.716 415	1.247 615
7	1.416 317	1.846 507	1.467 875	1.565 997
8	1.119 897	0.618 941	1.024 239	0.931 347
9	0.654 066	0.618 941	2.805 559	1.504 126

续表

序号	x_1	x_2	x_3	Y
10	0.256 444	0.005 158	1.276 340	0.589 017
11	0.148 283	−0.608 630	1.546 391	0.480 453
12	0.783 331	0.618 941	2.897 520	1.579 689
13	1.164 457	1.232 724	1.013 016	1.124 361
14	1.238 368	1.232 724	2.767 559	1.848 351
15	1.299 908	1.232 724	1.394 000	1.317 389
16	1.422 503	1.846 507	1.365 28	1.526 815
17	1.439 483	1.232 724	2.686 383	1.876 215
18	0.622 361	−0.608 630	2.314 641	0.929 977
19	1.435 359	1.232 724	1.366 133	1.346 878
20	−0.562 740	−1.836 190	1.331 850	−0.186 940

本书构建小学低段数学符号意识测评模型的目的之一就是划分学生数学符号意识的水平，使学生数学符号意识的现状更加清晰。通过计算可以得出学生数学符号意识综合测评值得分的均值为0，标准差为0.81，接近1。可见，二年级学生数学符号意识综合得分基本服从标准正态分布$N(0,1)$。因此，结合学生数学符号意识的散点分布（如图6-2），把综合得分在均值0以下的记为一般或较弱，把综合得分在0～1（不含）之间的记为较强，综合得分不低于1的记为强。

首先我们按得分值把层次分成3大类型，如学生的数学符号意识强、较强、一般或较弱，并对小学低段学生的数学符号意识综合测评结果重新进行编码，见表6-8。

表6-8　小学低段学生数学符号意识综合测评的层次划分类别

编码	类别	判别条件	学生数学符号意识的综合层次
1	第一类	$Y<0$	数学符号意识一般或较弱
2	第二类	$0\leqslant Y<1$	数学符号意识较强
3	第三类	$Y\geqslant 1$	数学符号意识强

其次，设计主观判断问卷，要求4所参与测试学校的数学老师对学生相应的数学符号意识的总体情况进行评价。同样分为3类：第一类，数学符号意识一般或较弱；第二类，数学符号意识较强；第三类，数学符号意识强。同时，把学生数学符号意识一般或较弱的编码为1，把学生数学符号意识较强的编码为2，把学生数学符号意识强的编码为3。

最后，计算编码。把模型所得的综合测评值与教师对学生的数学符号意识的主观评价值的列联表相关，结果见表6–9，以及卡方检验结果见表6–10。

表6–9　教师主观评价值与学生综合测评值交叉制表

		教师主观评价值			合计
		符号意识一般或较弱	符号意识较强	符号意识强	
学生综合测评值	符号意识一般或较弱	140	42	11	193
	符号意识较强	14	86	24	124
	符号意识强	1	13	26	40
合计		155	141	61	357

表6–10　卡方检验结果

	值	df	渐进 Sig(双侧)
Pearson 卡方	68.467[a]	4	0.000
似然比	45.852	4	0.000
线性和线性组合	36.053	1	0.000

根据分类指标准确率的计算方法，由列联表计算该模型预测准确率(R)为：

$$R=\frac{a_{11}+a_{22}+a_{33}}{n}=\frac{140+86+26}{357}\times 100\%=70.56\%$$

因此，本书构建的模型预测准确率为70.56%，且在卡方检验中，渐进Sig<0.001，说明本书所建构的小学低段数学符号意识的测评模型具有较为理想的预测效度，适合作为小学一、二年级学生数学符号意识的测评工具。

二、小学低段数学符号意识测评模型教育意义的检验

小学低段数学符号意识测评模型的重要教育意义是为小学生数学符号意识的培养和发展提供理论依据和参考。因此，当小学低段数学符号意识的测评模型通过了统计检验后，就可以运用这个模型来进一步解决部分小学低段数学符号意识的教育问题。因此，小学低段数学符号意识测评模型教育意义的检验包含了对小学低段学生数学符号意识现状水平高低、个体水平的差异、区域之间的差异等方面的检验，该检验过程也可以视为如何使用测评模型的一个案例分析。

(一)小学低段学生数学符号意识的现状分析

本书对正式施测的数据进行描述性统计分析，分析来自贵阳市云岩区、南明区、观山湖区、乌当区4所小学，共615名一、二年级学生的数学符号意识的水平状况，其中一年级258人、二年级357人。

首先根据小学低段数学符号意识的测评模型 $Y=0.3x_1+0.3x_2+0.4x_3$ 计算出每一个学生数学符号意识的综合测评值，再根据综合测评值的高低划分层次类别(见表6-8)，得出统计结果，见表6-11。

表6-11 小学低段学生数学符号意识综合层次

数学符号意识综合层次	频数	百分比/%
数学符号意识一般或较弱	301	48.9
数学符号意识较强	247	40.2
数学符号意识强	67	10.9

从表6-11可以看出，调查的4所学校小学一、二年级学生的数学符号意识强的只占10%左右，而数学符号意识一般或较弱的与较强的几乎各占一半，这说明小学生的数学符号意识还需要着重加强培养。

同样，对数学符号意识测评中的3个指标(x_1，x_2，x_3)，即数学符号的抽象、识记和应用，我们也将其根据得分标准化后的分值划分为3个层次。如当 $x_1 \geqslant 1$，表示数学符号的抽象水平强；$0 \leqslant x_1 < 1$，表示数学符号的抽象水平较强；$x_1 < 0$，表示数学符号的抽象水平一般或较弱。最后我们得出数学符号的抽象、识记和应用的频数分布情况见表6-12、6-13、6-14。

表6-12 小学低段学生数学符号的抽象水平

数学符号的抽象水平	频数	百分比/%
数学符号的抽象一般或较弱	272	44.2
数学符号的抽象较强	237	38.5
数学符号的抽象强	106	17.2

表6-13　小学低段学生数学符号的识记水平

数学符号的识记水平	频数	百分比/%
数学符号的识记一般或较弱	267	43.4
数学符号的识记较强	220	35.8
数学符号的识记强	128	20.8

表6-14　小学低段学生数学符号的应用水平

数学符号的应用水平	频数	百分比/%
数学符号的应用一般或较弱	299	48.6
数学符号的应用较强	218	35.4
数学符号的应用强	98	15.9

总体来看，在3个内涵指标中，层次在强的水平百分比较高的是数学符号的识记，数学符号的抽象和应用强的比例相当，层次在较强的水平上三者基本相当，详见图6-3。

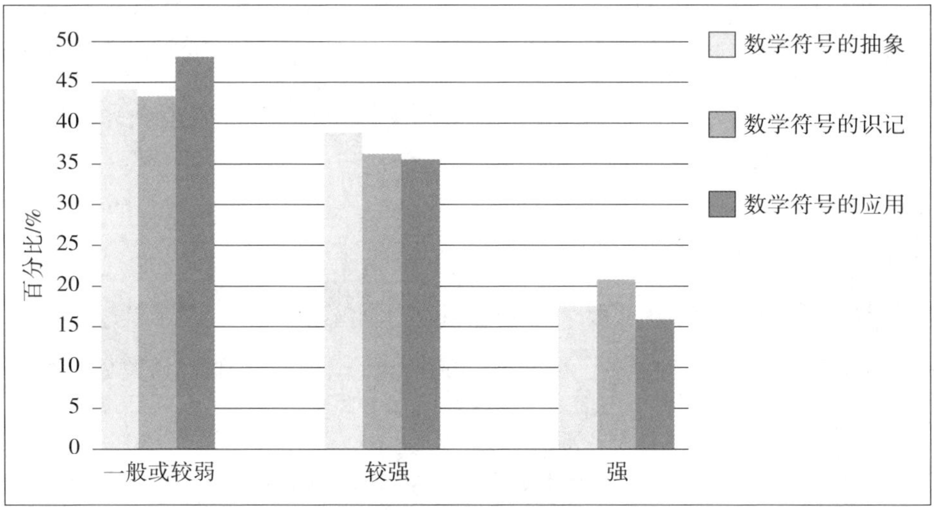

图6-3　小学低段学生数学符号意识内涵维度的水平情况

从图6-3中我们看到，学生在数学符号的抽象、识记和应用3个内涵维度上的一般或较弱水平的差异并不大，因此不能直接知道学生数学符号意识较弱的表现在哪些行为因素上。接下来，还必须从小学低段数学符号意识内涵指标的每一个行为因素的测评结果去分析学生数学符号意识强弱的主要观测点，从而能更好地去培养和发展学生的数学符号意识，测试结果见图6-4。

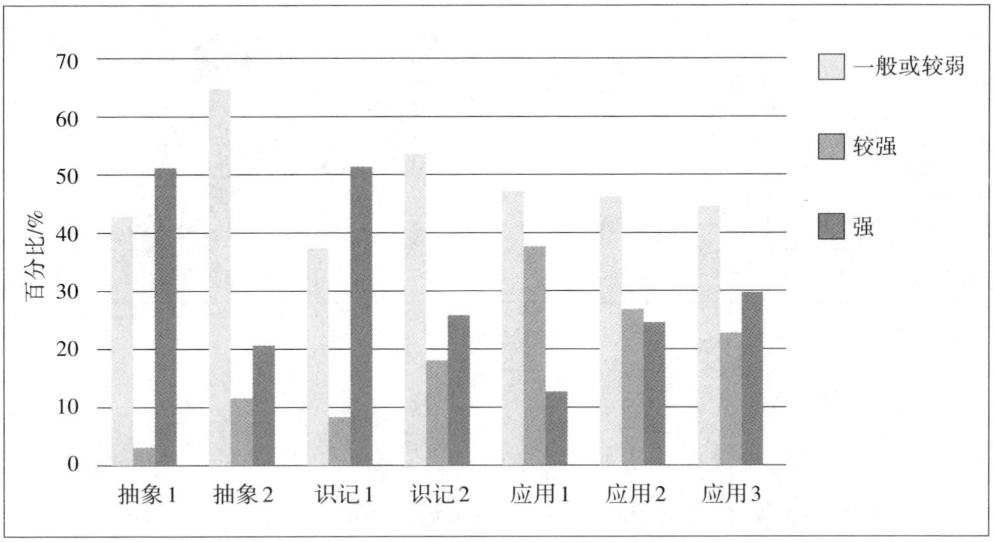

图6-4　小学低段数学符号意识内涵维度行为因素的测评情况

从图6-4中，我们可以直观看出数学符号抽象的第1个行为因素（简称抽象1）和数学符号识记的第1个行为因素（简称识记1）表现出强的水平的比例均超过了50%。而其余比例较高的是表现出一般或较弱的水平的数学符号抽象的第2个行为因素（简称抽象2）（接近70%），数学符号识记的第2个行为因素（简称识记2），以及数学符号应用的3个行为因素（简称应用1、应用2、应用3），其比例都超过40%。因此，我们可以对照小学低段数学符号意识测评指标，根据学生普遍较弱的因素进行培养和教育，从而有效提升学生数学符号意识的水平。

（二）小学低段学生数学符号意识的年级、学校差异分析

1. 年级差异

一年级和二年级学生学习数学符号的广度和深度不同，所以在年级上应该有显著的差异。因此，我们对一、二年级学生的数学符号意识进行独立样本t检验，结果见表6-15。总体而言，小学一、二年级学生的数学符号意识的综合评价有显著性差异，在数学符号的抽象和识记上尤其显著，二年级的学生明显高于一年级的学生。

表6-15　一、二年级间的差异分析

	一年级		二年级		t
	M	SD	M	SD	
数学符号的抽象	1.920	0.833	1.550	0.567	6.563***

续表

	一年级		二年级		t
	M	SD	M	SD	
数学符号的识记	1.980	0.793	1.580	0.693	6.707***
数学符号的应用	1.580	0.672	1.760	0.781	2.979**
数学符号意识的综合测评	1.690	0.656	1.560	0.686	2.432*

注：*代表$p<0.05$，**代表$p<0.01$，***代表$p<0.001$。

2.学校差异

被调查的4所学校分布在贵阳市不同的区，学校的办学层次不一样，也影响每个学校学生的数学成绩，因此不同学校间学生的数学符号意识也应该有显著性差异。故把4所学校分为城市优质小学、城市一般小学、市郊中心小学、市郊农村小学4种类型，对不同类型学校学生的数学符号意识进行单因素方差分析，结果见表6-16。总体来说学校间的差异非常显著，这也初步说明学生的数学符号意识和学生的数学成绩是正相关关系。

表6-16　学校间的差异分析

	城市优质		城市一般		市郊中心		市郊农村		F
	M	SD	M	SD	M	SD	M	SD	
数学符号的抽象	2.06	0.795	1.90	0.694	1.47	0.597	1.53	0.753	25.854***
数学符号的识记	2.47	0.559	1.91	0.719	1.30	0.537	1.60	0.761	95.015***
数学符号的应用	2.29	0.731	1.57	0.678	1.46	0.635	1.49	0.580	48.994***
数学符号意识的综合测评	2.32	0.623	1.65	0.593	1.28	0.470	1.36	0.526	103.177***

注：***代表$p<0.001$。

综上，通过对小学低段数学符号意识测评模型统计量和模型教育意义的检验，初步说明小学低段符号意识测评模型$Y=0.3x_1+0.3x_2+0.4x_3$是合理的、可操作的，且模型的预测准确率达70.56%。

第七章

小学低段数学符号意识测评模型的应用

模型的应用是对模型客观、公正的检验，也是模型构建的宗旨。在教育测评[①]模型中，一个成功的教育测评模型，必须依据模型构建的初衷，将其用于解决分析和研究测评的教学实际问题，充分发挥教育测评模型在教师教学和学生学习中的特殊作用。因此，本章节将从教育测评模型的一般应用入手，探讨小学低段数学符号意识测评模型的具体应用及实例分析。

第一节　教育测评模型的一般应用

一、教育测评模型应用的意义和价值

(一)教育测评模型的用途

1.模型的用途

模型能够把特定结果所需要的条件清晰地揭示出来，能够帮助我们更好地理解世界。模型的用途有很多，斯科特·佩奇(Scott Page)在《模型思维》一书中详细阐述了模型的7大用途[②](简写为REDCAPE)：

推理(Reason)：表示识别条件并推断逻辑含义。

解释(Explain)：为经验现象提供可检验的解释。

设计(Design)：选择制度、政策和规则的特征。

沟通(Communicate)：将知识与理解联系起来。

行动(Act)：指导政策选择和战略行动。

预测(Predict)：对未来和未知现象进行数值和分类预测。

探索(Explore)：分析探索可能性和假说。

2.教育测评模型的用途

测评模型有多种形式，如顾客满意度测评模型、人才测评模型、风险测评模型等，教育测评模型与其他模型的构建有相同的地方，也有不同的地方。目前，西南大学宋

① 注：本章节所指的教育测评均指基础教育测评。

② 斯科特·佩奇.模型思维[M].贾拥民，译.杭州：浙江人民出版社，2019:25-39.

乃庆教授团队已经构建出一系列教育测评模型，如小学数学教科书难度测评模型、小学教师数学素养测评模型、小学生几何直观能力测评模型、小学生统计思维测评模型、小学生阅读素养测评模型等十余个模型。教育测评模型的测评问题相关的核心概念一般都比较抽象，如在数学教育中大家关注的数感、符号意识、量感、几何直观、推理意识等核心素养。这些概念都非常抽象，很难直接进行测评。而教育测评模型构建的初衷是为了更好地解释测评问题的内涵，帮助教师更好地设计教学和把握测评问题的本质，从而帮助学生认识和理解测评问题的内涵和本质。在前述模型的7大用途的启示下，教育测评模型的用途可以表现在以下几个方面。

(1)解释。对抽象测评问题的内涵进行解释，把抽象的外显特征用可观测的变量表征出来，形成具体的、可操作的、可测评的指标，能较好解释测评问题的内涵和本质。

(2)设计。测评问题的指标维度和权重比例，为教育教学的本质特征提供了分析框架，有利于教师进行合理的教学设计。

(3)交流。测评模型构建需要界定测评问题的操作性定义，找到可以操作的观测表征，最后得出一种共同的表示方法。这一过程能够把对测评问题本质的理解和知识联系起来，便于同行之间较为准确地交流。

(4)预测。测评是人们依据一定的规则，用数量对事物进行判断、预测、分析的结论，运用测评模型可以对学生的学习效果和教师的教学质量进行分析和预判，为改进教育教学提供参考。

(二)教育测评模型构建与应用的意义和价值

教育测评是新时代党和国家教育事业发展的重大理论和实践问题之一。教育测评模型是教育测评研究的重要内容，也是教育测评的重要研究成果，为教育测评提供了具体的测评工具和量化的测评指标体系。教育测评模型是教育测评的基本依据，也是引领我国基础教育改革和发展的重要依据。因此，教育测评模型及其应用对发挥测评引领教育质量观和提升教育质量有着重要的意义和价值。

(1)教育测评模型的构建与应用有利于构建中国基础教育测评的话语体系。全球范围内，英国、美国等教育发达国家都建立了教育质量测评体系和标准体系。然而，当前我国对基础教育测评、测评指标体系和模型构建的研究还十分欠缺。因此，教育测评模型的构架与应用为构建中国特色的基础教育测评话语体系奠定了基础，具有重要的理论和现实意义。

(2)教育测评模型的构建与应用有利于诊断和发现教学中的实际问题,解决基础教育评价的重点、难点、热点问题。在教育测评模型的构建过程中,需要厘清相关问题的内涵与结构特征,构建出测评指标体系,最后构建出测评模型。这一过程不仅探析出测评问题的本质,还建立了问题的结构特征和内涵维度,有效解决了测评问题高度抽象、不易评价的难题。因此,教育测评模型的构建与应用对基础教育质量监测、学业质量评价、基础教育督导等相关领域的实践与研究具有重要的学术贡献和参考价值。

(3)教育测评模型的构建与应用有利于教育教学的决策科学化。在大数据、智能化时代,仅仅凭经验知识去认识和解决教育问题已经愈加不可能,个性化人才培养是人工智能教育的目标。教育测评模型的应用能有效反映群体和个体在某一测评问题中的认知水平,以及诊断出他们在不同维度上的认知情况,给教育者带来更多的思考。因此,教育测评模型的构建与应用为教师的教育教学决策提供了科学的指导,为学生的个性化学习提供了依据和参考。

(4)教育测评模型的构建与应用有利于推进新一轮课程改革的实施。在新一轮课程改革中,确立以核心素养为导向的课程目标是课程的重要理念之一。各学科核心素养的形成与发展水平是课程评价的重要内容。同时,在新一轮课程改革中评价也是改革的重要内容。因此,针对基础教育课程各学科中的核心素养,构建相应的测评模型,并能对模型进行有效应用,将有利于新一轮课程改革的推进和落实。

二、教育测评模型的应用说明

有学者认为所有模型都有三个共同特征[①]:一是它们都要简化,剥离不必要的细节,抽象出若干现实世界中的因素,或者需要从头创造;二是它们都是形式化的,要给出精确的定义,模型通常要使用数学公式,而不是文字;三是所有模型都是错误的,因为它们是简化的,省略了细节,并只在特定的条件下成立。因此,每一个模型的应用都需要根据实际问题的条件进行判断,结合使用人的认知经验进行选择和分析。教育测评模型的构建涉及教育学、心理学、管理学、信息科学、统计学、数学等多学科的交叉,难度极高而意义重大。同时,每一个教育测评模型也不是一成不变的,它需要在教育教学实践中不断检验、优化和发展。

① 斯科特·佩奇.模型思维[M].贾拥民,译.杭州:浙江人民出版社,2019:11.

(一)教育测评模型的应用说明

教育测评模型的应用与一般模型的应用既有相同之处,也有不同的地方。相同之处在于,每个模型都有一般的使用流程,即:

首先,对研究问题进行深入分析,根据研究问题的分析结果提出一系列备选模型(大多根据使用者的研究经验)。

其次,根据样本数据在备选模型中的实际情况,选择最合适的具体模型(使用者的探索性数据分析)。

再次,根据选定的模型求解实际问题。

最后,根据模型结果分析研究结论,从而回答研究问题。

除上述一般使用流程外,教育测评模型也有它的特殊性。很多教育测评模型是对基础教育中学科核心素养的测评,如本书研究的小学低段数学符号意识,相应的学生测评工具很难做到绝对一致性,也很难提供标准化的参考标准。因此,教育测评模型的应用除满足一般使用流程外,还需要根据测评问题作几点说明:

(1)提出合理假设。合理假设是提高测评模型准确率的重要前提。根据测评问题,结合学生实际,对测评问题和测评对象进行合理假设,忽略不太重要和不可控的因素。这里既要考虑测评问题本身,更要考虑学生的实际情况。

(2)编制测评工具。测评工具的编制是测评模型应用的关键。其他的测评模型(如满意度测评模型)一般都有比较成熟的和一致性的测评工具。而教育测评模型,尤其是学科领域核心素养的测评模型,不可能用统一的测评工具进行测量,需要根据测评指标编制相应的测评工具。

(3)开展增值评价。增值评价是教育测评模型应用的价值所在。教育中的增值评价是指学生、教师、学校、政府等研究对象从最初阶段在教育相关方面的表现,经过一段时间的发展所获得的增量,体现了一段时间内研究对象发生的变化。教育测评模型评价学生的增值,可以及时监测和诊断学生的学业变化,挖掘学生的素质潜能,实现学生个性化、最大化发展。

(二)小学低段数学符号意识测评模型的应用说明

小学低段数学符号意识的测评模型是指依据一定的规则对小学低段数学符号意识的特征进行定量分析后抽象出来的数学表达式。在本书的第六章已经构建出小学低段数学符号意识测评模型的表达形式,即 $Y = 0.3x_1 + 0.3x_2 + 0.4x_3$,其中 x_1 表示数学符号的抽象，x_2 表示数学符号的识记，x_3 表示数学符号的应用。该模型的构建是在小学低段数学符号意识内涵认识的基础上，通过界定小学低段数学符号意识的操作性定义，与不断探索、分析、验证等研究过程，最终形成的。因此，在该模型的应用过程中还需要作两点说明：

一是小学低段数学符号意识测评模型构建的过程本身就是一个应用的过程。符号意识是形成抽象能力和推理能力的经验基础。[①]小学低段数学符号意识的应用范围相对较窄，但又十分重要。对一线教师来说，对小学低段学生数学符号意识的培养尤为重要，而如何培养、从哪些维度去进行培养是关键，也是教学的难点。因此，在该模型的应用过程中，可以将模型构建过程的学习和研究作为教师教研课题，尤其是深入理解小学低段数学符号意识的内涵及其表现形式，这将会不断拓宽模型的应用范围。如可以把小学低段数学符号意识测评模型的构建思路和方法迁移到其他问题的测评上，可以从测评模型的构建过程去探析小学低段数学符号意识的培养、指导开展相关的教学设计和教学案例分析等。

二是小学低段数学符号意识测评模型应用的重点和难点在于编制小学低段学生数学符号意识测评试题。小学低段是学生进入小学学习的开始，其识字、写字、理解文字等方面还很不足。因此，对测评试题的编制要考虑学生的认知实际，编制适合于小学一、二年级学生测试的工具，测试题目数量适当，内容尽量图文并茂、直观、生动有趣。

第二节　小学低段数学符号意识测评模型在符号意识培养中的应用

学生通过数学课程的学习，形成和发展核心素养是数学课程的重要目标。在新课标中，符号意识是小学阶段的一个重要核心素养。如何培养和发展学生的数学符号意识是数学教育教学的重要任务和目标。如何把教学具体内容与核心素养的表现形式联系起来是核心素养培养的关键。我们知道，培养是一个长期依照一定目标进行教育和训练的过程。因此，数学符号意识的培养要有目标、有计划、有方法，要在长期性、整体性、一致性和阶段性的基础上开展教育教学。而一线教师一般往往会从实

① 中华人民共和国教育部.义务教育数学课程标准(2022年版)[S].北京:北京师范大学出版社,2022:8.

践教学出发，通过长期教学经验的积累总结，形成一系列培养策略。本章节将从另一个视角探析、研究培养策略，即从符号意识的内涵和操作性定义出发，探寻符号意识培养的育人价值和目标，根据符号意识的内涵表现形式初步形成培养策略，最后再通过课堂教学实践进行验证和完善。

可见，小学低段数学符号意识测评模型的构建为数学符号意识的培养提供了依据和参考，也体现出该模型在教育教学中的重要应用。反过来看，小学低段数学符号意识的培养策略探析是对小学低段数学符号意识测评模型构建基础(即操作性定义和内涵维度)的验证。培养策略的探析，可以验证小学低段数学符号意识操作性定义的合理性和可操作性，以及验证小学低段数学符号意识测评框架中3个内涵维度的合理性，从而更进一步验证小学低段数学符号意识测评模型的合理性、可行性和操作性。

一、小学低段数学符号意识培养策略探析

从小学低段数学符号意识的操作性定义出发，依据小学低段数学符号意识的测评模型，分别从小学低段数学符号意识的3个内涵维度，即数学符号的抽象、数学符号的识记和数学符号的应用，去探讨小学低段数学符号意识的培养策略。[①]同时，这种从小学低段数学符号意识可操作性定义入手的培养策略研究(即从学习内容——数学符号意识的本质特征出发，结合学生的认知规律和学习兴趣，结合教师的教师观和情境创设去探讨培养策略的新途径)，改变了从单一的教师或单一的学生角度去探讨符号意识的培养模式，可以让教师更好地把握数学符号意识的内涵、测评维度和具体测评指标，最终让学生能更好地认识、理解和把握数学符号意识的本质，从而达到更好的培养效果、学习效果。

(一)小学低段数学符号抽象的培养策略

抽象性是数学的三大特点之一。《普通高中数学课程标准(2017年版)》明确把数学抽象作为数学的核心素养之一，并排列在核心素养的第一位。该标准虽然是针对高中数学，但却是整个数学教育共同的聚焦点。《标准(2022年版)》提出的“数学的眼光”其中一个表现就是抽象能力，主要包括数感、量感、符号意识。[②]小学生数学学习

① 李艳琴，宋乃庆.小学低段数学符号意识的培养策略研究[J].数学教育学报，2016，25(5)：28-31.

② 中华人民共和国教育部.义务教育数学课程标准(2022年版)[S].北京：北京师范大学出版社，2022：5.

入门的内容就是对数的认识和数的运算。而“数”概念的形成经过一系列抽象过程，舍弃了其他一切非数量关系的内容后，只保留了量的关系所抽象的结果。数字符号正是用来记录这一抽象结果的符号，它本身是抽象的。这里仍然以新人教版教材中的内容编排为例进行解释，图7-1表示数数的抽象过程。

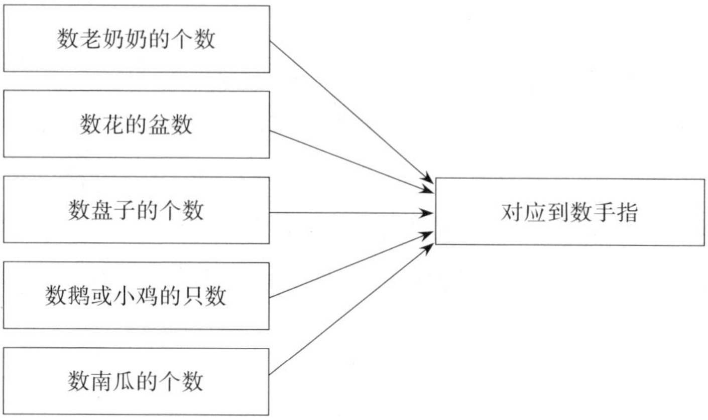

图7-1　数数的抽象过程

在这一抽象过程中，小学生经历从具体事物数量多少的数数过程对应到数手指的过程，在数人的个数、花的盆数、动物的只数等过程中舍弃了它们的不同点，只保留了它们的“多少”这一共同的数量特点。

图7-2表示“数1和数2”的抽象过程。在数数的抽象过程中，学生经历“从直观到抽象，从具体到概括”的认知过程，能从具体情境中概括出有关数、数量关系的属性，这是对数的认识的重要前提，也是意识论中关于意识形式从思维表象到概念形成的过程。可以说，数学符号的抽象是小学低段学生数学符号意识培养的基础，也是最重要的一步。

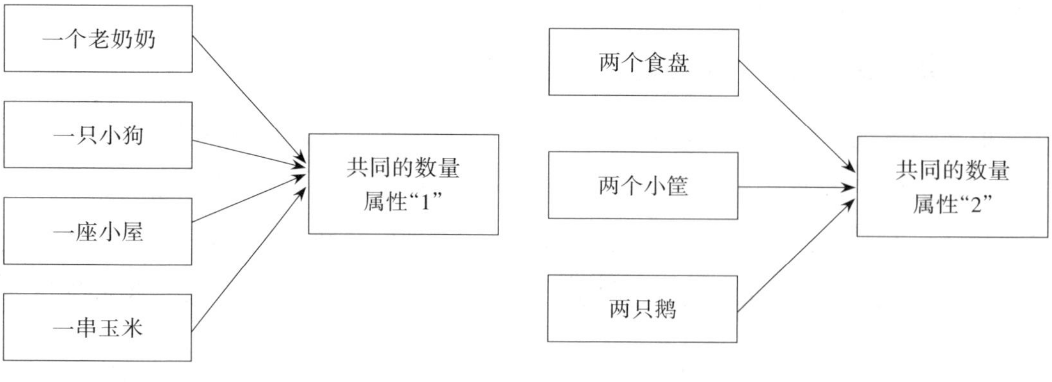

图7-2　“数1和数2”的抽象过程

因此，小学低段数学符号抽象的培养策略主要是指让学生从熟悉的生活经验出发，通过数学活动体会数学概念“从直观到抽象，从具体到概括”的生成过程，并积极引导学生用规范统一的抽象符号去表示抽象的数学概念。

(二)小学低段数学符号识记的培养策略

识记是所有学习的认知基础，也是所有学习中的重要认知环节，更是小学低段学生数学符号学习的重要途径，它包括对数学符号的认识、辨析、规范和记忆。我们对小学低段数学符号识记的培养是让学生对数学符号“识记”而不是“死记”。因此，小学低段数学符号识记的培养策略是让学生从形象感知上去识别不同类型的数学符号，并设计学生可操作的数学活动去理解符号的含义。

一是加强形象感知，让学生识别不同类型的数学符号，并知道符号的写法和读法。小学低段主要涉及的符号是算术符号。德国数学家希尔伯特曾说过：“算术符号是文字化的图形。”这也正体现了符号的另一个重要属性——形象性。我们以运算符号为例，如“+”号的产生[1]，传说当时买酒的人用线条“—”记录酒桶里的酒卖了多少，再把新酒灌入大桶时就将线条“—”勾销变为“+”号，或画一个“+”号表示超重，画一个“—”号表示重量不足。久而久之，符号“+”给人以相加的印象，“—”号给人以相减的印象。在小学低段，还有其他这样的直观形象记号，如“=”“>”“<”“×”“÷”，以及认识图形中的被压缩的图形符号“△”“□”“○”等。除了对符号有形象识别外，规范地读写也是数学符号识记的重要内容。如在学习11～20的数时，知道由“1”和“2”两个数字符号可以组成“12”和“21”两个不同的数，这时学生能正确读出“一十二”和“二十一”也是对数位和数的组成的进一步认识和理解。

二是重视数学活动的体验，通过特定的操作练习活动去理解符号所表示的含义，从而更好地产生数学记忆。对小学低段学生而言，常常是通过组织开放性的操作活动，让学生经历从具体到抽象、再从抽象到具体的认知过程来理解符号的含义。例如在认识数“3”时，学生是从中抽象出数“3”，再用3根小棍摆成熟悉的图形，这一过程包含了学生从具体的3只小鸟→抽象的数3，再从抽象的数3→具体的3根小棒的认知过程。在这个过程中，学生经历了从词义表征→动作表征→符号表征的转化过程，而操作练习是理解符号表征的重要途径。因此，从抽象→具体→抽象的操作练习是小学低段学生理解符号含义的重要手段，是实现符号意识识记的重要条件，也是下一步正确运用符号的重要基础。

① 孙兴运.数学符号史话[M].济南：山东教育出版社，1998：9.

（三）小学低段数学符号应用的培养策略

运用符号表示数、数量关系和变化规律是《标准（2011年版）》对符号意识提出的明确要求，也是培养和发展学生数学符号意识的最终目的。小学低段数学符号应用的培养策略是通过适当的纯粹数学符号的操作练习，让学生去理解符号间的关系，在具体情境中引导学生用适当的符号去表达和解决简单问题。

首先，适当加强对纯粹数学符号的操作练习去理解符号间的关系，但又要克服机械地符号操练。在小学低段，机械地符号操练和模仿记忆是必不可少的，但不宜过多，否则难以达到理解符号的目的。如在○里填上适当的数学符号，4○6=24，9○18−(10+2)，56÷○=7，…；或一些纯粹符号的计算题，如4+9=□，32−9=□，…。像这样的操作练习不宜过多，只要能让学生理解符号并能区分它们的关系即可。

其次，联系生活情境，强化在具体情境中正确运用符号解决简单问题的能力。如学生学习“+”“−”运算符号时，需要经历不同的生活情境（合并气球、合并圆点、合并铅笔等），从中体会把一类事物合并在一起的总数量问题用加法计算，从一类事物的飞走、拿走、去掉等生活情境中体会还剩的数量问题用减法计算，并能正确运用符号算式表示整个事件，从而进一步体会加减法的含义。

最后，适当加强符号表达，使学生初步体验使用符号可以进行数学思考。如在学习常见的数量关系的实际问题中，适当让学生经历“数量关系式→列算式”的过程，体会符号表达的含义和使用符号进行数学思考。例：一个8元，56元可以买几个？该问题含有单价、数量和总价的关系，对二年级学生而言，在没有操作辅助的前提下，通过分析和理解数量关系，并联系除法去解决问题是比较抽象的。因此可以尝试让学生先写出数量关系式“总价÷单价=数量”，再列出算式“56÷8=7”。在这一过程中，学生经历发现问题（问题中的总价、单价和数量之间的数量关系）、提出问题（运用符号抽象和表达问题）、分析问题和解决问题（使用符号进行运算和数学思考）的全过程，这正是《标准（2011年版）》对课程提出的总目标之一，即增强学生发现问题和提出问题的能力、分析问题和解决问题的能力[①]。因此，积累运用符号进行数学表达的活动经验，学生的思维适度经历从文词→简字→符号的符号化过程，从而进一步促进自身数学抽象思维的发展，提高运用符号进行数学推理和表达的能力，为后续数学学习奠定良好的基础。

① 中华人民共和国教育部.义务教育数学课程标准（2011年版）[S].北京：北京师范大学出版社，2012：8.

二、微型实证：乘法的初步认识(1)

开展小学低段数学符号意识培养策略的微型试验，一方面是为了说明培养策略的合理性、操作性和有效性；另一方面是再次验证小学低段数学符号意识操作性定义的合理性和操作性，以及验证小学低段数学符号意识内涵维度(抽象、识记、应用)的合理性和可行性。本节以二年级(上)“乘法的初步认识”①为例，分别对乘号的抽象、识记和应用3个维度开展了4小节(每节20分钟)的微型试验实证，微型试验过程及内容也主要是围绕对数学符号的抽象、识记和应用三方面的培养策略来展开的。

1.微型试验对象

本次微型试验的实施对象是贵阳市某小学一年级(下)的学生，共57人。选择该群体的理由：一是该学校学生数学成绩处于贵阳市中上层次，可基本确保试验数据的代表性；二是该群体是小学低段数学符号意识测评指标体系构建中的部分调查对象，保证了数学符号意识调查研究的连续性。

2.微型试验内容

(1)通过导学案让学生看图回答问题(见图7–3)，并说出每个加法算式表示的意思；

①一共有多少个气球？写出算式。

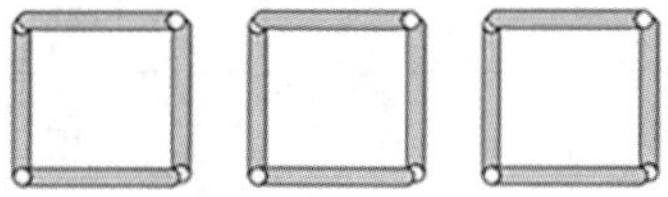

②一共有多少根小棒？写出算式。

③一共有多少个胡萝卜？写出算式。

④一共有多少台电脑？写出算式。

图7–3　导学案中的看图回答问题

(2)引导学生观察所列的加法算式，概括出每个算式中“加数都相同”这一共同属性；

① 选自义务教育教科书数学：二年级上册，人民教育出版社2012年出版.

(3)引导学生用标准的抽象的乘号“×”来表示相同加数连加的加法算式；

(4)简单介绍乘号的来历和与加法的关系，让学生从加号“+”过渡到认识乘号“×”，规范地读和写乘号；

(5)通过导学案中的摆一摆和画一画等操作练习，理解乘号“×”的含义；

(6)让学生用乘法去解决图7–3中的情境问题。

3.微型试验效果

根据课堂小测去检测学生对乘号“×”的认识程度，从而验证小学低段数学符号抽象、识记和应用培养策略的有效性。课堂小测包括以下4个问题，学生反馈情况见表7–1。

问题1：根据情境概括出加法算式中“加数相同”的特征，能用“几个几”的形式表示；

问题2：根据直观图 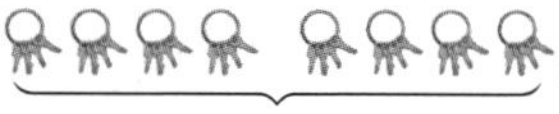 概括出(　　)个(　　)，写出加法算式__________和乘法算式__________；

问题3：对加法算式和乘法算式进行改写，如5+5+5+5改写成乘法算式__________，3×6改写成加法算式__________；

问题4：根据乘法算式2×6=12编写1道数学应用题。

表7–1　学生乘法的初步认识课堂小测反馈结果统计

问题项	检测内容	学生问题回答正确率
问题1	乘号的抽象	87.7%
问题2	乘号的抽象	84.2%
问题3	乘号的识记	91.2%
问题4	乘号的应用	80.7%

以上微型试验结果表明，乘号的抽象、识记和应用三方面的正确率都在80%以上。由于试验对象是一年级(下)的学生，他们还尚未正式学习“乘号”，在新人教版教材中学生正式学习乘号“×”要在二年级(上)第4单元，而微型试验结果说明一年级(下)的大部分学生对乘号“×”都有较好的认识、理解和应用，说明小学低段数学符号意识的培养策略有利于学生对数学符号的认知和对数学的理解，也有利于一线数学教师课堂教学的操作和实施。因此，可以初步判断小学低段数学符号抽象、识记和应用的培养策略是可行、可操作和有效的。

综上，小学低段数学符号意识测评模型在数学符号意识培养中的应用，从本质上抓住了数学符号意识的特征，即数学符号的抽象、数学符号的识记和数学符号的应用，让学生从数学的本质上去认识数学的概念和性质，淡化形式上的要求，体现了“淡化形式、注重实质”[①]的教育理念，形成了小学低段数学符号意识的培养策略，为教师教学提供了参考和指导。反过来，通过对小学低段数学符号意识测评模型的应用，验证了小学低段数学符号意识培养策略的有效性和操作性，验证了小学低段数学符号意识测评模型构建基础（即小学低段数学符号意识的操作性定义）的合理性，从而更进一步验证小学低段数学符号意识测评模型构建的科学性和合理性。

第三节　小学低段数学符号意识测评模型在符号意识学业质量评价中的应用

一、学业质量评价

《标准（2022年版）》中，各学科课程标准中都新增了“学业质量”板块内容，并都一致界定了学业质量的基本内涵和具体要求。如把学业质量界定为“是学生在完成课程阶段性学习后的学业成就表现，反映核心素养要求”，把学业质量标准界定为“是以核心素养为主要维度，结合课程内容，对学生学业成就具体表现特征的整体刻画”。[②]学业质量的明确提出，体现了新的课程标准对教、学、评的一致性要求，体现了素养导向的学业质量评价，体现了一种新的教育教学质量观。如何对核心素养进行评价是新一轮课程改革的重要研究内容，也是一个难点。数学符号意识是义务教育数学课程的核心素养之一，也是学业质量标准中的考核内容。本书构建的小学低段数学符号意识的测评模型为学生数学符号意识的评价提供了理论和实践依据，学业质量评定也是该测评模型的一个重要应用。

在《标准（2022年版）》中，对符号意识学业质量标准的描述主要体现在两个学段：一是在第一学段（1~2年级），具体表现在“能结合具体情境，认识万以内的数及其大小关系，描述四则运算的含义，能进行简单的整数四则运算，形成初步的数感、运算能力和符号意识”。二是在第三学段（5~6年级），具体表现在“能用字母表述数量关系和规

① 宋乃庆，陈重穆．再谈“淡化形式，注重实质”[J]．数学教育学报．1996，5(2)：15-18.

② 中华人民共和国教育部．义务教育数学课程标准(2022年版)[S]．北京：北京师范大学出版社，2022：80.

律，理解常见的数量关系，形成符号意识”。①两个学段对符号意识的要求是从“初步形成”到“形成”的过程变化，是一个逐步递进的关系，体现了学生符号意识的形成是一个较长期的过程，也体现了核心素养整体性、一致性和阶段性特征。

二、应用实例

（一）应用说明

根据本书对小学低段数学符号意识测评模型及其评价指标的探析，把小学低段数学符号意识外显为3个内涵维度和7个行为观测指标，且在小学低段数学符号意识测评模型构建过程中，依据小学低段数学符号意识的内涵和本质，舍弃了一些次要和不可操作的因素，最终构建出一个可操作的测评模型。因此，在小学低段数学符号意识测评模型在学生符号意识学业质量评价的具体应用中，需要作如下几点说明：

首先，明确小学低段数学符号意识的测评指标。在应用过程中，对数学符号意识内涵维度的认识是重要前提。本书模型构建过程中，通过了两轮探索性因素分析，最终形成了3个一级维度和7个二级维度。当然，在具体应用过程中，也可以根据研究分析目标需要，适当调整和完善测评指标，使之更适合于测评对象和教学实际。

其次，根据测评指标编制相应的测评工具。数学学业质量评价的关键是研制评价工具，即命制测试题。依据测评指标命制测试题是模型应用的重点和难点，这需要建设大量优质题库来满足测试要求。

再次，对测评数据进行合理统计和分析。小学阶段的学业质量评价大多采用等级水平方式进行评价。在使用过程中，需要根据测评模型求解后的综合得分进行等级水平评价，最终得到不同群体学生数学符号意识的水平现状，让分析结果更好地为教育教学提供指导和参考。

最后，根据测评分析结果进一步完善和发展测评模型。模型应用本身也是对模型不断检验和完善的过程。因此，最后需要根据应用实际结果对模型进行局部的优化和完善，使其能更好地应用和服务于教育教学。

（二）应用实例：命制试题

命制试题的能力是教师应具备的一项重要教育教学能力，也贯穿教育教学活动的全过程。命制试题有助于教师整体把握教材和考评框架，有助于教师提高命题技

① 中华人民共和国教育部.义务教育数学课程标准（2022年版）[S].北京：北京师范大学出版社，2022：81-82.

巧与教学效果的整合力度，有利于教师把试卷的“检测与导向”功能紧紧掌握在自己手中。[1]《标准（2022年版）》的发布，对各学科试题命制都提出了基于核心素养的评价导向要求，关注学科本质，同时也更加注重“教、学、评”的一致性，这对教师命题能力提出了新的更高的要求。但随着信息化、网络技术的发展，网络试题非常丰富，大多数教师选择使用现成的试题，而不再自主命题。这不仅导致了教师命题能力的不断减弱和缺失，最终出现不会命题、不重视命题的现象，还严重阻碍了教师的专业成长。一般教育测评模型构建的思路都是从测评问题的本质出发，界定可操作性定义，再形成可观测的外显指标，最后构建出具体的模型。故把教育测评模型应用于学业质量评价中有以下意义和价值：

①有利于教师抓住测评问题的本质和内涵，让教师理解重点要“考什么”，即关注测评的内容。

②有利于教师抓住具体观测指标，让教师很好地把握该“如何考”，即关注测评的方式。

③有利于教师开展质量评价分析，让教师准确把握“考得怎么样”，即关注测评结果的分析和应用。

提升教师命制试题的能力有多个维度和多种途径，通常教师是从对课程标准的理解、教学内容的分析和习题分析等方面入手来提升命制试题的能力。其中，课程标准是试题命制的重要依据，教学内容是试题的核心内容，习题是试题命制的示范参考。下面分别从这三个方面来阐述小学低段数学符号意识测评模型的应用价值。

1. 对课程标准的理解

首先，弄清《标准（2022年版）》的总体要求，明确课程标准对相关内容的具体要求。如对关系符号的要求：“了解符号>，=，<的含义，会比较万以内数的大小；通过数的大小比较，感悟相等和不等关系。”[2]

其次，根据数学课程标准的具体要求，结合小学低段数学符号意识测评指标体系的具体内容，找到共性点和关联点。如关系符号学习中，数学课程标准的要求是了解符号的含义，其中就包含了符号的抽象和符号的识记。因此，在学业质量评价中，可对应小学低段数学符号意识的二级测评指标，得到更具体、更可操作的评价维度和指标。如在测评指标中，符号的抽象表现为：概括具体情境中有关数、数量关系和空间

① 邱亚来.教师命题制卷基本功不能丢[N].中国教师报，2021-03-17.

② 中华人民共和国教育部.义务教育数学课程标准（2022年版）[S].北京：北京师范大学出版社，2022：18.

形式的属性；用抽象的统一记号表示上述属性。符号的识记表现为：识别不同类型的数学符号；知道符号的读法和写法；知道数学符号所代表的含义。

最后，进一步理解课程标准中内容要求的目标行为动词，通过对目标行为动词的分析来判断课程目标的要求程度。在关系符号的课程要求中，出现了行为动词“了解、会、感悟”，这些行为动词包含了描述结果目标和过程目标的行为动词，体现了目标的不同类型和水平要求，在命题过程中要进一步理解这些行为动词的含义。如表示结果目标的行为动词“了解”和“会”，其中“了解”是指从具体实例中知道或能够说明对象的有关特征，根据对象特征，从具体情境中辨认或列举说明对象，同义词有“知道”“初步认识”。①

2. 对教学内容的分析

体现核心素养导向培养要求是教材中教学内容的重要体现。小学低段数学符号意识测评模型的应用有利于教师抓住数学的本质和体现核心素养，下面分别从两个例子来分析说明：

例 1：小学数学一年级上册——加法（人教版教科书第 24 页）。

对刚进入小学一、二年级的学生来说，学习加法和减法比较容易，并且还能毫不费力地认识和使用加法、减法的符号“+”“-”。然而，加法、减法的符号在几千年的演变历程中，经历了从“文辞式”到“缩写式”到最后演变成通用的“+”“-”号的过程，凝聚了世界各国数学家群体的智慧。②因此，本节教学内容看似简单，其实蕴含了丰富的数学内涵，体现了数感、符号意识和运算能力这几个核心素养。故对本节内容的理解要注重以下几点：

① 中华人民共和国教育部. 义务教育数学课程标准（2022 年版）[S]. 北京：北京师范大学出版社，2022：181-182.
② 徐品方，张红. 数学符号史[M]. 北京：科学出版社，2006：108-118.

(1)加法运算含义的理解。

加法运算是基本的四则运算之一,也是学习减法、乘法和除法运算的基础。加法运算本质是将两个或两个以上的数(或量)合在一起变成一个数(或量)的运算,这里的数或量都具有一般性和抽象性。从教材内容呈现来看分为以下几个环节:

第一个环节:在教材图例中呈现了实际问题,即小朋友右手有3个气球,左手有1个气球,把左右两只手的气球合在一起,问一共有多少个气球。

第二个环节:用一般的圆点图进行抽象表示。

第三个环节:用一般的加法算式表示这个过程和结果。

上面三个环节体现了加法运算的形成过程,蕴含了加法算式、加法运算符号的一般性和抽象性,充分体现了小学低段数学符号意识的第一个内涵指标——符号的抽象。同时值得注意的是,问题情境中呈现的是同类事物数量和的运算。假如情境发生一定变化,如把情境中小朋友左手的气球改为一个布娃娃,学生该如何思考?教师该如何引导学生进行思考?有教师会觉得气球与布娃娃这两者之间没办法相加,因为它们不是同类事物。然而,事物分类都是相对的,数学中的抽象更具一般性。在实际问题中去掉了实际量的关系后就更具有一般性,最终呈现出来的都是数与数之间的运算。第二个环节的圆点图是一个桥梁,连接了实际问题和抽象的加法含义之间的关系,它也是小学生的一个认知模型和工具。第三个环节直接用抽象的数学表达式表示出情境中的数量关系,体现了符号的数学功能。

(2)加法运算符号的认识。

运算符号并不是随着运算产生就立即产生的,加法运算符号的形成经历了几千年的演变,凝聚了前人的智慧和力量。因此,学生对加法运算符号的认识不能仅仅停留在能认、读、写的层面上,还应了解这个抽象的统一记号是如何产生的,激起对数学符号认识的兴趣和好奇心。

(3)加法算式含义的解释。

教材中的“做一做”——看图说一说算式表示的意思,这一个环节体现出对加法算式含义的理解。加法算式本身也是由多个符号组合而成的一个数学表达式,算式中的符号表示了一般的、抽象的含义。为了使学生更好地理解加法,理解加法算式的含义,教材中通过做一做来体现“具体情境—抽象表达—具体情境”的认知过程。同样,除了做一做中的实际例子外,还可以推广到加法算式更一般的理解和认识中去。

例2:小学数学一年级下册——十几减9(人教版教科书第10页)。

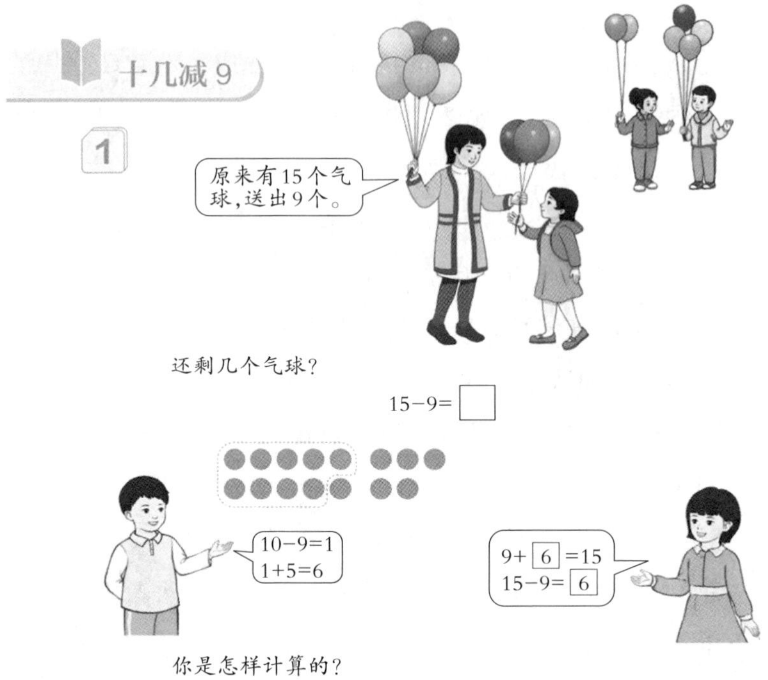

本节内容看似是20以内数的退位减法的运算教学,但本质上包含了对减法运算含义的理解和两位数的认识,蕴含了丰富的数学内涵,体现了符号意识、运算能力和推理意识这几个核心素养。对本节内容的理解要注重以下几点:

(1)两位数含义的理解。

数的认识不仅仅是对数字符号的认识,更要体现数字符号表示的含义。本节问题情境显示,原来有15个气球,要求解的问题是拿走9个气球后还剩多少个。根据问题情境分析,学生在减法运算学习的认知基础上,很容易列出“15-9”的算式。而对于这个抽象的算式,如何求解是一个新知识点,也是一个难点。可以运用直接求解和间接求解两种思维方法。

直接求解:采用对应的方法,借助手指、小棒、图形符号等具体实物,通过“数一数”的操作活动,一个一个地数出拿走9个后还剩下的个数。

间接求解:采用转化思想,把未知转化为已知。如把15减9的问题,转化为10减9,再加5。这一过程一方面蕴含了转化的思想,另一方面强调了“十几”这个两位数含义的理解,即15表示有1个十和5个一。

因此,从小学低段符号意识测评模型上看,不仅要强调对符号的抽象和识记,更要突出对符号含义的理解,感悟符号的数学功能。

(2)数的认识与数的运算之间的关系。

数是对数量的抽象。数的认识经历了"具体—抽象—具体"的认知过程,即从熟悉的生活情境中感悟数量,采用对应的方法,借助小棒、小方块、手指等表示相等数量,再用数字符号表示出相同的数量属性,体会同一数字符号可以表示不同事物的相同数量。对多位数的认识,要加强从数位上认识数的含义,理解不同数位上的数字表示的含义。数的运算强调理解算理、掌握算法。在小学低段加减运算中,一方面要理解减法的计算原理,即要解决为什么要这样算的问题;另一方面要体现算法的多样化和体会加减运算间的关系,即要解决可以如何算的问题。

从算理和算法分析上看,数的运算离不开数的认识。因此,从数学学科结构性特征来看,数的认识和数的运算是密切联系的,不能单独分割开来看。新课标中也明确指出了"数的认识是数的运算的基础,通过数的运算有助于学生更好地认识数"。①

(3)符号的运算和推理。

本节内容的教学目的是经历"15-9"的探究过程,理解算理和掌握算法,为推导出20以内的退位减法的算理和算法积累经验。从教材内容中可知,在算理探究的过程中,除了认识数是基础外,符号的运算和推理也是一个重要内容。如在理解数"15"含义的基础上,至少包含以下几种符号运算和推理:

①先用10-9=1,再用1+5=6,即15-9=10-9+5=6;

②先用15-5=10,再用10-4=6,即15-9=15-5-4=6;

③先用9+6=15,再用15-9=6。

可见,在本节内容分析中,不仅要关注数的认识和数的运算,还要关注符号的理解和应用,知道用符号来表达推理过程和结论,从而体会符号的数学表达和数学思考的功能。

3.对习题的分析

示范和引导是习题的重要功能,具体表现在新知识应用的示范引导、解题策略的示范引导、解题表述的示范引导、试题编制的示范引导等方面。可见教师开展对例题和习题的分析有利于提高命制试题的能力。而往往教师对例题和习题的关注主要集中在求解方法上,对其题目本身的目标和价值分析不够重视、不透彻。因此,建议教师在习题分析过程中,要有体系地进行分析,关注习题所考查的知识点、体现的数学

① 中华人民共和国教育部.义务教育数学课程标准(2022年版)[S].北京:北京师范大学出版社,2022:20.

思想方法、数学核心素养、解题的方法和步骤等内容。基于需求目标不同，教师对数学题的分析视角和框架呈现多样化。一般来说，主要包括题目背景分析、题目条件分析、解题思路和方法、题目变式和拓展、题目的教学价值等方面。下面分别从教材中两个例子来分析说明：

例1：小学数学一年级上册期末复习题（苏教版教科书第106页）

□○□=□（人）

□○□=□（人）

（1）题目背景。

本题考查的知识是加法和减法的综合运用，难度中等。目的是要学生根据实际问题情境，抽象出数学问题，发现知识之间的联系，运用推理和运算的方法进行求解。本题重点是加法和减法含义的理解和简单运算。

（2）题目条件。

情境图中的信息：第一个情境图中的重要信息有“我后面有8个人”；第二个情境图中的重要信息有“一共有8人”。

情境图中隐藏的条件：第一个图中隐藏的条件是站在第一个位置上的小朋友人数“1个”；第二个图中隐藏的条件是站在最后一个位置上的小朋友人数“1个”。

情境图中容易诱导学生的是被大树遮住的地方。一方面学生容易刻意关注大树，纠结于树的后面有多少人。另一方面学生容易忽视其他信息，不注意审题，从而直接数出一共有多少个小朋友。

(3)核心素养。

本题涉及的数学核心素养有数感、符号意识、运算能力、推理意识。

(4)解题思路。

①直观感知:从情境图中可知,学生可以直观感知图中的数和数量,合理进行估算和推理。

②符号运算:根据情境图中的信息,抽象出一般的数学问题,用加法运算和减法运算求解。

(5)教学价值。

教学价值是从宏观上对题目进行总结和反思,体会题目的意图。本题考查的是一年级学生对加法和减法的理解。题目给出学生熟悉的排队的生活情境,但又制造了诱导条件,目的是引导学生从情境问题中抽象出一般的数学问题,找出条件中的数量和数量关系间的关系,并能用数学符号进行表示和运算。题目中蕴含了从具体到抽象的思维过程,体现了发展学生的抽象能力。

例2:小学数学一年级下册总复习题(人教版教科书)

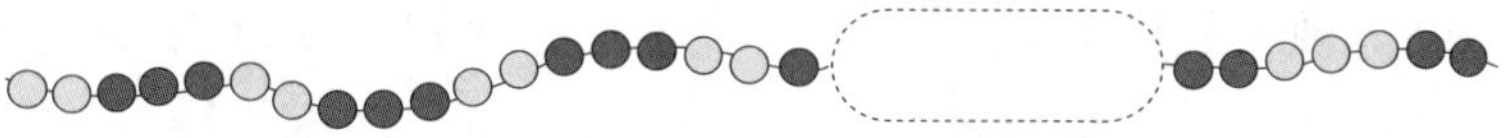

(　　)遮住了7颗珠子,其中有(　　)颗○、(　　)颗●。

(1)题目背景。

本题考查的知识是通过找规律解决简单实际问题,难度中等。要求学生根据问题情境,找出图中不同颜色珠子的出现规律,运用猜测和推理的方法进行求解,体现数形结合的思想。本题重点是考查对简单规律的含义理解、表示和运用。

(2)题目条件。

不同颜色珠子出现的规律和数量间的关系,即2颗橙色珠子和3颗蓝色珠子依次重复出现。

(3)核心素养。

本题涉及的数学核心素养有数感、符号意识、推理意识。

(4)解题思路。

①动手操作:从情境图中可知,学生可以发现不同颜色珠子出现的规律,通过"画一画、涂一涂、数一数"的过程,直接得出隐藏的不同颜色珠子数的结果。也可以通过多样化的操作方法,引导学生多角度思考问题。

一是通过直接画出7颗珠子，再根据规律涂出颜色，最后数出不同颜色珠子的颗数。

二是引导学生用自己喜欢的符号进行表示，如用∆表示橙色珠子，用□表示蓝色珠子，对应得到“∆∆□□□∆∆□□□∆∆□□□…”的符号排列，再数出被遮住的7颗珠子对应的∆和□的个数，最后得到橙色珠子和蓝色珠子的颗数。

②逻辑推理：根据情境图中的信息，抽象出数学问题，通过数形结合求解问题。如从数量关系上看，每一次重复都包含2颗橙色珠子（相当于浅色珠子）和3颗蓝色珠子（相当于深色珠子），从颜色规律上看是“橙色、橙色、蓝色、蓝色、蓝色”重复出现。在推理过程中，一方面要找出不同颜色珠子出现的规律，即重复出现的周期，或循环单位（组）。另一方面运用符号进行表示，建立数与形之间的联系。如把第1个循环组“2颗橙色珠子和3颗蓝色珠子”，从数量上抽象表示为“23”，可以得到一组排列23，23，23，…，通过计算图中珠子数一共有多少个“23”组合，再观察被遮住的珠子数与循环组之间的关系，最后可以得到不同颜色珠子的颗数。

（5）变式与拓展。

变式与拓展体现了教师对知识点的灵活运用程度和对教材内容的熟悉程度。设计体现结构化特征的课程内容是新课程理念之一。抛开教材内容是否有结构化特征不谈，教师对教学内容结构化特征的理解才是至关重要的。下面用几个变式来进行分析。

变式1：猜猜第21颗珠子是什么颜色。

该变式与原题相比，没有改变题目中的问题情境和变化规律，只改变了要求解的问题，求解时同样可以用原例子中的方法。

变式2：图中是小红按规律穿好的一串手链，但不小心掉了几颗珠子，请问她掉的是哪几颗珠子？

该变式虽然改变了题目中的问题情境，但题目的结构和内涵没有发生变化，即本质上没有发生变化，则所研究问题的策略也是类似的。

变式3：说说第99颗珠子是什么颜色。

该变式虽然没有改变原问题情境，但要求解的问题已经突破了原问题中知识点的局限，即把一个简单图形规律问题演变成整除求余问题。从本质上看，该变式能够联系多个知识点、统一不同类型问题，形成该类问题的基本结构形式和方法策略。这有助于学生整体把握数学概念和性质，形成良好的数学认知结构。

变式4:小学数学二年级上册总复习题(人教版)

14

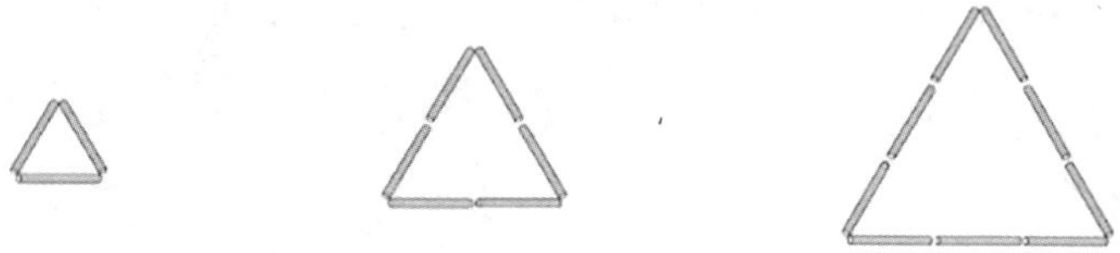

像这样继续摆下去,第4个图形有多少根小棒?第7个呢?
你能发现什么规律?

该变式改变了原题目的问题情境,以及情境中的数量关系和变化规律。相对而言,是把原来简单的规律问题拓展为一个较为复杂的情境问题。但从本质上看,该变式仍然是探索变化规律的数学问题,其解决的途径类似,但超越了原问题情境中的规律表示,也呈现出两种解决问题的思路。

①动手操作:通过"摆一摆、数一数"的操作,可以直接得到第4个图形和第7个图形的小棒根数,再通过观察7个图形中小棒的根数来发现规律。

②逻辑推理:引导学生用数或符号表达简单情境中的变化规律。即从每个图中的小棒数量,抽象得到新的一个排列"3,6,9,…",通过比较相邻两项小棒根数的数量关系,找出小棒根数的规律。从6-3=3,9-6=3得到,后一个图形的小棒数-前一个图形的小棒数=3,或后一个图形的小棒数=前一个图形的小棒数+3。再通过推理得到第4个图形的小棒数等于第3个图形的小棒数+3,即9+3=12(根)。依次得出第5、6、7个图形的小棒根数,也可以进一步引导学生直接得出第7个图形的小棒根数。

变式5:小学数学二年级上册期末复习题(苏教版)

20.画一画,填一填。

1×3+1	2×3+1	3×3+1	(　　)	(　　)
4	7	10	(　)	(　)

和变式4一样,该题也是对简单规律的拓展和变式,更体现出规律表征的多样化和抽象性,增加了理解的难度。尤其是用数学表达式去表示规律,体现了函数和对应的思想。该变式突破了前几个变式的问题情境和求解思维。从解决问题的方法上来看,也可以通过动手操作和逻辑推理进行求解。即通过"画一画、数一数"可以直接得到第5和第6个图形中的点数,再通过比较前3个图形中点数的表达式,发现式子中变和不变的数,最后发现规律。对小学生而言,用一个式子去表示变化规律已经是一

个高阶思维，甚至超越了小学生的常规认知。从前3个图形中点数与图形位置序号的关系进行分析，得到图形点数与位置序号的对应关系和规律，这实际上是高中数学数列中项与项数的对应关系，即a_n与n的对应关系。

(6)教学价值。

本题及变式主要考查学生在解决实际问题的过程中探索规律的能力，引导学生用数或符号表达简单情境中的变化规律，考查了学生符号意识和逻辑推理能力。题目中蕴含了从具体到抽象的思维过程，体现出同一规律的不同表达形式，也让学生初步体会事物变化中的不变性研究思想和方法。

第八章

小学低段数学符号意识的教学案例分析

《标准（2011年版）》把数学符号意识作为学生发展的重要核心概念之一，《标准（2022年版）》把数学符号意识作为学生发展的重要学科核心素养之一。无论是核心概念还是学科核心素养，都反映了数学符号意识是学生数学学习的一个重要内容，对学生数学素养的发展十分重要。在前几个章节的理论分析和实证研究过程中，我们探析了小学低段数学符号意识的含义、表现形式、操作定义，以及内涵、测评指标和培养策略。但理论层面的研究最终都要落实到学生学习的课堂中，研究的目的是为了更好地去培养和发展学生的符号意识。因此，本章节主要是在前面理论探究的基础上，通过教学中的实践案例，分析教师在课堂教学中如何培养学生数学符号意识，在教学设计中如何来关注和发展学生的数学符号意识，最后通过调查分析学生在认知数学符号过程中的具体表现。在小学一、二年级数学教学内容中，涉及数学符号意识培养的内容较多，本章节主要从数的认识、关系符号的认识、数量关系和乘法的初步认识这4个方面来分析案例，研究教学中是否有发展学生数学符号意识的具体要求，具体表现在哪些方面，如何去培养学生的数学符号意识等问题。

第一节　小学一年级学生数学符号意识培养的教学案例分析

一、教学案例一：1~5的认识（第1课时）

（一）案例的源起分析

“1~5的认识”是小学一年级上学期准备课的一节课程，是认识自然数的起始课程，非常重要。但在实际的调查中发现，部分教师在教授这节课时，常常出现这样的想法——学生在幼儿园阶段已经学习过数数和对数的认识，甚至部分学前教育小学化，导致部分学生已经对一些数和数的运算有较多的认识，所以大多数教师认为这一节课是非常简单的，甚至有的还认为没有必要再重复学前教育的内容，把教学重点放在学生对数字的认识和规范书写中。然而恰恰相反，这节课对学生认识数非常重要，对认识数学的抽象也非常重要。一方面，它反映了数的形成过程是非常抽象的过程；另一方面，它反映了用抽象的符号（如阿拉伯数字符号）去表示数量抽象的结果。因此，这一节课对学生数学符号意识的形成有很大的影响与作用。

(二)课程标准中的目标分析或学业要求分析

1.《标准(2011年版)》中的目标分析

《标准(2011年版)》在学段目标的中指出“经历从日常生活中抽象出数的过程,理解万以内数的意义”。《标准(2011年版)》在课程内容部分提出:“在现实情境中理解万以内数的意义,能认、读、写万以内的数,能用数表示物体的个数或事物的顺序和位置。”因此,从《标准(2011年版)》来看,本节课主要反映出4点:

①抽象出“1,2,3,4,5”这5个数,并重点强调“日常生活”“现实情境”;

②理解“1,2,3,4,5”这5个数的意义,强调理解数的意义;

③能用“1,2,3,4,5”表示物体的个数,体现出自然数学的基数和序数理论思想;

④能认、读、写“1,2,3,4,5”,突出对阿拉伯数字的认、读和写,强调数字符号的统一性和规范性。

2.《标准(2022年版)》中的学业要求

《标准(2022年版)》注重“教—学—评”的一致性,因此《标准(2022年版)》中增加了“学业质量”这个部分。通过分析《标准(2022年版)》关于本节内容的具体课程内容要求和学业质量这两个部分的内容,得到以下信息:

①《标准(2022年版)》在内容要求部分提出在实际情境中感悟并理解万以内数的意义。

②《标准(2022年版)》在学业要求部分指出能用数表示物体的个数或事物的顺序,能认、读、写万以内的数。

③《标准(2022年版)》在教学提示部分指出数的认识教学应提供学生熟悉的情境,使学生感受具体情境中的数量,可以用对应的方法,借助小方块、圆片和小棒等表示相等的数量,然后过渡到用符号表达,使学生体会可以用一个数字符号表示同样的数量,这样的教学活动可以帮助学生形成初步的符号意识和数感。

④《标准(2022年版)》在学业质量部分,整体对小学低段的学业质量进行描述,涉及本节的内容主要体现在“能结合具体情境认识万以内的数及其大小关系,描述四则运算的含义,能进行简单的整数四则运算,形成初步的数感、运算能力和符号意识”。

(三)关于学生符号意识培养的教学案例分析[①]

1.学生数学符号意识培养的教学目标分析

①在观察农家小院图后提取信息的过程中,引导学生初步感知1~5各数的基本含义,知道并会认、会读这5个数,充分借助计数器、圆点图理解1~5的顺序。

②借助计数器、圆点图、小棒等学习用具,鼓励学生大胆交流,培养学生初步的观察能力和动手操作能力。

从上述的教学目标中可以分析得到以下信息:

①《标准(2011年版)》在小学低段没有明确提出要发展学生的数学符号意识。因此,教师在教学设计中也没有明确指出要让学生形成"初步的符号意识"这一要求,而是提出"培养学生数感"。

②从《标准(2011年版)》和《标准(2022年版)》的具体要求发现,该内容的课程要求都明确提出了要让学生理解这5个数的意义。因此,教学目标提出了要用丰富的学习用具和活动来让学生体会可以用一个数字符号表示同样的数。

③鉴于《标准(2022年版)》对符号意识的界定,在发展学生符号意识的教学目标设计过程中,需要关注几个方面:一是设计特定的数学活动,如本节中主要是为了观察图中的事物数量,设计了数一数的活动;二是通过对相同数量属性的理解和认识,抽象出相同数量的属性并用共同符号表示,让学生初步感悟运用符号表示数量,关注、培养学生数学符号的抽象方面的能力;三是通过从抽象到具体的认知过程,让学生知道符号表达的现实意义,关注符号应用的教学。

2."数的认识"相关数学教学内容知识分析

克罗内克说:"上帝创造了自然数,其余的工作都是人的工作。"换句话说,自然数为数学结构提供了基础,数学的一切研究都可以从自然数开始。在小学低段中,学生学习的数都是自然数,可见自然数是学习其他数的基础,也是整个数学学习的重要内容。认识自然数应该涉及几个方面的内容,包括数概念的产生、数与数量、自然数的表示、自然数的定义等。

(1)数概念的产生。

数是抽象思维的产物。原始时代,人们在采集、狩猎等日常生活和生存实践中,已经观察和注意到了一只羊与一群羊、一头狼与整群狼的区别。在这个过程中,他们逐步

① 注:本节案例的设计选自人民教育出版社义务教育教科书教师用书数学一年级(上册)第68–70页,第14–16页。

创造出一些语言来表示事物(物体或事件)量的多少,如"有"和"无"、"多"和"少"、"一些"和"许多"等。这在一定程度上是对数量的一种感觉(后称为"数觉"),而从最初的"数觉"到抽象的"数"概念的形成,是一个缓慢的、渐进的过程。起初没有数的概念,即使他们能够用自己的方式判断遇到的这些事物(物体)集合的大小,或者说,数是他们直接了解物体集合不可缺少的性质,但他们还是没有明确地把数从实体中分离出来。

在更高的发展阶段,数已经明确被用于表示物体集合的性质,但还没有被当作"抽象的数"来看待,而是当作与具体物体无关的一般的数,并与物体集合分离,如:"手"就是"五",推出"整个人就是二十",这里的五不是抽象的数字"五",而是简单地被理解为"就是像手上的指头那样多",而"二十"被理解为"就像一个人身上所有的手指和脚趾那样多"。随着社会的进步,人们通过观察比较,逐渐注意到一只羊、一条鱼、一棵树、一头狼等之间存在着某种共通的东西,即它们的单位性。同样,人们逐渐地注意到其他特定事物(物体)间也存在相类似的关系,如两只眼睛、两只耳朵、两个鼻孔、两只手……这种从一定事物(物体)的共有属性中抽象出来的就是数,这里抽象出来的共同的属性也是数量属性。

可见,物体的数目是物体的某个集合的性质,即抽象的数。换句话说,是一种脱离了具体物体集合的像"黑""坚硬"等本身已经可以设想的性质,这充分体现了数学的抽象性。一方面,在数学的抽象中首先保留量的关系而舍弃了其他的一切性质;另一方面,数学的抽象是经过一系列阶段才产生的。亚历山大洛夫给数下了一个这样的定义:每一个单个的数,像"二""五"等是物体集合的一种性质,这种性质对于所有那些物体集合之间可以将物体逐一对比的集合来说是共同的,对于那些不能将物体逐一对比的集合来说是不同的。①

(2)数与数量。

数是对数量的抽象。小学生在认识数之前,首先要认识数量。我们知道数学的本质是研究数量关系和空间形式。因此,在认识数量的同时要认识数量间的关系,在认识数的同时也要认识数之间的关系。从数概念的产生过程中我们可以看出,数量是对现实生活中事物(物体)量的抽象。如一粒米、一条鱼、两只眼睛、三棵树、四个人等。即把这种有实际背景的、关于量的多少的表达称为数量。但一粒米和一条鱼是不能进行比较的,虽然他们的数量都是"1",但不能进行运算。因此,虽然数量是对现

① A.D.亚历山大洛夫,等.数学:它的内容,方法和意义:第1卷[M].孙小礼,赵孟养,裘光明,等译.北京:科学出版社,2001:8.

实生活中事物(物体)量的抽象,但数量不是数学主要研究的对象,故还需进一步把握数量关系的本质。

原始时代时,人们从狩猎物体的数量中就已经明白,数量关注的是多少,可见数量的本质是多与少,抽象到数学内部就是数的大与小。对于同一类物体大家很容易理解,如4个苹果比3个苹果多,因为4个苹果是在3个苹果的基础上多加上一个得到的。但对于不同类别的物体就不那么容易理解了,如4个苹果和2头牛,很难理解4个苹果比2头牛多。这时大家应该会想到教材中有一节“比多少”的内容,通过对应的方法来比较数量的多少。这种比较数量多少的方法称为对应。同时可以得到4>3,4个苹果比3个苹果多。相应地,也可以得到小和少的概念。因此,数是对数量的抽象,数的本质是大与小,数的关系是对数量关系的抽象,数量关系的本质是多与少。同时也可以感悟数字符号的数学功能,即数字符号是一些表示数量的符号,除了数量以外没有任何具体的含义。

(3)自然数的表示。

从具体事物中抽象出共同的数量属性的结果就是得到自然数,故自然数就是对数量以及数量关系的抽象。对这个抽象的结果,人们感到有必要以某种方式来表达事物的这一属性,于是产生了记数,而记数又是伴随着计数的发展而发展的。

①手指计数法。即一只手的5个手指可以用来表示5个以内的事物的集合,两只手合在一起可以用来表示10以内的事物的集合,从而产生了五进制和十进制。这正如亚里士多德指出的:今天十进制的广泛应用只不过是我们绝大多数人生来就具有10个手指这样一个解剖学事实的结果。

②石子计数法。即当手指不够用时,需要用其他能表示更多的集合元素相对应,就出现了石子计数,但石子计数很难长久保存和记录信息。

③结绳计数法和刻痕计数法。使用结绳方法的国家和地区还比较多,有的结绳实物至今仍存在,如美国自然博物馆藏有古代南美印加部落用来记事的绳结;迄今发现的刻痕计数最久远的证据是1937年在捷克摩拉维亚地区出土的一块幼狼胫骨,上面刻有55道痕。

④数位计数法。自然数有无穷多个,那为什么用10个阿拉伯数字符号就能表示所有的自然数呢?这里的关键就在于数位,如个位上的1和在十位上的1所表示的自然数含义是不同的,十进位的数位法则是依次相差十倍。因此表示自然数的关键是10个阿拉伯数字符号和数位。

(4)自然数的定义[①]。

首先是自然数基数理论。十九世纪中叶，康托(G.Cantor)以集合论为基础，提出了自然数的基数理论，这一理论的实际背景是如何度量一类物体(事物)的个数。

定义：有限集的基数叫作自然数。

即，$\overline{\overline{\Phi}}=0$，$\overline{\overline{\{\Phi\}}}=1$，$\overline{\overline{\{\Phi,\{\Phi\}\}}}=2$，$\overline{\overline{\{\Phi,\{\Phi\},\{\Phi,\{\Phi\}\}\}}}=3$，…

依照上述规则，全体自然数就构造出来了：0，1，2，…，n，…

全体自然数组成的集合叫作自然数集，用 N 表示，即 $N=\{0, 1, 2, L, nL\}$。

可见，自然数的基数理论反映了自然数在数量上的意义，但没有很好揭示自然数在顺序上的意义，也没有给出自然数加法、乘法运算的具体方法。

除此之外是自然数序数理论。为克服自然数基数理论的不足，皮亚诺(G.Peano)在1889年以公理法为基础，提出了自然数公理，建立了自然数的序数理论。其定义：集合 N 的元素叫作自然数。如果 N 的元素间有一个基本关系“后继”(用“+”表示)，并满足：

①$1 \in \mathbf{N}$；

②$\forall a \in \mathbf{N}$，有唯一的$a^{+} \in \mathbf{N}$；

③$\forall a \in \mathbf{N}$，a^{+}不是1；

④$\forall a, b \in \mathbf{N}$，若$a^{+}$与$b^{+}$相同，则$a = b$；

⑤(归纳公理)若$M \subseteq \mathbf{N}$，且$1^{\circ}\, 1 \in M$；$2^{\circ}\, \forall a \in M$，有$a^{+} \in M$，则$M = \mathbf{N}$。

注：归纳公理是第一数学归纳法的逻辑依据。

(5)数系的扩充。

数系的扩充按照与实体分离的程度、数系的逻辑扩展过程不同，得到两种扩展过程[②]。

一是历史途径扩展。自然数$\{1, 2, 3, \cdots\}$—正有理数—简单的代数无理数(如$\sqrt{2}$，$\sqrt{\sqrt{2}+\sqrt{3}}$等)—零(公元前650年左右，古印度)与负有理数—复数—严格的实数系。

二是逻辑扩展。自然数 $\xrightarrow{\text{添加负数和零}}$ 整数系 $\xrightarrow{\text{作分数域}}$ 有理数系 $\xrightarrow{\text{作柯西序列等价类}}$ 实数系 $\xrightarrow{\text{作2次代数扩展}}$ 复数系。

① 余元希，田万海，毛宏德．初等代数研究(下册)[M]．北京：高等教育出版社，2011：4-9.

② 张奠宙，张广祥．中学代数研究[M]．北京：高等教育出版社，2006：1.

可见，对于自然数的认识不是那么简单和容易，教师需要掌握更多的学科教学内容知识。因此，对自然数的认识和理解，尤其是对1~5的认识不能仅停留在数字符号的认识和理解上，还需要深入地分析和研究。

3.学生符号意识培养的设计意图分析

（1）引入新知。

教师：秋天是个美丽的季节，更是个丰收的季节。你们看！李奶奶家的院子里热闹极了。

（课件展示主题图）

教师：认真观察，从这幅图中你都看到了什么？（留给学生充足的时间自主观察。）

教师：把你看到的和同伴说一说。

【设计意图分析】创设生活情境，设置“特定的数学活动”。通过观察农家小院的生活情境，学生能很快融入该生活情境并认识其中的人和物，为观察和交流奠定基础，突出数学和生活的联系。

（2）认识数的基数含义，认数、读数。

第1环节：引导学生观察和交流。

教师：你能说说它们分别有多少吗？

教师：同学们一会儿说5个南瓜，一会儿说1只小狗，一会儿又说3只小鸟……大家这么说，你有什么感受呀？

教师：仔细想一想，如果你和全班同学说你看到了什么，你觉得按照什么样的顺序说，能让别人听清楚、看明白？快和小伙伴交流一下。（看图也是有方法的，只有按照一定顺序观察，才能不重不漏。）

【设计意图分析】设计“数一数”的数学活动，为感悟出数的抽象过程提供活动经验。学生通过独立思考和相互交流，和同伴说一说自己在农家小院图中观察到的人和物，教师帮助他们观察、梳理问题，使他们在交流过程中获得新的信息，补充没有看到的事物。在该设计中，设计者强调了学生的有序观察，其目的是想让学生得到1只小狗、2只鹅、3只小鸟、4只小鸡、5个南瓜等这样有一定顺序关系的“数量”的信息。但笔者认为这里的观察不一定要拘泥于按数量多少的顺序进行观察，只要学生能从这个情境图中观察出所有物体的数量，或者按一定的方位顺序找出全图中的数量，并能清楚表达出来就可以了。这就需要教师在展示或记录学生观察的结果时有目的地把相同数量的事物写在一起。

第2环节：认识“1”。

教师：1只小狗、1个老奶奶（主题图下面显示出1个老奶奶、1只小狗）……他们的数量是多少？用几来表示？

教师：1个老奶奶、1只小狗这样的数量是1的物体，都可以用数“1”来表示。（同时在老奶奶、小狗图的下面贴上“1”）

【设计意图分析】学生在数学活动中感悟数学的抽象。教师引导学生对1只小狗、1个老奶奶、1栋房子这三个事物的数量关系进行比较分析，使学生初步体会这三类不同事物中的共同性。即把小狗、老奶奶、房子等事物的物理属性去掉，保留量的关系的抽象过程，称为数学的抽象，也就是数学符号的抽象，并引导学生用标准化的统一的记号（阿拉伯数字符号“1”）来表示抽象出来的属性。因此，数学符号的抽象是学生经历从具体到抽象表达的一个跨越，是学习数学抽象思维的第一个门槛，也是学生数学学习的第一步，十分重要。

第3环节：认识“2”。

教师：继续看，你还看到了什么？

教师：2只鹅、2个盘子（主题图下面显示出2只鹅、2个盘子），数量是多少？用几来表示？

教师：2只鹅、2个盘子就可以用“2”来表示。（并在鹅、盘子图的下面贴上“2”）

【设计意图分析】引导学生继续感知数的抽象过程。引导学生观察其他不同类型事物数量之间也存在着相同的数量属性，并引导学生用标准化的统一的记号（阿拉伯数字符号“2”）来表示抽象出来的属性。这一环节更多地还是体现了数学的抽象，体现了学生会用数学的眼光去观察现实世界。

第4环节：认识“3，4，5”。

教师：仔细观察，图上还有什么？（“3，4，5”教学方法同上。）

教师：大家能在这幅图中发现那么多的数，真了不起！

【设计意图分析】学生反复经历数的抽象过程。即让学生反复经历从具体情境中概括出相对独立数的过程，并能从中抽取出共同的数量属性，引导学生用标准化的统一的记号（阿拉伯数字符号“3，4，5”）表示抽象出来的属性。

（3）巩固数的基数含义。

教师：刚才我们认识了1～5这几个数，现在我要考验一下同学们的动手能力。

教师：谁能举出数量是1的小棒？你拿了几根？

教师:请你摆出数量是“2,3,4,5”的小棒。

实物投影上展示、交流:他摆的是什么图形?用了几根小棒?

【设计意图分析】通过具体操作知道符号表达的现实意义。借助小棒进行操作练习,帮助学生理解自然数的基数含义,体现了从抽象到具体的学习过程。这一环节主要是让学生巩固对自然数的基数含义的认识。因此,在这位教师的设计中建议可以做如下修改:

教师:刚才我们认识了1~5这几个数,大家想想我们能用它们来表示什么?

教师:谁能说出1能表示哪些事物(物体)的数量?

学生:1支笔、1个文具盒、1本书……

教师:与同桌相互交流,用“2,3,4,5”来表示日常生活中事物(物体)的数量。

(4)理解1~5的顺序。

教师(用计数器拨1颗珠子):拨了几颗珠子?用哪一个数字表示?(拨了1颗珠子,用1表示。)

教师(再拨1颗):你看见了什么?(老师又拨了1颗珠子。)

教师:现在是几颗?用哪一个数字表示?(现在是2颗珠子,用2表示。)

教师:2是怎么得到的?(2是在1颗珠子的基础上再加1颗珠子得到的。)

教师让每个人拨好2颗珠子。

教师:要想得到3怎么办?用你手中的计数器试试看。

教师:4呢?5呢?

教师最后要求学生每两人一组,在计数器上从1数到5,再从5数到1。(一个人拨,一个人数,然后交换进行。)

【设计意图分析】利用计数器进行操作练习,有利于学生加深理解自然数的序数含义,这一环节也是数的认识的进一步抽象。该环节从原来的实际生活情境问题中的数数过程,进一步抽象到计数器的模型过程,让学生直观感知在计数器有1颗珠子的基础上,再拨一颗就得到下一个数字2,直观生动地体现了加一颗珠子就产生下个新数的过程,学生直观感知除1以外,每个数都是在前一个数的基础上添加1后得到的,这就是皮亚诺公理中该数的“后继”。

(5)借助圆点图加深对数序的理解。

教师:这里有一些圆点图,你们能给圆点图排排队吗?(请其中一个学生到黑板上排。)

教师：谁能读读这些数？

教师：倒着读会吗？

教师：1的后面是几？

教师：5的前面是几？

教师：3的前面一个数是几？3的后面一个数是几？

【设计意图分析】进一步借助抽象的圆点图，进行操作与练习，感悟数的意义。将抽象的数具体化、直观化，从而引导学生从整体上把握1~5各数的顺序，让其进一步理解自然数的序数含义。这样的"序"关系也是自然数最重要的一个性质，这种顺序关系具有对逆性、传递性和全序性（或三歧性）。

（6）1~5的写法。

教师在这个部分主要通过符号的形象化来规范学生对数字符号的书写。如"1"像铅笔细又长，"2"像小鸭水上漂……

【设计意图分析】关注符号意识中数学符号的识记。小学低段对数学符号的识记也是发展数学符号意识的一个重要维度，也可以说，数学符号的识记是形成数学符号意识的基础。因此，虽然部分学生已经会书写简单的数字符号，但在这节的教学中也不能忽略学生书写和认读数学符号的规范性。

（四）案例分析小结

在本节课的教学案例分析过程中，我们弄清了3个问题：

①本节课的课程目标和教学目标中都包含了发展学生数学符号意识的要求，尤其是数学符号的抽象，即在数的抽象形成过程中，感悟符号的抽象。

②本节课中的数学符号意识具体表现：运用阿拉伯数字符号表示数、表示数量；知道数字符号表示的现实意义；初步体会符号的使用是数学表达的重要形式。

③本节教学中使用的培养策略：对情境图的观察和交流；数一数的数学活动；对圆点图的观察和操作。

二、教学案例二：认识">，=，<"

（一）案例的源起分析

认识">，=，<"这3个关系符号是小学一年级数学"认识10以内数"的一节内容，是在认识了数字1，2，3，4，5和0后的一节内容。同样也是看似很简单的一节数学课，但

学生在“<”和“>”符号的认识和书写中总是会把开口方向弄反，而对等号“=”的认识比较好。其实，这节课的内容是很不简单的。我们知道，数是对数量的抽象，而数的本质是大与小，这是代数系统里面非常重要的一种“序关系”，反映出数学中的两类关系，即相等关系和不等关系。而相等关系不仅仅是表示具体的“4=4”这么简单的数量关系，更深层次地是表示一类恒等式模型。因此，认识“>，=，<”是数学符号学习中非常重要的内容，符号可以表示数量关系、一般规律。这是对学生符号意识的形成和发展非常重要的一节课。

（二）课程标准中的目标分析

1.《标准（2011年版）》中的目标分析

《标准（2011年版）》在课程内容中指出“理解符号>，=，<的含义，能用符号和词语描述万以内数的大小”，故从《标准（2011年版）》的表述中可以分解出两点：

①理解符号的含义；

②能用符号表示数的大小。

2.《标准（2022年版）》中的学业要求

通过比对《标准（2022年版）》中关于本节内容的具体课程内容要求和学业质量这两个部分，得到以下信息：

①《标准（2022年版）》在内容要求部分指出“了解符号<，=，>的含义，会比较万以内数的大小；通过数的大小比较，感悟相等和不等关系”。

②《标准（2022年版）》在学业要求部分指出“能用符号表示数的大小关系”。

③《标准（2022年版）》在教学提示部分指出“通过数量多少的比较，理解数的大小关系”。

④《标准（2022年版）》在学业质量部分指出“能结合具体情境，认识万以内的数及其大小关系”。

从两版标准的比较分析可以得到，在《标准（2011年版）》中所使用的目标行为动词是“理解”，而在《标准（2022年版）》中所使用的目标行为动词是“了解”。从这两个动词来看，《标准（2011年版）》的要求比《标准（2022年版）》要高一些。但在《标准（2022年版）》中增加了“通过数的大小比较，感悟相等和不等关系”，这一点恰恰是认识“>，=，<”的本质所在。因此，笔者认为《标准（2022年版）》更能体现数学学习的本质和数学核心素养。

(三)关于学生符号意识培养的教学案例分析[1]

1.学生数学符号意识培养的教学目标分析

①使学生经历比较物体个数的过程,认识符号=,>和<,理解其含义,能用符号或词语描述认识的数的大小。

②使学生在比较物体多少的过程中,感受一一对应的思想,体验和理解比较物体多少的基本方法,初步建立“同样多”“多”“少”等的概念,初步培养观察、比较、判断和推理能力。

由上述教学目标对应的课程目标分析可知:

①从两版标准的目标分析中可以得到,都明确要求理解(或了解)符号<,=,>的含义,能用符号和词语描述数的大小。

②认识符号是理解符号的前提,本节里小于符号<和大于符号>是学生容易混淆的两个符号。因此,如何让学生准确地认识符号也是本节课的一个目标。

③感悟符号的数学功能是数学符号意识这个核心素养的重要内涵。因此,在教学中需要设置特定的数学活动,让学生通过独立思考或合作交流,获得对数学符号意识初步理性认识。

2.“关系符号”相关数学教学内容知识分析

在上一个案例中,我们知晓了数的本质,即数是数量的抽象,数的本质是大与小,数的关系是对数量关系的抽象,数量关系的本质是多与少。同时,在数的认识中,把那些表示数量的符号放在一起,得到一个集合,大家称这个集合为“数集”。在小学低段学习的数是自然数,得到的数集为“自然数集”。我们从数和数量的本质中不难发现,这个数集中的符号之间至少满足一种关系,即“多少”或“大小”,这种关系在数集中称为“序”关系(小于关系)。[2]如在数集中的两个符号a和b,有a小于b,或b小于a,或a不小于b且b不小于a(即a等于b)。因此,对于关系符号的学习还需要弄清以下内容。

(1)关系符号的种类。

大家都知道,表示数与数、数与式或式与式之间的某种关系的特定符号叫作关系符号。有等号(=)、大于号(>)、小于号(<)、约等号(≈)、不等号(≠)、大于等于号(≥)、小于等于号(≤)等。

① 南京东方数学教育科学研究所.数学教师教学用书一年级(上册)[M].南京:江苏教育出版社,2006:48-51,19-21.
② 史宁中.论数以及数字符号的产生[J].东北师大学报,2000(6):31-35.

(2)关系符号的数学功能。

在关系符号的认识和理解的过程中,重要的是理解这些关系符号的数学功能。这些关系符号大多都看似很简单,但其内涵或蕴含的数学功能却很重要,这里以大家熟悉的等号“=”为例阐述它的数学功能和意义。

从文献中可知,等号首次出现是在1557年,是英国数学家雷科德创见性地用两条平行且相等的线段“=”表示“相等”,并把符号“=”叫作等号,而等号“=”的真正使用是在17世纪以后。[①]在小学低段学习过程中,常常把等号简单地看成是表示计算结果的符号,事实上,等号在不同的教学内容中代表着不同的意义,发挥着不同的数学功能。从狭义的概念上讲,等号刻画的就是两个数或式之间的一种相等关系,更多体现的是数量相等关系,这是等号最初的含义。随着数学学科的发展,等号的含义及其应用变得复杂和丰富。一位小学数学教师从等号的语义功能和教材的编排方面分析研究,发现其具体表现在以下几个方面[②]:

第一,等号表示相等的数量关系,教材中具体表现如下。

一年级上册第一次出现"="这个符号,表达的含义是左右两边的量相等。这里等号的概念只是表示两个量“一样多”的相等关系,如图8-1。

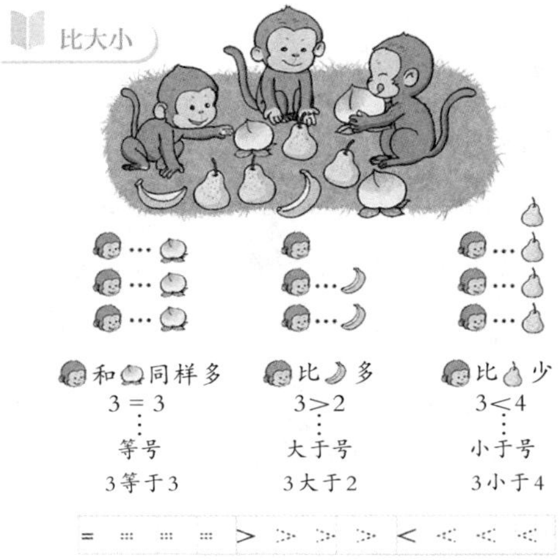

图8-1 教材中“=”表示两个量“一样多”

一年级上册加法学习内容中“3+1=4”,这里的等号开始过程性地表述左右两边的量相等。左边3个气球通过增加1个气球这个过程能和右边的4个气球一样多,如图8-2。

① 孙兴运.数学符号史话[M].济南:山东教育出版社,1998:26-27.

② 姚赛英.简单的等号,不简单的语义功能——浅谈等号在小学数学中的教材编排与应用及思考[J].新课程(小学),2018(9):100-101.

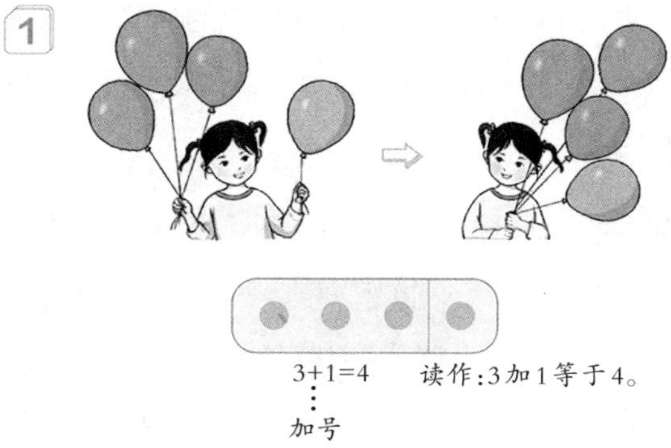

图8-2　教材中“=”表述左右两边的量相等

一年级上册加法学习中松鼠图里的3+2=(5),其等号是更进一步对过程进行语言性地表述,从3后面接着数4,5,就能到达5,也体现加法运算结果的过程性,使左右两边相等,如图8-3。

图8-3　教材中“=”表述运算的结果

一年级上册减法习题中,看图填写4-□=□,这里对等号的形成过程的语言性地描述更加具有开放性。若想法不同,就会出现不同的计算过程,使左右两边相等,如图8-4。

图8-4　教材中对“=”开放性的表述

第二，等号表述一种算法和规律。如小学数学中的运算定律：40+56=56+40，(25×5)×2=25×(5×2)。这里的等号表示一种算法，左边的计算方法等同于右边的算法，并且算法可逆。

第三，等号在逻辑上表示一种等价关系。即自身性：$a=a$；反自身性：$a=b$，那么$b=a$；传递性：$a=b$，$a=c$ 那么 $b=c$。如在教材中"1 平方千米=1 000 000 平方米=100 公顷"，"1 周角=2 平角=4 直角"，"1 分米=10 厘米=100 毫米"；等等。

第四，等号可表述程序性语言。如等号左边是结果，等号右边是算式的情况，例如 25=20+(　　)，在这里等号是作为一个程序性关系符号而出现的，指示建立一个程序操作使等号左右两边的结果相等。再如在解方程 $x+3-3=9-3$ 中，借助天平理解两边同时添加一个或多个程序使等式成立，并且求出 x 的值。分解质因数 12=2×2×3，通过一个短除法的程序得到分解质因数的展开过程。

第五，等号表示方程。在方程的教学内容中，等号可用于建立方程 $100+x=250$，并使其左右两边保持平衡。学生经历将现实问题抽象成等式与方程的过程，可积累将等量关系符号化的活动经验。

第六，等号表述一类等式模型。如长方体的体积=长×宽×高，总价=单价×数量，圆周长公式 $C=\pi d$ 或 $C=2\pi r$ 等。

综上可以得出，等号的意义有两个方面。一是表示运算的结果，得出具体答案，如 3+1=4；二是表示等号两边一样大的"等价关系"，不一定是必须得出结果，只需两边是符合对等关系的式子。因此，学生对等号的认知分为"运算型"和"关系型"。

(3)等号学习中存在的问题分析。

学界对等号的学习教学的相关研究成果比较多，这给本案例也提供了一些借鉴和参考。如有学者研究后认为学生往往将等号误解为只是一种运算符号，而没有理解等号还代表着一种等价或等量的关系的含义。[①]也有学者认为，在小学数学教材中，因为等号常常与算术运算搭配出现，所以学生往往会将等号定义为求得的"总数量"或运算后的"结果与答案"，而潜移默化地限制了对等号所有含义的理解。

从教学研究的视角上看，也有不少对等号教学的研究。尤其是对低年级学生等号概念的学习的分析，如一年级学生对等号概念理解错误，表现在把等号理解为表示等式左边的答案[②]。如 2+4=□+3，学生可能会认为□内的值是 6，等号就表示等号左

① Behr M, Erlwanger S, Nichols E. How Children View the Equal Sign[J]. Mathematics Teaching, 1980, (92): 13-15.

② 顾新辉. 一年级学生等号概念的错误分析及教学对策[J]. 教学与管理, 2019(11): 47-49.

边对象计算所得答案，是执行计算的指令，并未呈现两边数字的关系。有研究发现，学生在9以内数的加法部分正确率已经高达90%，但是当他们遇到2+2=□+1，2=□−1这样的题目时，错误率却很高。①也有学者调查研究低年级学生对算式等号的理解后得到：学生在解决两边都有运算的等式时，容易遇到困难，对于两边都有运算符号的等式，他们通常会将其改成有运算而且运算符号在一边的式子，他们倾向于从左到右或者从右到左地去阅读算式，这使得他们不能正确解决两边都有运算的缺少项的等式问题。②因此，一年级学生，甚至所有小学阶段的学生在理解等号时，常常会受算术思想的影响，把等号看成一种“运算型”符号来理解，而忽略了等号的“关系型”意义。

（四）教学设计中关于符号意识培养的意图分析

1.创设情境

情境1：展示两个文具盒，说明里面装的都是铅笔。

教师：你知道哪个文具盒里面的铅笔支数多吗？为什么不能知道？

教师：要知道哪个文具盒里的铅笔支数多，就要数数每个文具盒里各有几支，比一比哪个盒里多一些，哪个盒里少一些，这就要用到比较。今天我们就一起来学习比较数的大小。

【设计意图分析】设置简单的教学活动，引导学生思考和交流。在这个环节的设计中，教师创设日常生活情境，引出新课的主题，为后面解决数学问题铺设台阶。这样的设计非常贴合学生生活实际，也让学生通过比较来初步感知数量的本质问题。

情境2：展示“森林运动会”场景。

教师：你知道图里的小动物是来做什么的吗？

教师：这些小动物都来参加森林运动会，那么你想从这里知道些什么呢？

教师预设：当学生提出想了解小动物数量等问题时，可进一步提问。

问题：你还想知道哪种小动物的数量多，哪种小动物的数量少吗？你想比较哪两种小动物的数量？

【设计意图分析】设置特定的数学活动，启发学生思考和交流。引导学生根据场景图提出自己想问的数学问题，引导学生发现场景中的数量关系。这种设问可以避

① 葛再晓．基于学生思维轨迹下的“关系符号”——以《和是10的加法》教学为例[J]．小学教学研究，2016(9)：42-43．
② 徐小焱．低年级学生对算式等号的理解[D]．上海：上海师范大学，2019．

免学生被动地接受和认识数的大小和数量的多少等数学问题,可以引导学生主动建构出日常生活中的实际问题和数学中的数量关系问题的相等模型和不等模型。

2. 比较大小

第1环节:选择小兔和小猴比较,认识"同样多"和"="。

教师:把参加运动会的小兔在黑板上贴成一排,再把参加运动会的小猴贴在小兔的下面,并与小兔一一对应贴成一排。在小兔和小猴的头像之间连线,并引导学生注意看老师在做什么。

教师:你知道老师为什么要这样做吗?

学生:让1只小兔对应1只小猴,能一眼看出谁多、谁少。

教师:谁来说一说小兔与小猴比较的结果?

学生:1只小兔正好对着1只小猴,谁也没有多余,它们的只数一样多。

教师:我们就说,小兔和小猴的只数"同样多"。(板书:同样多)

教师:小兔有几只? 小猴呢?

学生:小兔和小猴都有4只。

教师:它们只数"同样多",我们可以写成"4=4"。(板书:4=4)"="是"等号",大家一起把"4=4"这个等式读一读。

教师:现在你知道"4=4"表示什么意思了吗?(指导学生在课本上写等号。)

【设计意图分析】比较大小的关键在于如何比较,怎么比较。在这个环节的设计中突出了如何比较的方法。由于学生都是一年级,所以教师用物体之间数量的"一一对应"来进行比较,并通过连线的操作活动,体现"一一对应"的思想。在抽象集合中,虽然一一对应是一个非常抽象的词和过程,但在具体物体的对应过程中,学生也不难理解两个物体数量之间的一一对应。注意这里是表示两个物体数量之间的一一对应,如果抛开了数量这个关键要素就没有可比较的意义,如让学生比较1只蚂蚁和1头大象,要对它们进行比较,也必须在对应的数量上来进行比较,得到"1=1"。同样,在这个环节的设计中,学生对等号"="的认识和理解,也是仅限在用数学符号去表示了数量的多少这一关系。这个环节体现了用文字语言表征"同样多"的图像中"一一对应"的关系,再用等号"="来表征"同样多",这充分体现了让学生在这个过程中初步感悟符号的数学功能,初步体会数学符号是数学表达的重要形式。

3.比较铅笔的多少

教师:现在比一比两个文具盒里的铅笔支数,看看结果怎样。

师生:教师数铅笔,小朋友用小棒代替铅笔摆一摆。先数一个盒里的铅笔,边数边让学生用小棒摆在第一排,共5支,摆5根。再数另一个盒里的铅笔,边数边让学生用小棒摆在第二排,共5支,摆5根。

教师:现在自己比一比,两个文具盒里的铅笔支数可以怎样说?

教师:你能写式子表示吗? 自己写一写。

教师:交流所写的式子,说说为什么可以写成5=5,读一读。

【设计意图分析】回应情境1中的问题。通过对具体实物的“数”、“摆”和“一一对应”进行比较的数学活动,感悟相等关系,并能够用“=”表示相等的数量关系,写出这样的相等关系的式子。该活动体现了数学符号意识中表现出来的符号的抽象、符号的识记和符号的应用。在这3个关系符号中,把“=”放在最先讲解,一方面是“=”相对来说比较容易接受,学生对物体数量的“同样多”的概念不陌生,小朋友在日常生活中对分配问题中公平性的认识,很多都体现了“同样多”的概念。另一方面,用来确定物体数量“同样多”的方法有多种,小朋友的方式很多都是数数,是一种直观的感知。但基于“一一对应”的思想来进行比较还是一个非常抽象的过程,这样的抽象过程需要通过不同事物对象的多次强化训练。最后抽象出用符号来表示事物数量的相等关系,也能让学生在这样的数学活动中,感悟等号的数学功能,体会可以用符号来表示这一类相等关系的量。

4.认识“多”“少”和“>”“<”

第1环节:选择比较松鼠和小熊的数量,认识“多”和“>”。

讨论:要知道松鼠和小熊谁的只数多,谁的只数少,可以怎样比?

教师:数一数松鼠有几只,小熊有几只。

教师:你能用三角形代替松鼠,圆形代替小熊,一个对应一个比一比,看看谁的只数多吗?(注意指导学生按要求摆学具,随后教师展示5只松鼠头像和3只小熊头像,并按教材上的样子在黑板上贴好,然后连一连)。

提问:松鼠只数比小熊多还是少? 你是怎样看出来的?

学生:1只小熊对1只松鼠,小熊没有了,松鼠还有多余。就说明,松鼠比小熊多。(板书:多)

教师:松鼠有几只？小熊呢？

学生:松鼠有5只,小熊有3只,松鼠比小熊多,我们可以写成“5>3”。(板书:5>3)“>”是“大于”符号。

教师:请大家读一读“5>3”,说一说“5>3”表示的意思。

教师:记忆大于符号,开口在左,尖尖在右;开口对大数,尖尖对小数。(指导学生规范书写。)

【设计意图分析】从事物抽象到借助图形符号来进行数的大小比较的数学活动。在上一个“同样多”环节认识等号的过程中,采用了连线的方式“一一对应”来进行比较。在这个环节中,比上一个环节又多一层抽象,借助图形符号来代替实物进行一一对应,然后再比较两种图形符号的多少,这样的教学设计为比较数量关系提供了一个抽象的数学实物模型。同样,在抽象出模型后,仍然采用“连一连”的操作活动,进行比较。最后一步是用符号来表示这一类不等关系,体现了对大于符号的认、读、写,知道该符号表示的含义。

第2环节:选择比较松鼠和小熊的数量,认识“少”和“<”。

教师:如果把小熊的只数和松鼠比,你认为可以怎样说？请看着图想一想,与同桌先试着说一说。

学生交流自己的想法,得出“小熊比松鼠少”。(板书:少)

教师:小熊有3只,松鼠有5只,小熊比松鼠少,可以写成“3<5”。(板书:3<5)“<”是“小于”符号。

教师:请大家读一读“3<5”,说一说“3<5”表示的意思。(指导学生认识记忆小于符号,规范书写。)

【设计意图分析】反向设计,进一步认识数量多和少的相对性。“松鼠的只数比小熊多”的另一面就是“小熊的只数比松鼠少”。采用知识迁移的学习思想,使学生自主交流,发现结论,并用符号记录结果,得到用符号表示这一类小于关系的式子。这一过程体现了数学符号意识的识记和应用,让学生感悟生活中的不等关系和符号的数学功能。

第3环节:学生选择比较。

教师:刚才小朋友们还提了其他几个比一比的问题。现在四人一组,找出两种没有比过的小动物,用圆形和三角形各代替一种小动物,先摆一摆,再说说谁比谁多,谁比谁少,并写出两个式子。

学生进行操作、比较、交流。

【设计意图分析】强化训练学生比较两个数量的多和少，在抽象后比较两个数的大和小。这个环节以小组合作的形式，提出要比较的问题，再通过“摆”“比”“写”“说”等环节，进一步认识这3个关系符号，学会用关系符号来表示相等和不等的关系，并能用符号表示式子。

5.小结

这节课主要内容是通过比较数的大小，让学生认识了等号、大于符号和小于符号。(板书课题:认识=,>和<)

【设计意图分析】体现出对数学符号的认识和理解的重要性，理解符号的数学功能和符号所表达的含义。

(五)案例分析小结

在本节课的案例分析过程中，我们弄清了3个问题:

①本节课的课程目标和教学目标中的核心素养包含数学符号意识，尤其是数学符号的识记和数学符号的应用。

②本节课中的数学符号意识具体表现在:运用关系符号表示数的大小关系;知道关系符号表示的现实意义;知道关系符号的读法和写法，初步体会符号的使用是数学表达的重要形式，感悟符号的数学功能。

③本节教学中使用的教学策略:学生通过对情境图的观察、交流，发现生活中的数量关系;利用“摆一摆”“连一连”“说一说”的数学活动让学生感悟符号的数学功能;对符号的识记和规范书写。

第二节　小学二年级学生数学符号意识培养的教学案例分析

一、教学案例一:100以内数的加减法(三)(解决问题)

(一)案例的源起分析

在大家看来，小学低段的加减法都是相对比较简单的学习内容。尤其是在现阶段，孩子们的学习能力不断增强，知识面也越来越广，对小学低段的很多数学知识已有了粗浅的认识，甚至有的理解得比较深入。尤其是对100以内数的加减法，许多孩子进行简单计算是没有问题的。抛开这些简单的运算，小学低段学生在学习100以内数的加减法时究竟应该学习什么，或者说这一类的运算教学的内容应该培养的核心素养是什么，这是值得思考的问题。由于时代发展走向信息化、电子化，简单计算早就已经由机器完成，因此纯粹意义上的计算教学已经不能满足新课程改革的要求。所以，在本节课的教学中，如果只是聚焦解决计算层面的问题就没有达到课程目标的要求。综合分析来看，笔者认为本节内容是加减法的综合应用，是表示“多多少”和“少多少”这一类的数量关系模型，体现了用运算符号和关系符号去表示数量和一般规律的过程，这个过程有助于学生形成初步的数学符号意识。

（二）课程标准中的目标分析

1.《标准（2011年版）》中的目标分析

《标准（2011年版）》在课程内容要求部分指出：“能运用数及数的运算解决生活中的简单问题，并能对结果的实际意义作出解释。”这里的目标包含了2个方面：

①能用运算解决实际问题；

②能解释运算式子和结果的含义。

2.《标准（2022年版）》中的学业要求

通过分析《标准（2022年版）》中关于本节内容的具体课程内容要求和学业质量这两个部分，得到本节课的课程内容要求主要表现在“数量关系”这个部分，通过比较分析得到以下信息：

①《标准（2022年版）》在内容要求部分指出“在简单的生活情境中，运用数和数的运算解决问题，能解释结果的实际意义”。

②《标准（2022年版）》在学业要求部分指出“能在熟悉的生活情境中运用数和数的运算，合理表达简单的数量关系”，“能在解决问题的过程中，体会解决问题的道理，解释计算结果的实际意义，感悟数学与现实世界的关联”。

③《标准（2022年版）》在教学提示部分指出“通过创设简单的情境，提出合适的问题，引导学生发现数量关系”，“引导学生用学过的知识表达情境中的数量关系”。

④《标准（2022年版）》在学业质量部分指出“能进行简单的整数四则运算”，“运用所学的数学知识和方法解决问题”。

从两版标准的比较来看,可以得到:《标准(2011年版)》分为"数的认识"和"数的运算",而《标准(2022年版)》注重数与数的运算的一致性,在内容要求部分划分为"数与运算"和"数量关系"。本节内容属于解决问题部分,在《标准(2022年版)》中对应到"数量关系"这个板块,体现了加法算式和减法算式的本质。也表明这些算式不仅仅是要计算出结果,更重要的是反映现实问题中的数量关系。从两个标准的目标陈述来看,《标准(2022年版)》陈述得更具体,更具有指导性,更体现了数学符号内涵和运用符号的要求。同时,也从目标上指向了数学核心素养,会用数学的眼光观察现实世界、会用数学的思维思考现实世界、会用数学的语言表达现实世界。

(三)关于学生符号意识培养的教学案例分析①

1.学生数学符号意识培养的教学目标分析

①学生联系生活经验,探索并理解"求比一个数多(少)几的数是多少"的实际问题的数量关系。

②能联系加、减法的含义正确列式,初步学会检验解决问题过程和结果的方法。

上述教学目标对应的课程目标分析:

①本节中的重点是要利用加、减法去解决简单的实际问题,是学习100以内数的加、减法的最后一个小节,有很强的综合性。本节的主要内容是"求比一个数多(少)几的数是多少"的实际问题,是小学数学中非常重要的一类数量关系问题和等式模型。在这个教学目标中我们要重点关注两个方面的问题:一是如何找出问题中的数量关系,并根据图中信息提出数学问题;二是如何用符号去表示这些数量关系。因此,在这个教学目标中,对数学符号意识的培养应该体现在用符号去表示数量关系的方面。同样,在引导学生找出问题中数量关系的过程中,引导学生提出相应的数学问题。由于在前一节的教学中已经有了一定铺垫,以及教科书中有提示,学生能够较为容易地根据情境提出与数量关系有关的数学问题。

②在理解加、减法运算的含义教学中,着重关注学生是否知道符号表达的数学含义,知道加法算式和减法算式表达的数学含义,并引导其初步体会运算符号、关系符号的使用是数学表达和数学思考的重要形式。同时,在引导学生解决问题的过程中,引导学生用其他符号去表示问题中的数量关系,比如教材中采用了圆形和三角形的图形符号。这样学生可以通过画一画、摆一摆的操作活动,感悟符号的功能,从而在

① 选自江苏教育出版社出版的数学教师教学用书二年级(上册)2006年版,第20-22页,第8-10页.

活动中构建出数量关系模型，并能用已学知识去表示这一关系模型。

2.教学设计中关于符号意识培养的意图分析

①出示例题的场景图。

教师：从图中你知道了些什么？

教师根据学生的交流，整理学生发现的信息。

教师：想一想，根据这些已知条件，可以提出哪些问题？(学生提出问题)

【设计意图分析】通过场景图，设置观察、交流的数学活动，启发学生观察图中的数量和数量关系，提出相应的数学问题，为后续教学环节做铺垫。

②出示第1题：小华做了多少朵花？

教师让学生完整地复述题目。

教师：可以用什么办法求出小华做了多少朵花？

教师：如果用圆片代替花摆一摆，怎样摆就可以知道小华所做的花的朵数？

教师：在第一排摆圆片表示小英做花的朵数，可以怎样摆？(让一位学生在黑板上摆圆片表示小英做花的朵数，让其他同学跟着摆一摆。)怎样摆圆片表示小华做花的朵数呢？怎样摆能清楚地看出小华比小英多做了3朵？

学生小组讨论，再动手摆一摆。

教师：你是怎样摆的？用摆圆片的方法表示小华做花的朵数时要注意什么？

教师：在第一排圆片下面一个对一个地摆，摆出与第一排同样多的圆片后，还要再摆3个，表示小华比小英多做了3朵。

【设计意图分析】读题、审题是解决数学实际问题中的重要策略，是数学阅读的一种重要手段。通过圆形图片的摆一摆活动找出小华与小英做的花之间的数量关系，学生在解决这一类生活化问题时，就较为容易求得结论。但如果只是为了解得答案，也不需要这么复杂地采用摆一摆的操作活动。因此，在这个环节的设计中，主要是为了突出“摆圆片”活动的目的、意义和价值。同时，在这个操作活动中一排对应着一排摆的方法，体现了一一对应的思想，也体现了通过直观模型过渡得到抽象模型的过程，为下一环节用符号表示抽象模型奠定基础。

教师：请大家看着摆出的圆片想一想，可以怎样列式并算出小华做了多少朵花？

学生列出算式。

教师：为什么要用加法算？第二排圆片可以看成哪两部分？

学生:根据摆圆片的过程可以求小华做了多少朵,就是求11与3的和,所以要用加法算。

【设计意图分析】用数学符号表示从操作活动中抽象的结果。在上一个环节摆一摆的操作活动后,学生直观感知小华和小英做的花之间的数量关系,已经建立的数量关系之间的表象模型。因此,该环节中主要突出引导学生运用运算符号和关系符号表示小华的结果"11+3",表示该数量关系的相等关系模型,体现出用符号去表示数量关系的教学目的。

教师:刚才我们用圆片代替花,通过操作找到了求小华做了多少朵花的方法,并算出小华一共做了14朵花,上面的解答正确吗?可以怎样检验?

学生交流。

学生:要知道结果是不是正确,可以用求出的小华做的花的朵数减去小英做的花的朵数,看小华是不是比小英多做了3朵。

【设计意图分析】培养逆向思维,检验结果的正确性。通过交流活动,引导学生用加法的逆运算(减法)来检验结果的正确性。这个环节看上去也很简单,但实际上体现了两层含义:一方面是培养学生逆向思维,反向设计问题;另一方面是引导学生学会验算的方法。这个环节体现了符号意识中的"知道使用符号可以进行运算和推理",即从原来的加法算式推理到了减法算式。

③出示第2题:小英做了多少朵?

教师:你能先用圆片摆一摆,再算一算吗?

学生独立完成操作,并列式解答。

教师:你是怎样摆圆片表示小英和小英做的花的朵数的?是怎样列式解答的?

教师:摆圆片时要注意什么?这道题为什么要用减法计算?

教师:要知道上面的解题过程对不对,可以怎样做?

【设计意图分析】独立操作,列出算式,进一步感悟符号的数学功能。通过上一个问题几个环节的教学,学生已经能够从摆一摆的操作活动中直观感知出数量关系,并能运用符号表示这些数量关系。因此,在这个环节中,学生通过独立操作,抽象出问题中的数量关系模型,并能用符号进行表示、运算和推理。这一过程进一步培养学生数学符号的应用,初步体现符号的使用是数学表达和思考的重要形式。

④小结。

教师:根据题中的条件与问题,我们知道,求小华做花的朵数,要把11朵和多的3

朵合起来，所以用加法算；求小英做花的朵数，要从11朵里去掉少的3朵，所以用减法计算。这就是我们今天学习的求比一个数多（少）几的数是多少的实际问题。

【设计意图分析】体现本节课的主题“求比一个数多（少）几的数是多少的实际问题”，即这一类数量关系的模型。总结在该模型构建的过程中，学生从摆一摆圆片的操作中逐步建立数量关系的表象模型，然后抽象出数学关系模型，并能运用已学知识去求解。能比较和解释“多多少”和“少多少”这两类数量关系的本质和联系，培养逆向思维，感悟符号的数学功能。

⑤巩固练习。

第1题：“想想做做”第1题。

教师：先让学生画一画，再说一说各自是怎样画的。

教师：从图中可以看出，三角形的个数是哪两部分相加的和？正方形的个数是从哪一部分中去掉几个？

【设计意图分析】巩固新知识。具体表现为用图形符号去表示问题中的数量关系，在画一画的过程中，引导学生一个对着一个画，体现了图形中个数的一一对应关系，让学生进一步领会整体与部分的关系。学会用图形符号去抽象代替其他实际问题中的实际物体，并能运用符号去表示这一抽象数量关系的结果，通过符号的表达、运算和推理得到结果。

第2题：“想想做做”第2题。

教师：看图说一说题目中的已知条件和问题，再说说图中表示松树的棵数的直条包括哪两个部分，可以怎样求松树的棵数。

学生独立列式解答，并相互交流。

【设计意图分析】认识直条图，观察直条图中蕴含的数量关系，并能用已学知识求解问题。进一步体现用符号去表示数量关系的过程。

（四）案例分析小结

在本节课的案例分析过程中，我们弄清了3个问题：

①本节课的课程目标和教学目标指向的核心素养包含数学符号意识，尤其是数学符号的应用。

②本节课中的数学符号意识具体表现如下：运用关系符号和运算符号表示数量关系，知道加法算式和减法算式表达的现实意义，知道符号可以进行运算和推理；初步体会符号的使用是数学表达和数学思考的重要形式。

③本节教学中使用的培养策略：根据场景图的观察进行交流；通过摆一摆的数学活动建立直观表象；抽象出算式并通过运算求解问题；反向设计，通过逆向思维验算结果的正确性。

二、教学案例二：乘法的初步认识（第1课时）

（一）案例的源起分析

“乘法的初步认识”是小学数学二年级上册内容，是“表内乘法（一）”这一章节的起始课程，是学生学习乘法运算的开始，也是学习表内除法的重要基础。相比之前学习的加、减法运算，乘法的含义比较抽象，要相对难些。这一节内容非常重要的目标是感悟运算之间的关系，也就是要弄清乘法的本质，为后续学习表内乘法奠定基础。因此，在表内乘法这一单元的教学中，不仅仅是让学生背会乘法口诀，更应让学生了解乘法运算产生的必然性和产生发展的过程形态。弄清乘法和加法之间的关系，乘法是在几个几相加求和运算的基础上抽象出的一般的算式模型，在此基础上理解乘法的含义，为以后进一步学习乘法相关知识奠定基础。在这一节的教学中，乘号、乘法算式是新的一类抽象关系的数学符号，是对用符号表示数量关系的一种数学表达和数学思考。因此，本节内容抽象性很强，不能机械灌输，需要让学生在一系列活动中感悟和体会。

（二）课程标准中的目标分析

1.《标准（2011年版）》中的目标分析

《标准（2011年版）》在课程内容部分指出：“结合具体情境，体会整数四则运算的意义。”本节中主要内容是乘法的初步认识，因此本节的目标就应该是“结合具体情境，体会乘法的意义”。

2.《标准（2022年版）》中的学业要求

通过分析《标准（2022年版）》中关于本节内容的具体课程内容要求和学业质量这两个部分，得到以下信息（以下所指的四则运算主要是整数的乘法运算）。

①《标准（2022年版）》在内容要求部分指出“了解四则运算的意义，感悟运算之间的关系”。

②《标准（2022年版）》在学业要求部分指出“能描述四则运算的含义，知道……乘法是加法的简便运算”。

③《标准(2022年版)》在教学提示部分指出"在具体情境中,启发学生理解乘法是加法的简便运算"。

④《标准(2022年版)》在学业质量部分指出"能结合具体情境,……描述四则运算的含义"。

从两版标准的比较分析可以得到,在《标准(2011年版)》中所使用的目标行为动词是"理解",而在《标准(2022年版)》中所使用的目标行为动词是"了解"。从这两个动词来看,《标准(2011年版)》的要求比《标准(2022年版)》要高一些,但《标准(2022年版)》增加了新的要求"感悟运算之间的关系",即"知道乘法是加法的简便运算"这一本质关系。从这一节的目标陈述来看,《标准(2022年版)》虽然在乘法含义的要求上降低了,但增加了对乘法和加法之间关系的感悟和认识的要求,这也正是乘法运算的本质。因此从目标描述来看,《标准(2022年版)》更加体现数学的本质和数学核心素养。

(三)关于学生符号意识培养的教学案例分析

1.学生数学符号意识培养的教学目标分析

①使学生在认识几个几相加的基础上初步认识乘法的含义,知道乘法算式中各部分的名称,会读、写乘法算式。(本节案例选自江苏教育出版社数学教师教学用书二年级上册)

②使学生经历从生活中几个几相加的实例,抽象出乘法概念的过程,初步感受由具体到抽象的学习过程,培养初步的观察、操作、分析、比较、抽象和概括能力。

从上述目标中得到以下信息:

①在几个几相加的过程中,抽象出一般的运算规律,感悟加法和乘法之间的关系,体会乘法的含义。感悟运算之间的关系是《标准(2022年版)》中对本节内容提出的新的具体要求,《标准(2011年版)》中虽然没有明确指出这一要求,但从教材的编排和组织来看,教学都是从具体的几个几相加的问题逐步抽象出一般的运算规律开始,也隐含了《标准(2022年版)》的思想。

②《标准(2022年版)》在对数学符号意识的内涵界定中明确指出要让学生感悟符号的数学功能。在本节中的认识乘号"×"的教学过程中,以及乘法算式的表达和学习过程中,主要教学目标也要体现出符号的数学功能,体现出乘法是加法的简便运算。这需要学生感悟用乘法算式去表示几个相同加数和的运算结果。

2.“乘法运算”相关数学教学内容知识分析

(1)乘号的由来。

小学阶段学习了表示加、减、乘、除四种数学运算的符号“+,-,×,÷”,且在教材中对部分其他符号的由来进行了简单介绍。如人教版教材用“你知道吗?”这个栏目介绍了“乘号的由来”,如图8-5。在一些数学教育类期刊中,也用一些小栏目来补充数学史的相关知识,如《数学大世界(高中)》(现已停刊)中就用“你知道吗”这个栏目呈现了乘号“×”“·”的由来,如图8-6。

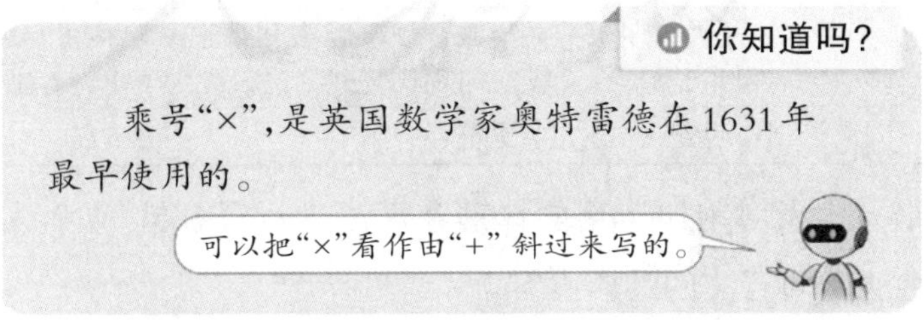
你知道吗?

乘号“×”,是英国数学家奥特雷德在1631年最早使用的。

图8-5　人教版教材中“乘号的由来”简介

你　知　道　吗

乘号“×”“·”的由来

“×”号是英国数学家威廉·奥特雷得(Oughtred,W.1575—1660)在1631年提出的。在他的著作中用“×”表示乘号.如果说“+”号是表示量增加的一种方法的话,那么“×”号则表示量增加得更加快的一种方法,因而把“+”号斜过来写.“×”号出现后,曾遭到德国数学家莱布尼兹的坚决反对,理由是:“×”号与拉丁字母“x”相似,容易混淆.莱布尼兹赞成用“·”表示相乘.1637年法国数学家笛卡尔也采用“·”号表示相乘,“×”号、“·”号相持不下,一直到今天这两种运算符号都在继续使用着.

图8-6　《数学大世界(高中)》期刊中“乘号的由来”简介

注:此图为期刊原文,与其他引文人名略有不同

(2)乘法运算算法的发展历程。

乘法运算的算法也经历了不同的过程,体现了不同时期数学家们的智慧,通过查阅文献得到,主要包含以下几个发展阶段,见表8-1。

表8-1　乘法运算的主要发展历程

算法	提出时间	主要历程
倍乘法	古埃及时期（约公元前3000年）	古埃及纸草书上记载
筹算乘法	春秋时期	筹算是中国古代算法，始于春秋时期
竖式乘法的雏形	12世纪初期	12世纪初，古代印度数学家婆什迦罗最先给出运算形式；1494年，意大利数学家帕乔利在其著作中载述
格子乘法	1150年	1150年，古代印度数学家婆什迦罗在其著作中最早提出；在元、明期间传入中国，在明朝程大位所著的《算法统宗》中被称为“铺地锦”
竖式乘法的最接近形式	文艺复兴时期（14世纪）	最早被记载于意大利数学家帕乔利1494年的著作中，该算法与现代竖式乘法仅在写法上存在差异，无乘法符号
现代竖式乘法	17世纪	乘法符号产生

同时还有很多学者对乘法运算的算理和算法进行了分析，如有学者在乘法算理研究中总结了乘法不同算法的具体内容。

一是古代中国的“算筹算法”①。我国南北朝时期的《孙子算经》就详细地介绍了计算方法。比如78×56用算筹表示为，乘数放在第一行，第二行留出来表示乘积，被乘数放在第三行且末位与乘数首位对齐（图8-7），具体计算步骤如下：

第一步：7×5=35，35的5与78的7对齐；

第二步：8×5=40，40的4与35的5对齐并加到35上，得到390，留空位表示0；

第三步：去掉5，计算7×6=42，4与390的9对齐，并将42加到390上，得到432；

第四步：计算8×6=48，4与432的2对齐，并加到432上，得到4 368，去掉乘数和被乘数，中间一行的数4 368即为乘积。

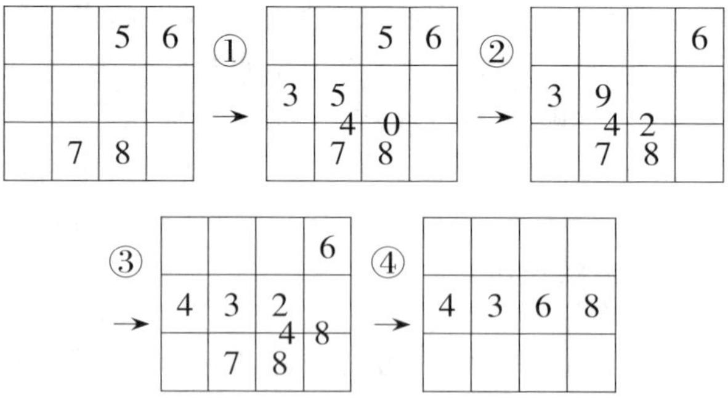

图8-7　78×56的“算筹算法”

① 曾小平，韩龙淑．多位数乘法的算法、算理与教学[J]．小学教学（数学版），2011(10)：47-49.

二是“格子乘法”。从相关文献①中了解到格子乘法能流传到中国，很可能是在元、明间通过与阿拉伯文化的各种接触传入的。1450年，中国数学家吴敬完成的较全面的初等数学著作《九章算法比类大全》中，记载了“写算”乘法，也叫格子乘法，在程大位的《算法统宗》里，它又被称为“铺地锦”。比如计算46×75，把乘数与被乘数分别写在格子的上方和右方，每两个数相乘的结果写在对应格子里，斜行相加便得到乘积为3 450，在人教版教材中同样通过“你知道吗？”这个栏目来呈现了格子乘法的具体算法，如图8–8。

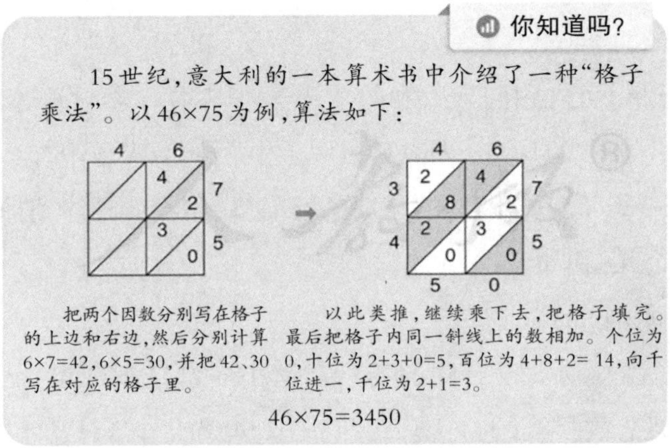

图8–8　人教版教材中“格子乘法”介绍

三是现代的“竖式算法”。竖式算法是小学乘法运算中的一个非常重要的学习内容，也是学习上的一个难点，教材从多位数乘一位数，逐步过渡到三位数乘两位数。在计算过程中，特别强调数位对齐，以及每一次相乘结果的含义。如在新审定的人教版教材中也着重强调了竖式算法的过程和每一步计算结果的含义，见图8–9。

图8–9　新人教版教材“竖式算法”的呈现

① 刘春晖.“格子乘法”简介[J].小学教学研究，1997(7):30.

3. 教学设计中关于符号意识培养的意图分析

(1)展示图片,创设动物学校的情境。

教师:今天我们一起到动物学校去参观。动物学校的大门上写着一些加法算式。出示如下算式:

2+3+6　5+5+5　3+7+8　4+4+4+4　9+1+6　2+2+2+2+2

教师:2+3+6中的三个加数相同吗? 5+5+5中的三个加数呢? 你能根据加数的特点把这些算式分成两类吗?

【设计意图分析】引入相同加数和的式子这一基本概念。通过具体的式子,让学生直观判断式子中加数的特点,并从实际例子中区分出式子中加数相同和加数不同的两类式子,为下一步认识“几个几”相加做好铺垫,体现从具体到抽象的过程。

(2)认识“几个几”相加。

第1环节:展示例1的情境。

教师:这是走进动物学校看到的场景。请小朋友仔细观察,从图中你知道了什么? 这些小动物是怎样排列的? 兔有几个2只? 鸡有几个3只?

教师:根据图中信息,你能提出什么问题?(兔一共有多少只? 鸡一共有多少只?)

教师:要知道兔一共有多少只,鸡有多少只,可以怎样分别列式?

根据学生回答,板书:兔的只数2+2+2=6(只),鸡的只数3+3+3+3=12(只)。

教师:请小朋友仔细观察这两个算式,比较一下,它们有什么相同的地方?(都是相同加数连加)

教师:2+2+2这道算式中相同的加数是几? 有几个这样的相同加数?(板书:3个2相加)3+3+3+3这道算式呢?(板书:4个3相加)

【设计意图分析】运用加法列出具体情境的算式表达式,并通过观察、比较、归纳,找出加法算式中的共同特点。这一环节体现了用加法运算符号去表示问题中的数量关系,并从这些具体的加法算式中找出共性,目的是为下一个环节抽象出“几个几”相加提供必要的感性经验。

第2环节:摆小棒。

学生摆小棒:每堆摆2根,摆5堆。一边摆,一边数有几个2。

提问:一共摆了几个2? 如果要求算出一共摆了多少根小棒,可以怎样列式?

学生列出算式。

教师:这道算式表示几个几相加?

学生按照类似的方法再摆几次(如每堆摆4根,摆2堆;每堆摆5根,摆3堆),并根据摆出的小棒列加法算式,算出结果,再说说是几个几相加。

【设计意图分析】设置摆小棒的操作活动,体会问题情境中"几个几"相加的含义。通过操作、观察和交流,让学生进一步感知"几个几"相加的含义,并引导学生把"几个几相加"的文字语言描述转化为加法算式的符号语言,也让学生感悟了符号的数学功能。反复通过几组同样的操作练习,强化对"几个几"相加的认识和理解,并进一步加深对"几个相同加数连加"的认识和理解。这一环节为后面乘法的认识做好铺垫。

(3)认识乘法。

第1环节:展示例2的情境图,让学生说说从图中知道了什么。

教师:要求一共有多少台电脑,就是求"几个几相加"的和?可以怎样列式?

教师根据学生回答,板书算式:2+2+2+2=8。

教师:求4个2相加的和,除了可以用加法计算,还可以用乘法计算。

板书:乘法。板书乘法算式:4×2=8或2×4=8,介绍乘号以及乘号的写法。

让学生自学课本,了解乘法算式中的各部分名称以及乘法算式的读法。

小结:通过自学,你了解到了哪些知识?

【设计意图分析】通过比较几个相同加数和的加法算式,抽象出这些加法算式中的共性,并用抽象的乘法运算来表示这一抽象的结果。即将抽象出的"几个几相加"的加法算式表示成"几乘几"的乘法算式。体会乘法运算的优势,感悟乘号的数学功能,知道乘法算式表示的含义,初步体会和理解乘法的含义。在这个环节中,除了体现了符号意识中符号的抽象外,由于乘号和乘法算式是学生第一次接触,还需要学生对这些数学符号和数学式子进行认识、读写,也体现了本书中数学符号识记的内涵维度。

第2环节:根据教材中的"试一试",先写加法算式,后写乘法算式。

教师让学生根据图画先写出加法算式,并概括出是几个几相加,然后列出乘法算式。

教师:如果有6堆这样的小鸡,怎样列加法算式?是几个几相加?乘法算式又该怎样列?如果有7堆、8堆呢?

【设计意图分析】经历从加法算式改写为乘法算式的过程,学生进一步加深对加法和乘法之间关系的认识和理解。"5个4""6个4""7个4""8个4"等举一反三的操作训练,能让学生积累一定的数学活动经验,有助于学会用乘号和乘法算式来表达"几个几相加"的加法运算规律。

小结:求几个相同加数的和,可以用乘法计算。

【设计意图分析】总结出乘法运算和加法运算之间的关系。利用前几个环节的实例和“试一试”的强化过程,引导学生用语言表达出乘法的含义,体会乘法运算的特点,感悟乘法和加法之间的关系,进一步感悟乘号的数学功能,知道乘号表达的现实意义,初步体会符号的使用是数学表达和数学思考的重要形式。这也为学生抽象能力和推理能力的形成积累更多的数学活动经验。

(4)巩固练习。

第1环节:做“想想做做”第1题。

教师提问:葡萄每串有几颗?共有几个几颗?怎样列出加法算式和乘法算式?鲜花每束有几朵?一共有几个几朵?怎样列出加法算式和乘法算式?

学生独立在教科书上列出算式,并组织反馈。

【设计意图分析】巩固“几个几”相加的加法与“几乘几”的乘法之间的关系。先从具体情境中抽象出“几个几”相加,再分别用加法算式和乘法算式进行表示和改写转化,进一步体会乘号和乘法算式表示的含义,以及其所表达的现实意义。

第2环节:做“想想做做”第2题。

让学生先按要求用圆片摆一摆,再根据每次摆出的结果列出加法算式和乘法算式。

【设计意图分析】通过摆一摆的操作活动巩固“几个几”相加,并列式表示。这个环节比上一个环节要更抽象,上一个环节是具体的情境,学生可以从情境中直观地看出组数和每一组的数量。在这个环节中,学生是通过抽象的圆片摆放,自主构建出“几个几”相加的情境,然后再抽象出加法算式和乘法算式。从第1题到第2题的过程,表现出的是一种递进的关系,层层深入,逐步加深学生对乘法算式的含义和乘号的数学功能的理解。

第3环节:做“想想做做”第3,4题。

学生先读出第3题中的乘法算式,并分别说出每道算式中的乘数和积各是多少,再根据第4题中的读法写出乘法算式。

【设计意图分析】巩固乘号和乘法算式的读、写,主要体现出对数学符号的识记。在前面第四章和第五章的研究过程中可知,对于小学低段学生数学符号意识的形成过程,数学符号的读、写、认也是非常重要的,是为后期学习符号的推理和符号的运算奠定基础的环节。

(四)案例分析小结

在本节课的案例分析过程中,我们弄清了3个问题:

①本节课的课程目标和教学目标中包含了乘法运算的抽象过程,乘号和乘法算式的识记。

②本节课中的数学符号意识具体表现在:运用乘号去简便表示几个几相加的关系问题。知道乘号和乘法算式表示的现实意义;初步体会符号是数学表达的重要形式。

③本节教学中使用的培养策略:观察情境图并交流;摆小棒的数学活动;举一反三的推理过程。

第三节 小学一年级学生认知数学符号的SOLO评价分析

根据前几章节数学符号意识的研究结果,符号意识的培养还可以从学生学习数学符号的认知心理上去分析和研究。从目前国内研究来看,学生对数学符号认知的实证研究较少。因此,本节试图通过测试和访谈,对一年级学生认知数学符号进行分析评价,探讨该年龄段学生对数学符号的认知差异,探寻不同学校之间小学生数学符号意识形成的影响因素和困难。最后初步形成一年级学生认知数学符号的一个SOLO水平发展框架,为学生数学符号意识的形成和发展提供一个教学案例参考。

一、小学一年级学生认知数学符号的SOLO评价设计

(一)评价工具的设计

比格斯(J.B.Biggs)首倡的SOLO分类评价法,是一种以等级描述为基本特征的质性评价方法。在SOLO分类法中,学生对每一类问题的回答被划分为5个水平[①],见表8-2。

① 李俊.中小学概率的教与学[M].上海:华东师范大学出版社,2003:82-83.

表8-2 比格斯的SOLO分类评价水平

水平名称	具体含义
前结构(Prestructural)	处于这一水平的回答表现为拒绝或者没有能力进入某一问题的解决,如空白的回答、完全无关的回答、不符合逻辑的回答
单一结构(Unistructural)	处于这一水平的回答只含一种运算(认知行为)
多元结构(Multistructural)	这一水平的回答一般要依次进行集合相关但又不相同的运算
关联结构(Relational)	处于这一水平的回答保护了抽象思维成分,进行的运算不仅相关而且反映出对所获信息有整体把握
拓展抽象结构(Extended abstract)	处于这一水平的回答纯粹是抽象思维的结果,学生从已知信息中洞察到需要运用某一抽象的数,在条件中并没有明显给出的一般原理

比格斯在他早期的著作中,将SOLO界定为一种针对开放性问题的评价工具。也有其他研究对SOLO分类理论提出了不同的研究前景和思路,包括在封闭题设计中的应用和对学生提出问题能力的评价等。①

鉴于此,本书使用的测试题目包括学生对数学符号的认识、运用相关的封闭题和开放题。涉及的数学符号主要有:数字符号包含0,1到100,关系符号包括“>、<和=”,运算符号包括“+和-”。试题的编制是在教科所研究员、一线教师、高等学校数学教育专家和同行的共同讨论和反复修改下确定的,题目来源于江苏教育出版社小学一年级数学教科书中的试题,因此基本可以保证测试题目的规范性和有效性。并且对每一类数学符号认知的测试题都是由浅入深、由易到难、循序渐进,试图测试出学生在认知数学符号中的发展过程。

(二)评价过程的设计

1.评价对象

本书选择了某市两所不同类别的学校,每所学校各30名学生,学校2相对学校1的整体教学质量较好。

2.研究程序

首先是分别对两所学校的学生进行30分钟的测试,在测试之前向学生做了简短的测试说明,然后由数学老师读题学生作答。在每个班笔试过程中,随机选择部分学生当场进行个别访谈,其目的是核查一部分书面回答的真实含义以及了解学生对数学符号的真实想法。

① 冯翠典,高凌飚.现状与反思:SOLO分类法国内应用研究十年[J].教育测量与评价(理论版),2009(11):4-11.

3. 分析说明

在具体分析之前，还有三点需要说明。第一，每个学生的回答一般以书面回答为准，访谈的信息不参与划分学生的回答水平；第二，如果学生因为误读或误解了题目而答非所问，那么就按照学生的最新回答进行分类统计；第三，限于小学生（尤其是低段学生）的书面表达能力，他们的书面回答有可能没有反映出他们实际的思维过程的复杂性，因此这里报告的结果有可能低于学生的实际理解水平。

二、小学一年级学生认知数学符号的SOLO评价结果分析

（一）以U、M、R和E为最高限度水平的试题分布

1. 类型I：数字符号的认识和运用

类型I的测试题要求学生对点数、捆数、数位、数的顺序和大小（数轴）之间的关系进行感知和认识，其测试结果见表8-3。

问题1：看下图，并在□里填写合适的数。

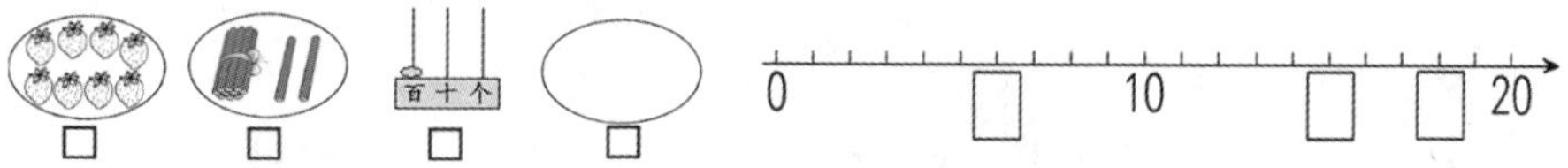

表8-3　类型I中以U、M、R和E为最高限度水平的试题分布

SOLO水平	具体含义
单一结构（U）水平	点数
多元结构（M）水平	点数与捆数
关联结构（R）水平	个、十、百三个数位的认识和计数原理
进一步抽象（E）水平	数的大小和顺序关系，以及数出与该位置对应的数

2. 类型II：关系符号的认识、书写和运用

类型II的测试主要是要求学生认识和正确书写>、<和=等符号，理解它们的含义，试题分布见表8-4。

问题2.1：在○填上>、<或=。

13○3　　21○12　　25○35　　9+4○9-4　　15-7○8　　6+0○63

问题2.2：在□里填上适当的数。

□=3　　9+□=13　　□+5=12　　5>□　　□>5

表 8-4　类型Ⅱ中以U、M、R和E为最高限度水平的试题分布

SOLO水平	试题内容	具体含义
单一结构(U)水平	问题2.1的前三题	直接比较两个数的大小关系
多元结构(M)水平	问题2.1的后三题	通过运算得出结果后再比较大小
关联结构(R)水平	问题2.2的前三题	要求学生对"="有抽象的认识，对数量间的相等关系有整体把握
进一步抽象(E)水平	问题2.2的后两题	学生从已知信息中观察到"□"中的得数并不唯一，进一步抽象得到数之间的顺序关系

3.类型Ⅲ：加减运算符号的感知、认识和运用

类型Ⅲ的测试是关于加减运算符号的认识和理解，通过测试，提高学生的抽象能力，试题分布见表8-5。

问题3.1：直接写出得数。

7+9=　　5+71=　　37−7=　　43−30=　　5+1+9=　　9−6−3=

问题3.2：列竖式计算。

27+68　　　　61−53

问题3.3：在□里填上适当的数。

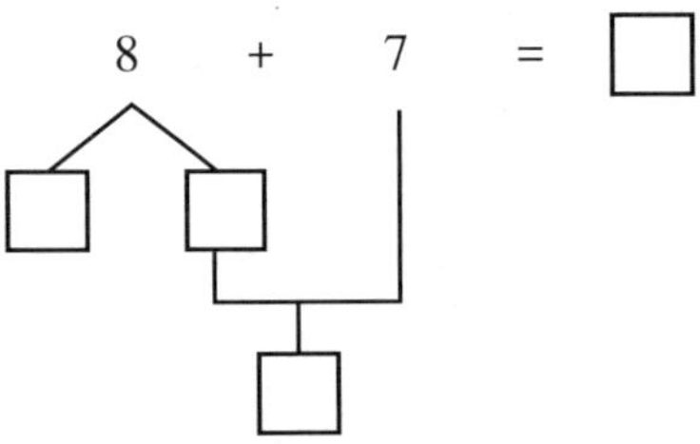

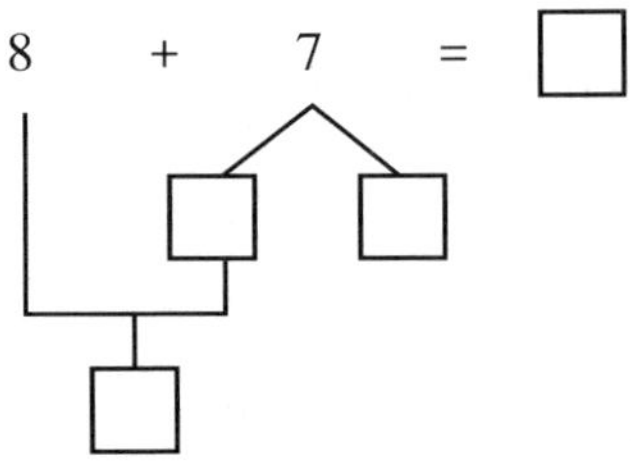

问题3.4：解决实际问题。

□○□=□（个）

表8-5　类型Ⅲ中以U、M、R和E为最高限度水平的试题分布

SOLO水平	试题内容	具体含义
单一结构(U)水平	问题3.1	直接通过数间的加减运算得出结果
多元结构(M)水平	问题3.2	通过数间的加减运算,结合进位加法和退位减法得出结果
关联结构(R)水平	问题3.3	要求学生对数的分与合有抽象的认识,对数的分与合有整体把握,使得正好凑十使运算简便
进一步抽象(E)水平	问题3.4	学生从实际问题中抽象出数学问题,运用加减运算解决实际问题。

(二)小学一年级学生认知数学符号的SOLO结果分析

1.学校对学生数学符号理解水平的影响(见表8-6)

表8-6　三类数学符号认知的SOLO水平分布情况(百分比)

SOLO水平	学校	数字符号	关系符号	运算符号
P	学校1	0	3.3	3.3
	学校2	0	0	3.3
U	学校1	0	0	16.7
	学校2	0	0	0
M	学校1	0	10.0	23.3
	学校2	0	6.7	10.0
R	学校1	66.7	40.0	16.7
	学校2	46.7	20.0	40.0
E	学校1	33.3	46.0	40.0
	学校2	53.3	73.3	46.7

从表8-6中整体可以得出,学校1的学生在数学符号R水平总的比例明显高于学校2的学生,说明学校教学质量对学生数学符号的整体认知水平有较大影响。但在两类学校之间,对每一类数学符号问题的回答水平不同,有一定的差异,并不是所有R水平比例都是学校1高于学校2,具体可以得到以下分析结果:

①在数字符号认知中,两所学校学生都处于R、E水平。从这两个水平中可以看出,在R水平上学校1高于学校2,但在E水平上,学校2高于学校1。因此,可以得到在数字符号的认知过程中,两类学校组间差异不显著,或从SOLO的5级水平划分来看,学校2还稍微高一些。

②在关系符号问题中，除了学校2的个别学生处于P水平外，其余学生都处于M、R、E水平。其中学校因素对R、E水平有显著影响(p=0.035)，说明在这些水平上学校是一个较大影响因素，尤其在E水平上，学校2较为突出，说明学校2的教学质量在关系符号的进一步抽象的水平上较高。

③在运算符号问题中，学校类别对U、R水平有显著影响(p=0.024)，从表中可以看出，除P水平外，其他几个水平之间存在一定的差异，尤其在E水平上，学校2相对较好。

2. 年龄对学生数学符号理解水平影响分析

在调查过程中发现，学生的年龄也是影响学生认知数学符号水平的一个重要因素。本次调查的是一年级学生，因此该段学生年龄是年满6岁或年满7岁。通过分析他们在数字符号、关系符号和运算符号认知中的SOLO水平，得到表8-7中的分析结果。

表8-7　不同年龄学生数学符号认知的SOLO水平分布情况(百分比)

年龄	SOLO水平	数字符号	关系符号	运算符号
6	P	0	2.6	5.3
	U	0	0	7.9
	M	0	10.5	21.1
	R	64.8	21.1	34.2
	E	34.2	65.8	31.6
7	P	0	0	0
	U	0	0	11.1
	M	0	5.6	11.1
	R	50.0	44.4	16.7
	E	50.0	50.0	61.1

虽然6岁和7岁相差不大，但对于小朋友来说，大半岁的认知都有所不同。因此，由表8-7可以看出，年龄的不同使学生对三类数学符号问题的理解水平有差异，尤其是运算符号的E水平差异显著(p=0.044)。这一结果验证了儿童随着年龄的增长，理解水平也随之提高的经验理论。

3. 幼儿园教育经历对学生数学符号理解水平的影响

从调查中发现，在两类学校中都有小部分学生没有幼儿园经历。因此通过分析，也发现了幼儿园教育经历对学生数学符号的认知理解水平有一定的影响，详见表8-8。

表8-8　不同幼儿园教育经历学生数学符号认知的SOLO水平分布情况(百分比)

幼儿园经历	SOLO水平	数字符号	关系符号	运算符号
没上过幼儿园	P	0	0	0
	U	0	0	28.5
	M	0	28.5	28.6
	R	85.7	28.6	42.9
	E	14.3	42.9	0
上过幼儿园	P	0	1.8	3.8
	U	0	0	5.7
	M	0	5.7	15.1
	R	52.8	30.2	26.4
	E	47.2	62.3	49.1

由表8-8可以看出,学生是否接受过幼儿园教育对数学符号问题的理解水平有影响。运算符号的理解水平整体上有显著差异(p=0.030),运算符号的E水平差异显著(p=0.013),同时也验证了受过幼儿园教育的学生整体理解水平比没有接受过幼儿园教育的学生高。

(三)访谈中其他信息

在测试过程中,对一些回答得很有意思的学生进行了访谈。其目的是核查学生书面回答的真实含义以及了解他们对数学符号的真实想法。

1.数字符号问题图的访谈信息

测试设计初衷是了解学生对数字"0"的理解程度,绝大多数学生的回答达到了测试目的。学生答案是0,理由是图形中一个实体也没有,所以用"0"表示,但有几名学生的答案让人惊奇。从观察到的学生的表情来看,部分学生刚开始拿到测试卷不知道"□"填什么数,后来观察到几位学生得出如下回答:

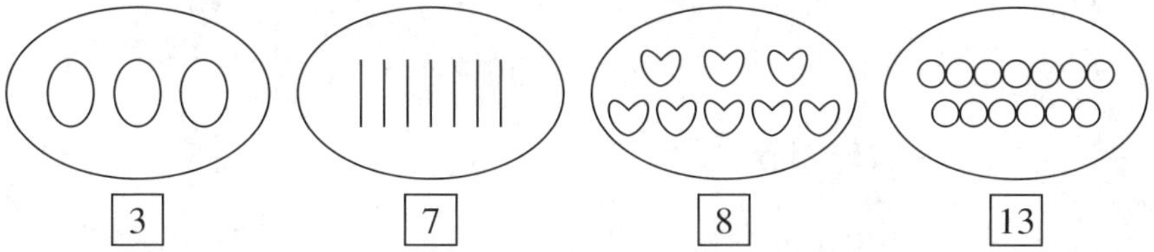

作者对两个学生进行了如下访谈。

访谈者问:你为什么填这个数?

学生回答:因为原来什么都没有,所以自己画了几个图形进去,然后通过数数得到要填写的数。

从某种意义上来说,“0”本身就是一个抽象的数,6~7岁的学生对与实体相对应的数容易理解,但对不能与实体相对应的数的理解要困难些。从这几位学生的回答中可以看出,学生对数的理解首先是离不开与实体相对应。其次是学生通过创设情境自主填写数字符号,这一水平的回答明显高于R水平,甚至达到了数字符号理解的抽象(E)水平,其抽象思维和发散思维得到了较好体现。

2. 关系符号问题的访谈信息

在关系符号问题9+4○9-4的回答过程中,大多数学生采用的方法是先计算,再对计算结果进行比较,最后确定关系符号。但在测试中观察到有两个学生使用了不同的方法。对其中一名学生进行了如下的访谈。

访谈者:你是怎么确定写这个符号的?

学生回答:一边是加号,另一边是减号,所以加的大于减的。

继续追问:是不是都是加的一边大于减的一边呢?

学生回答:不知道。

继续追问:2+1○9-4,中间该填什么符号?

学生回答:<(小于符号)。

继续追问:加的一边小于了减的一边,和刚才你的回答不一样了,是什么原因呢?

学生回答:刚才那里都是相同的数。

在这个过程中,虽然学生没能总结出同一个数加上一个数比减去相同的一个数要大的一般原理,但已经完全体现了该学生对关系符号的理解达到了进一步抽象的水平。

同样,在关系符号的理解水平中也做了如下访谈(访谈原内容如图8-10)。

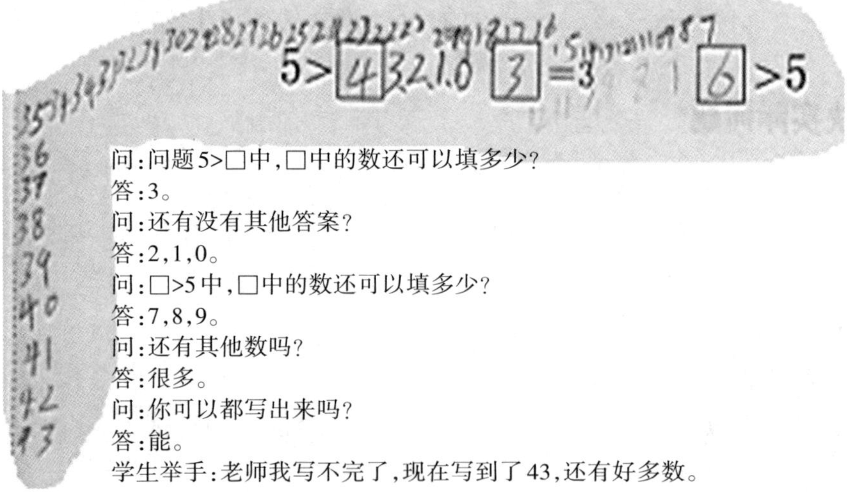

图8-10 访谈内容截图

从这位学生回答来看，已经达到了进一步抽象的E水平，并且从最后学生的回答中可以看出，对大于5的数出现了写不完的状态，实际上上升到了无穷多的概念，只是该年龄段的学生无法表达和理解无穷多的概念。

3.运算符号问题的访谈信息

对问题3.3的回答，有部分学生使用数的分与合，实现凑十法达到运算的简便，小部分学生虽然使用了数的分与合，但没有实现“凑十法”。选择其中一名学生进行了如下访谈。

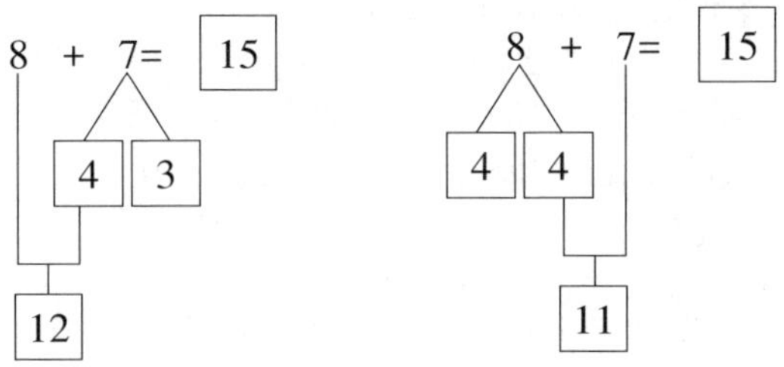

问：理解数的分与合吗？

答：知道。

问：你是怎么填出这些数的？

答：8+7=15，所以在下面的方框中可以随便填上一个比15小的数，倒起来算上去，就可以填出中间两个方框中的数。

访谈到此，笔者感到非常震惊，一个一年级学生对数字符号和运算符号的理解竟然达到了很抽象的水平。并且该学生一开始并没有采用定式思维去联想“凑十法”，相反是使用了发散思维和逆向思维来解决问题。

（四）小学一年级学生认知数学符号的发展框架

本次测试选取了两所学校的一年级6~7岁的学生，因此测试结果可以说明两所学校的整体情况。虽然两所不同学校学生对数学符号的理解存在差异，但是这种差异的比较并不意味着要有优劣之分，而是让我们对6~7岁学生对数学符号的认知有进一步的理解，从而初步构建出6~7岁学生认知数学符号的一个发展框架（见表8–9）。

表 8-9 小学一年级学生认知数学符号的SOLO水平发展框架

SOLO水平	具体表现
前结构水平(P)	空白的回答、完全无关的回答、不符合逻辑的回答
单一结构水平(U)	仅会通过点数数实体的个数 直接通过观察两个数量间的大小关系确定两个数之间的关系符号 在加减运算中对简单算式可以直接写出得数
多元结构水平(M)	通过对捆数整体的认识和单个点数数出对应的实体个数 通过对两个算式之间运算结果的比较,确定两个式子之间的关系符号 掌握两位数的进位加法和退位减法,可以列竖式计算得数
关联结构水平(R)	通过计数器掌握不同数位的计数和读数 关系性思维的萌芽,从对等号的抽象认识提升到对一个等式的抽象理解 对数的分与合的抽象理解,并能够整体把握,使得运算简便和快捷
拓展抽象结构水平(E)	理解数与数之间的大小和顺序关系,脱离实体抽象到与点之间的对应关系 数的大小关系的开放性问题,抽象到比一个数大和比一个数小的数的个数问题 在复杂的实际问题中,能够将情境问题抽象为数学问题,并能写出数学符号表示,用符号运算和推理

第九章

研究结论与反思

本书尝试了用教育统计的方法去构建基础教育的测评模型的研究思路和方法，解决小学低段数学符号意识测评模型构建研究中的主要问题。通过理论分析和实证研究相结合的方式，探索了“小学低段数学符号意识的含义—表现形式—操作性定义—内涵维度的确定—测评指标的筛选—测评模型的构建—测评模型的检验”的研究思路，得到了相关研究结论和未来研究设想，这对督导数学符号意识的培养和发展具有重要现实意义。

第一节　研究结论与创新

一、研究结论

通过对国内外关于数学符号、意识、符号意识等的文献资料的分析，结合小学数学一、二年级教材的文本内容，利用专家咨询、问卷调查、统计分析等研究方法，在符号学、意识论和布鲁姆的认知目标分类学理论的指导下，针对小学低段数学符号意识测评模型的构建的研究得出如下结论：

(1)小学低段数学符号意识存在，且十分重要，它是小学生数学抽象思维的第一步，是人的抽象思维形成的基础。其含义是指学生对数学符号的感知、认识、理解、运用等方面的一种反应，这些反应具体出现在学生对数学符号抽象过程的体会中，如在数学符号认识、读写、理解、掌握和运用等方面的能力表现，从而使学生能够感悟符号的数学功能，并初步体验符号的使用是进行数学表达和数学思考的重要形式。

(2)小学低段已涉及多种符号类型，如元素符号、运算符号、关系符号等，学生对每一类数学符号都体现出不同符号意识的表现形式。如正确认、读、写5以内的数，能用数表示物体的个数和顺序，会区分几个与第几个；认识“=”“<”“>”，能正确读写和理解其含义，会用符号描述数的大小；认识加号“+”、减号“-”，能正确读写加、减法算式，初步理解它们的含义，并能运用它们去解决简单实际问题。

(3)通过行为描述法界定小学低段数学符号意识的操作性定义，即：①从具体情境中概括并抽象出数、数量关系和空间形式的属性，并用抽象的统一记号去表示属性；②识别不同类型的数学符号，并能规范读写；③知道符号所代表的含义；④根据符号间的区别和联系，按照数学的规则对符号进行操作；⑤运用符号表示数、数量关系和变化规律；⑥通过对数学符号的运算和推理解决具体情境中的简单问题。

（4）通过实证研究初步构建并验证了小学低段数学符号意识的测评指标，即3个一级内涵维度指标和7个二级行为因素指标。其中，3个内涵维度指标是数学符号的抽象、数学符号的识记和数学符号的应用。7个二级行为因素如下：

①概括具体情境中有关数、数量关系和空间形式的属性；

②用抽象的统一记号表示上述属性；

③识别不同类型的数学符号，知道符号的读法和写法；

④知道数学符号所代表的含义；

⑤按照数学的规则对数学符号进行操作；

⑥运用符号表示数、数量关系和变化规律；

⑦通过符号的运算和推理解决具体情境中的简单问题。

（5）构建出小学低段数学符号意识的测评模型，即$Y=0.3x_1+0.3x_2+0.4x_3$，其中x_1表示数学符号的抽象得分、x_2表示数学符号的识记得分、x_3表示数学符号的应用得分，Y表示综合测评值，通过检验计算得出模型的准确率为70.56%。最后通过统计和实证研究检验了该模型。

二、研究创新

本书研究问题的提出是基于学界有争议、问题重要却长期被忽视，是在学生符号意识培养和发展的现实需要的背景下提出的研究课题。因此，本书的创新之处在于研究题材的新颖，在思辨与实证研究相结合的研究范式下得出如下创新结论：

（1）探析了小学低段数学符号意识的含义及其表现形式；

（2）初步构建了小学低段数学符号意识的测评指标（3个内涵指标和7个行为因素指标）；

（3）初步构建了小学低段数学符号意识的测评模型，即$Y=0.3x_1+0.3x_2+0.4x_3$，其中x_1表示数学符号的抽象得分、x_2表示数学符号的识记得分、x_3表示数学符号的应用得分。

第二节　问题讨论与反思

一、问题讨论

本书从问题的提出到问题的解决，已初步出现一些有意义和有价值的研究结论，但在整个研究过程中，结合2011年版和2022年版的变化，发现有4个重要问题仍值得提出来讨论。

（一）关于小学低段数学符号意识内涵维度普适性问题的讨论

本书最终确定出小学低段数学符号意识的内涵维度是由数学符号的抽象、数学符号的识记和数学符号的应用构成，但也有研究者从其他的价值取向得出符号意识的内涵是由数学符号的感知、数学符号的运算、数学符号的推理和数学符号的表征构成[①]。由于符号意识内涵划分是一个全新的研究课题，也是一个颇有争议的问题，因此，本书得出的维度是否具有普适性是一个值得共同讨论的问题。

（二）关于数学符号理解维度的独立性问题的讨论

在本书中，初步确定了小学低段数学符号意识的内涵包括数学符号的抽象、识记和应用。但从第二章关于数学符号学习的文献分析来看，众多研究成果中都反映出数学符号含义的理解是数学符号学习的难点和关键点。由此产生了数学符号的理解是否应该独立成为符号意识的内涵维度的问题：一方面，从文献分析看，数学符号的理解是数学符号学习的基础，也是符号意识形成和发展的重要环节；但另一方面，从本书的结论看，数学符号理解维度的行为指标被划分到数学符号的识记和数学符号的应用中，并没有成为独立的内涵维度。究其原因，对于低段小学生而言，他们对符号的理解程度的要求很难界定，也很难用相对独立的题项进行测试，如果理解程度浅了就可能是认识或了解，理解程度深了就可能是掌握或运用。因此，小学低段数学符号意识的内涵维度中是否应该把数学符号的理解作为独立的维度是一个值得讨论的问题。

（三）关于感悟符号的数学功能问题的讨论

本书撰写的背景是在《标准（2011年版）》的范畴下来研究小学低段数学符号意识

① 朱立明，马云鹏."数学符号意识"研究：内涵与维度[J].教育理论与实践，2015，35(32)：6-8.

的内涵维度和测评指标。在《标准(2022年版)》颁布后,对数学符号意识的内涵界定和学段中的具体要求有了新的表述。在《标准(2022年版)》中我们看到,数学符号意识内涵被界定为"主要是指能够感悟符号的数学功能"。可以说,符号意识这个核心素养中的关键能力就是要让学生感悟符号的数学功能。因此,这里提出来讨论的问题有两个方面:一是关于符号的范畴,应该是指全部的数学符号或自定义的符号,因此在教学和研究中需进一步统计和分析小学低段教材中出现的符号和学生自定义的符号,教材中出现的数学符号已在研究中有比较详细的分类和汇总,但对其他符号或学生自定义的符号还没有深入挖掘;二是关于符号的数学功能,这里要体现的是符号的数学功能,不是其他功能,也不是数学符号的功能。如我们在高速路上看到的符号 

,这些数字符号体现出的是交通规则的限速功能。因此,在教育教学研究中,还需进一步深入挖掘符号的数学功能。

(四)关于符号意识内涵测评维度的讨论

2011年版和2022年版课程标准中对符号意识内涵都有具体的界定,本书在第四章中对相关内容进行了比较分析。随着课程标准的不断修订和完善,以及在教学中的不断实践,符号意识内涵的具体表述和对学业的要求也在不断变化,对数学符号意识内涵维度的探讨也会有一些变化。本书中通过一系列实证研究和理论分析得到了符号抽象、符号识记、符号应用这3个一级维度。但随着新一轮课程改革的不断深入和实践,这3个维度是否能够较为全面反映新课标的具体要求,如何去构建出整个小学阶段学生的数学符号意识,并更准确地形成水平划分标准,还需进一步的研究。本书为新课程中"形成初步的符号意识"和"形成符号意识"的学业质量要求提供了水平指标参考。

二、反思及设想

小学低段数学符号意识是小学生数学抽象的第一步,是学生数学素养(数学抽象)的重要组成部分,对小学低段数学符号意识测评模型的构建研究极为重要。由于小学低段数学符号意识测评模型的构建是数学、教育学、心理学和统计学等领域交叉的一个研究问题,所以研究有相当大的难度,且目前国内外尚未有大规模的小学低段数学符号意识测评模型构建的相关研究。再加上限于研究者的能力,难免出现研究疏漏、偏颇,因此在下一步研究中还应从以下几个方面进行深入探索:

(1)由于学界对数学符号意识的认识并不完全统一,再加上意识属于心理学研究的成分较多,因此在数学符号意识理论分析层面还可以从心理学的角度进一步地探析。

(2)由于编制小学一、二年级数学符号意识的调研工具(测试题)较难,导致数学符号的抽象维度的内部一致性系数和组合信度都不高,所以还需要进一步研究和制订高信度的调研工具,为小学低段学生数学符号意识的现状调查提供较精确的调研工具。

(3)由于研究条件所限,实证研究中对象的选择主要基于方便性原则,参与数据测试的学生主要源于研究者所在的城市,因而在研究结果的代表性上受到限制,使模型的预测准确率不够高,下一步有必要进行更大范围的取样和研究,力争做成一个常模。

(4)由于本书的研究对象是小学低段学生(一、二年级),所得研究结果也是对小学低段数学符号意识的测评分析,数学符号的抽象、数学符号的识记和数学符号的应用这3个内涵维度是否适用于小学全阶段数学符号意识的维度分析仍待证,并且数学符号的抽象和数学符号的识记这2个维度下都只探析出了2个行为因素,致使结构模型的收敛率不够高,这些都是下一步需要深入研究的问题,也是小学生数学符号意识培养和发展需要进一步探讨和解决的问题。

附　录

附录1 小学低段数学符号意识测评指标认同度第1次专家调查问卷

尊敬的老师,您好!

本次调查主要是为研究小学低段学生数学符号意识发展水平提供参考依据。您是这方面的专家,恳请您对小学低段数学符号意识维度与层次划分提出看法与建议,您的意见对我们的研究非常重要。感谢您在百忙之中抽出宝贵时间完成问卷,请在相应的选项内画"√"。

一、专家基本信息

性别	□男	□女		
年龄	□35岁及以下	□36~45岁	□46~59岁	□60岁及以上
工作单位	□农村小学	□城市小学	□教科院所	□普通高校
最高学历	□大专	□本科	□硕士	□博士
职称	□其他	□讲师/一级	□副教授/高级	□教授/□特级
专业	□数学	□非数学		

二、数学符号意识的内涵维度

维度	完全同意	比较同意	不确定	比较不同意	完全不同意
符号认识					
符号理解					
符号掌握					
符号运用					
分成这4个维度是否合理?是否需要增减,或调整为其他维度?					

三、数学符号意识内涵维度的层次划分

维度	层次要求	完全同意	比较同意	不确定	比较不同意	完全不同意
符号认识	1.识别单个符号并知道它们的含义					
	2.知道单个符号的读法和写法					
	3.根据同类符号的含义作简单运算					
符号理解	4.能规范读写符号并区分它们的含义					

续表

维度	层次要求	完全同意	比较同意	不确定	比较不同意	完全不同意
符号理解	5.知道不同类型符号之间的联系和区别					
	6.能根据符号间的联系和区别作简单运算					
符号掌握	7.能根据符号间的联系和区别作较复杂的运算					
	8.能在具体情境中使用符号进行运算和推理					
	9.能用自己的语言解释符号运算的含义					
符号运用	10.能用符号表示数、数量关系和变化规律					
	11.能在具体情境中借助符号工具解决简单实际问题					
	12.在运用符号过程中领会符号的作用和意义					
以上四个维度下的层次描述是否合理？是否需要增减或调整？						

附录2　小学低段数学符号意识测评指标认同度第2次专家调查问卷

尊敬的老师，您好！

本次调查主要是为研究小学低段学生数学符号意识发展提供参考。您是这方面的专家，恳请您对小学低段数学符号意识的测评指标提出宝贵意见。非常感谢您在百忙之中抽出宝贵时间完成问卷！

一、您的基本信息（请在相应的选项内画“√ ”）

性别	□男	□女		
年龄	□35岁及以下	□36～45岁	□46～59岁	□60岁及以上
工作单位	□一线学校	□教科院所	□普通高校	
最高学历	□大专	□本科	□硕士	□博士
职称	□其他	□讲师/一级	□副教授/高级	□教授/特级

二、您对小学低段数学符号意识测评指标的认同度（请在相应的选项内画“√ ”）

一级指标	二级指标	案例说明	完全同意	比较同意	不确定	比较不同意	完全不同意
数学符号的抽象	概括出具体情境中有关数、数量关系和空间形式的属性	通过“农家小院”的情境图，概括出“1个老奶奶、1只小狗、1座房子……”等数量信息，从而抽象出共同的数“1”。或从实物、实物图“、、”中抽象出共同的空间形式“角”					
	对上述属性给出抽象的数学符号	对抽象出的数“1”用阿拉伯数字符号“1”来表示；或对抽象的“角”用图形符号“∠”来表示					
数学符号的识记	识别不同类型的数学符号，知道它们的记号、写法和读法	识别符号“1，2，3，+，-，×，÷，△，□，…”，知道不同类型符号的记号、写法和读法					
	知道数学符号所代表的含义	如对符号“3”，知道它可以表示3只小鸭的数量、第3只小鸭的位置或顺序，或用3根小棒摆成自己喜欢的几何图形，从而理解数“3”的含义					

续表

一级指标	二级指标	案例说明	完全同意	比较同意	不确定	比较不同意	完全不同意
数学符号的应用	按照数学的规则对数学符号进行操作	在下列□里填上适当的数学符号： 3+5=□，12□21，6+□>9					
	运用符号表示数、数量关系、变化规律	看图回答问题： ，______ (1)写出图中4组小正方形的个数分别是多少 (2)写出图中4组小正方形个数的关系 (3)第5组小正方形的个数是多少？写出理由					
	通过符号的运算和推理解决具体情境中的简单问题	根据具体情境解决问题： 22只15只8只 (1)鸡、鸭、鹅一共有多少只？ (2)卖掉多少只鸡后，鸡和鸭同样多？					

以上测评指标是否合理？是否需要增减，或调整为其他指标？请提出具体意见	
上述案例是否恰当？与二级指标的要求是否匹配？请提出具体意见	

附录3 小学低段数学符号意识测评指标调查的部分专家访谈提纲

访谈时间：　　　　　　访谈地点：　　　　　　访谈者：

访谈者身份：□数学专家　□数学教育专家　□统计学专家　□一线数学教师
□数学教研员　□小学数学教材编委　□数学教育博士/硕士

（1）您认为小学低段是否存在数学符号意识？主要表现在哪些方面？

（2）您对数学符号意识的理解和认识是怎样的？（或您认为，什么是数学符号意识？是否有学段特色？）

（3）您认为小学低段数学符号意识可不可以测评？可以从哪些方面去测评小学低段学生的数学符号意识？或举出实际案例。

（4）针对小学低段学生数学学习的特点，您认为小学低段的数学符号意识的主要内涵维度包括哪些？或您认为数学符号的抽象、数学符号的认识、数学符号的理解、数学符号的运算、数学符号的操作和数学符号的应用哪些维度较为合适？

参考文献

[1]A.阿诺尔德.人类意识的本质和发展[J].洪佩郁,蔺月峰,译.哲学译丛,1988(2):9-20.

[2]B.B.鲍尔加尔斯基.数学简史[M].潘德松,沈金钊,译.北京:知识出版社,1984.

[3]鲍建生,徐斌艳.数学教育研究导引(二)[M].南京:江苏教育出版社,2013.

[4]曹一鸣.数学课堂教学实证系列研究[M].南宁:广西教育出版社,2009.

[5]常建娥,蒋太立.层次分析法确定权重的研究[J].武汉理工大学学报(信息与管理工程版),2007,29(1):153-156.

[6]陈金清.论理性认识的发展过程[J].江汉论坛,1992(9):29-34.

[7]程明熙.处理多目标决策问题的二项系数加权和法[J].系统工程理论与实践,1983(4):23-26.

[8]蔡庆有,邝孔秀,宋乃庆.小学数学教材难度模型研究[J].教育学报,2013,9(5):97-105.

[9]车文博.意识与无意识[M].沈阳:辽宁人民出版社,1987.

[10]陈忠良.对数学符号教学的思考[J].教育科研论坛(教师版),2005(6):28-29.

[11]戴风明.浅谈增强学生数学符号意识的教学途径[J].教育与职业,2005(35):129-130.

[12]杜瑞芝.数学史辞典[M].济南:山东教育出版社,2000.

[13]冯平.评价论[M].北京:东方出版社,1995.

[14]冯翠典,高凌飚.现状与反思:SOLO分类法国内应用研究十年[J].教育测量与评价(理论版),2009(11):4-11.

[15]范涌峰,宋乃庆.大数据时代的教育测评模型及其范式构建[J].中国社会科学,2019(12):139-155,202-203.

[16]范涌峰,宋乃庆.学校特色发展测评模型构建研究[J].华东师范大学学报(教育科学版),2018,36(2):68-78.

[17]费尔迪南·德·索绪尔.普通语言学教程[M].高名凯,译.北京:商务印书馆,1999.

[18]GAZZANIGA MS.认知神经科学[M].周晓林,译.上海:上海教育出版社,1998.

[19]郭夏蓉.七年级学生数学符号意识现状调查及实践研究[D].临汾:山西师范大学,2015.

[20]郭秀英.区间数指标权重确定的熵值法改进[J].统计与决策,2012(17):32-34.

[21]郭建庆.寻找科学认识的基点——布里奇曼操作分析方法述评[J].上海大学学报(社会科学版),1988(3):95-98.

[22]桂质亮.论数学符号系统的特点与功能[J].华中师范大学学报(自然科学版),1990,24(4):509-515.

[23]桂质亮.古代数学符号的发展与演变过程[J].华东师范大学学报(自然科学版),1989,23(3):447-455.

[24]洪伟龙.数学符号的简单历史[J].南昌教育学院学报,2011(1):56-58.

[25]何小亚.全日制义务教育阶段数学课程标准(实验稿)刍议[J].数学教育学报,2003,12(1):45-49.

[26]侯杰泰,温忠麟,成子娟.结构方程模型及其应用[M].北京:教育科学出版社,2004.

[27]侯杰泰,成子娟,马殊赫伯.验证性因素分析:问卷题数及小样本应用策略[J].心理学报,1999,31(1):76-83.

[28]何晓群,刘文卿.应用回归分析[M].北京:中国人民大学出版社,2001.

[29]贺建勋.系统建模与数学模型[M].福州:福建科学技术出版社,1995.

[30]霍涌泉.意识心理世界的科学重建与发展前景——当代意识心理学新进展研究[D].南京:南京师范大学,2006.

[31]韩民青.意识论[M].南宁:广西人民出版社,1988.

[32]黄希庭.简明心理学辞典[M].合肥:安徽人民出版社,2004.

[33]黄慧华.小学低年级学生数学符号意识的培养策略[J].福建教育学院学报,2020(11):87-88.

[34]黄庆松.小学低年级学生数学符号意识培养探析 基于符号表征与运算视角[J].长春教育学院学报,2021(10):65-70.

[35]井军弟,霍涌泉.认知科学背景下的意识水平分类研究[J].陕西理工学院学报(社会科学版),2010,28(1):15-20.

[36]姜宁宁,李莹.数学符号意识的内涵与培养策略[J].基础教育论坛(综合版),2013(10):17-19.

[37]姜启源,谢金星,叶俊.数学模型[M].4版.北京:高等教育出版社,2011.

[38]江强.小学生数学符号意识培养策略初探[J].福建教育学院学报,2016(3):37-40.

[39]史宁中.义务教育数学课程标准(2011年版)解读[M].北京:北京师范大学出版社,2012.

[40]中华人民共和国教育部.义务教育数学课程标准(2011版)[S].北京:北京师范大学出版社,2012.

[41]中华人民共和国教育部.全日制义务教育数学课程标准(实验稿)[S].北京:北京师范大学出版社,2001.

[42]中华人民共和国教育部.义务教育数学课程标准(2022版)[S].北京:北京师范大学出版社,2022.

[43]中华人民共和国教育部.普通高中数学课程标准(2017年版2020年修订)[S].北京:人民教育出版社,2021.

[44]纪何.小学中段学生数学符号意识培养的调查研究[D].武汉:华中师范大学,2021.

[45]孔企平.小学数学课程与教学[M].上海:华东师范大学出版社,2016.

[46]孔企平，许自强，陈志辉，等．近十年来国际数学教育研究趋势[J]．全球教育展望，2015，49(12)：96-104.

[47]孔企平．国际数学学习测评：聚焦数学素养的发展[J]．全球教育展望，2011，40(11)：78-82.

[48]孔企平．《全日制义务教育数学课程标准》评析[J]．全球教育展望，2006，35(9)：45-48.

[49]孔凡哲，史宁中，赵欣怡．《义务教育数学课程标准(2022年版)》的主要变化特色分析[J]．课程·教材·教法，2022，42(10)：42-47.

[50]贾中恒，朱亚军．Peirce的符号学三元观[J]．外语研究，2002，(3)：6-9.

[51]M．克莱因．古今数学思想(第1册)[M]．张理京，译．上海：上海科学技术出版社，2002.

[52]邝孔秀，宋乃庆．世界主要国家小学数学教科书的内容编写特征及其启示——基于10国四年级数学教科书的实证研究[J]．教育学术月刊，2022(10)：80-88.

[53]李文林．数学史教程[M]．北京：高等教育出版社，2000.

[54]李芳．教育研究的概念性定义和操作性定义[J]．教育导刊，2009(9)：12-15.

[55]李士锜．PME：数学教育心理[M]．上海：华东师范大学出版社，2001.

[56]李艳琴，宋乃庆．小学低段数学符号意识的培养策略研究[J]．数学教育学报，2016，25(5)：28-31.

[57]李艳琴，宋乃庆．小学低段数学符号意识测评指标体系的初步构建[J]．教育学报，2016，12(4)：23-28.

[58]李艳琴，宋乃庆．小学低段数学符号意识的含义及其表现形式[J]．课程·教材·教法，2016，36(3)：92-97.

[59]李响，邢清华，王小光，等．指标体系的构建原理与评价方法研究[J]．数学的实践与认识，2012(20)：69-74.

[60]李俊．中小学概率的教与学[M]．上海：华东师范大学出版社，2003.

[61]李化侠，宋乃庆，杨涛，等．学习进阶测评工具研发：以小学生统计思维为例[J]．华东师范大学学报(教育科学版)，2020(4)：72-82.

[62]李化侠，辛涛，宋乃庆，等．小学生统计思维测评模型构建[J]．教育研究与实验，2018(2)：77-83.

[63]罗兰·巴尔特．符号学原理[M]．李幼蒸，译．北京：中国人民大学出版社，2008.

[64]洛林·W.安德森，等．布鲁姆教育目标分类学修订版[M]．北京：外语教学与研究出版社，2016.

[65]罗新兵．数学符号的教与学[J]．中学数学教学参考，2002，5：11-13.

[66] 罗志达．胡塞尔的符号意识理论及其修订[J]．现代哲学，2017(4)：72-78.

[67]梁宗巨．零的历史[J]．自然杂志，1984，7(9)：692-695.

[68]刘稀凤.初中生符号意识的调查研究[D].长春:东北师范大学,2009.

[69]刘佳.高中生数学符号感现状调查研究[D].长春:东北师范大学,2012.

[70]刘瑶.初中生符号意识现状调查研究[D].北京:首都师范大学,2014.

[71]刘云章.数学符号学概论[M].合肥:安徽教育出版社,1993.

[72]刘云章.讲活符号,发展学生的符号感[J].湖南教育,2006(1):7-9.

[73]刘云章.试论数学符号的思维功能[J].数学教育学报,1992,1(1):77-82.

[74]刘峰.数学建模[M].南京:南京大学出版社,2005.

[75]刘东伟.数字编码主要培养"符号意识"吗[J].上海教育科研,2022(11):74-78.

[76]梁宗巨.世界数学史简编[M].沈阳:辽宁人民出版社,1980.

[77]马立平.小学数学的掌握和教学[M].李士锜,吴颖康,等,译.上海:华东师范大学出版社,2012.

[78]马云鹏.小学数学教学论[M].4版,北京:人民教育出版社,2013.

[79]马云鹏.关于数学核心素养的几个问题[J].课程·教材·教法,2015.35(9):36-39.

[80]马云鹏.数学:"四基"明确数学素养——《义务教育数学课程标准(2011年版)》热点问题访谈[J].人民教育,2012(6):40-44.

[81]皮亚杰.发生认识论原理[M].王宪钿,译.北京:商务印书馆,2009.

[82]裴昌根,宋乃庆,刘乔卉,等.数学学习兴趣测评指标体系的构建与验证[J].数学教育学报,2018,27(2):70-73.

[83]潘菽.意识——心理学的研究[M].北京:商务印书馆,1998.

[84]齐宇歆,甘雅娟.Delphi法在学习素养评价指标权重中的应用探析[J].闽南师范大学学报(自然科学版),2016(3):122-128.

[85]綦春霞.浅谈新课程下符号意识的含义及其培养[J].数学教学研究,2012,31(1):63-66.

[86]綦小乐.小学生对数学符号的理解与应用研究[D].济南:山东师范大学,2021.

[87]邱亚来.教师命题制卷基本功不能丢[N].中国教师报,2021-03-17.

[88]任洁.海南初中生数学符号意识的调查研究[D].海口:海南师范大学,2015.

[89]史炳星,马云鹏,唐复苏.在解决问题的过程中发展学生的符号感[J].数学教育学报,2002,11(2):57-60.

[90]史宁中.教育与数学教育[M].长春:东北师范大学出版社,2006.

[91]史宁中.核心问题——小学数学教学中的基本概念与运算法则[M].北京:高等教育出版社,2013.

[92]史宁中,马云鹏,刘晓玫.义务教育数学课程标准修订过程与主要内容[J].课程·教材·教法,2012,32(3):50-56.

[93]史宁中.数学的抽象[J].东北师大学报(哲学社会科学版),2008(5):169-181.

[94]史宁中,张丹,赵迪."数据分析观念"的内涵及教学建议——数学教育热点问题系列访谈之五[J].课程·教材·教法,2008,28(6):40-44.

[95]史宁中,孔凡哲,李淑文.课程难度模型:我国义务教育几何课程难度的对比[J].东北师大学报,2005(6):152-156.

[96]斯科特.数学史[M].侯德润,译.北京:商务印书馆,1981.

[97]斯科特·佩奇.模型思维[M].贾拥民,译.杭州:浙江人民出版社,2019

[98]孙兴运.数学符号史话[M].济南:山东教育出版社,1998.

[99]宋乃庆,陈重穆.再谈"淡化形式,注重实质"[J].数学教育学报,1996,5(2):15-18.

[100]宋乃庆,杨欣,王定华,等.学生课业负担测评模型的构建研究——以义务教育阶段学生为例[J].西南大学学报(社会科学版),2013,41(3):75-81.

[101]宋乃庆.义务教育教科书数学一年级[M].重庆:西南师范大学出版社,2010.

[102]宋乃庆.义务教育教科书数学二年级[M].重庆:西南师范大学出版社,2010.

[103]宋乃庆,张奠宙.小学数学教育概论[M].北京:高等教育出版社,2008.

[104]宋乃庆,罗士琰.学生阅读素养测评指标体系构建研究——以小学生为例[J].东北师大学报(哲学社会科学版),2018(4):201-206.

[105]宋乃庆,胡源艳,张玲.《南苏丹小学数学课程标准(1—8年级)》研制探索[J].课程·教材·教法,2021,41(10):136-143.

[106]宋乃庆,沈光辉,裴昌根,等.内地民族班教育质量测评模型的构建探析——以内地西藏班为例[J].西藏大学学报(社会科学版),2019,34(1):209-215.

[107]宋乃庆,王诗梦,罗士琰.小学生空间观念:内涵、价值及表现形式[J].教育与教学研究,2021,35(6):44-54.

[108]宋乃庆,沈光辉,高鑫.基于STEAM教育理念的中小学创客教育测评指标体系构建[J].中国考试,2022(10):74-83.

[109]宋运明,宋乃庆.义务教育数学教材内容的螺旋式编写特点研究——以轴对称为例[J].西南师范大学学报(自然科学版),2020,45(10):129-134.

[110]苏洪雨,冯伟贞,吴有昌,等.中学数学解题研究(第二版)[M].北京:科学出版社,2022.

[111]《数学辞海》编辑委员会.数学辞海:第3卷[M].南京:东南大学出版社,2002.

[112]《数学辞海》编辑委员会.数学辞海:第5卷[M].南京:东南大学出版社,2002.

[113]《数学辞海》编辑委员会.数学辞海:第6卷[M].南京:东南大学出版社,2002.

[114]沈以淡.简明数学词典[M].北京:北京理工大学出版社,2003.

[115]沈政,方方,杨炯炯,等.认知神经科学导论[M].北京:北京师范大学出版社,2010.

[116]沈光辉,高鑫,宋乃庆.基于创客教育视角的初中生创新能力测评模型构建与应用[J].中国电化教育,2022(4):71-78.

[117]汤光华,曾宪报.构建指标体系的原理与方法[J].河北经贸大学学报,1997(4):60-62.

[118]唐晓清,杨绍华.论执政意识与执政能力的互动关系[J].前线, 2008(11):38-40.

[119]托和勒理.数学符号系统的形成与认识功能[J].东北师范大学(自然科学版),1995(2):31-37.

[120]汤强.7—9年级学生数学符号语言的理解与表示[D].重庆:西南大学,2009.

[121]陶蕾,宋乃庆,杨欣,等.新高考背景下教师适应性测评模型的构建——如何对教师适应新高考进行定量刻画和价值判断[J].教师教育研究,2022,34(3):84-90.

[122]王建磐.中国数学教育:传统与现实[M].南京:江苏教育出版社,2009.

[123]王成营.数学符号意义及其获得能力培养的研究[D]武汉:华中师范大学,2012.

[124]王浩.高中生代数符号理解与表示的调查及教学策略研究[D].济南:山东师范大学,2016.

[125]王林全.发展学生数学符号意识的要领[J].数学通报,1996,5:4-8.

[126]王兄.数学教学中的符号感:表象图式意义下的理解[J].中国教育学刊,2007(1):63-65.

[127]王娟.中学生数学“符号化”认知困难及教学建议研究[D].乌鲁木齐:新疆师范大学,2016.

[128]王俊.小学低年级学生数学符号意识培养的调查研究[D].杭州:杭州师范大学,2015.

[129]霍恩比.牛津高阶英汉双解词典(第7版)[M].王玉章,等译.北京:商务印书馆,2009.

[130]王应明,傅国伟.主成份分析在有限方案多目标决策中的应用[J].系统工程理论方法应用,1993,2(2):42-48.

[131]王应明.运用离差最大化方法进行多指标决策与排序[J].系统工程与电子技术,1998(7):24-31.

[132]王孝玲.教育统计学[M].上海:华东师范大学出版社,1986.

[133]王杏林,曹晓东.概念建模[M].北京:国防工业出版社,2007.

[134]王晓杰,宋乃庆.小学生劳动素养测评模型构建研究[J].湖南师范大学教育科学学报,2022,21(2):94-102.

[135]王永春.小学数学与数学思想方法[M].上海:华东师范大学出版社,2014.

[136]王孝玲.教育测量(修订版)[M].上海:华东师范大学出版社,2004.

[137]高文斌,魏景汉.关于意识的研究思路[J].心理学动态,2001(2):97-101.

[138]魏超群.数学教育评价[M].南宁:广西教育出版社,1996.

[139]吴明隆.问卷统计分析实务——SPSS操作与应用[M].重庆:重庆大学出版社,2010.

[140]吴明隆.结构方程模型——AMOS的操作与应用[M].重庆:重庆大学出版社,2010.

[141] 吴乐乐,陈婷.基于新课标的小学数学学业质量测评路向分析[J].教育与教学研究,2023,37(5):40-49.

[142]徐品方,张红.数学符号史[M].北京:科学出版社,2006.

[143]徐利治,王前.数学与思维[M].大连:大连理工大学出版社,2008.

[144]许树柏.实用决策方法——层次分析法原理[M].天津:天津出版社,1988.

[145]肖明,李培松.现代科学意识论[M].北京:经济科学出版社,1993.

[146]喻平.数学教学心理学[M].北京:北京师范大学出版社,2010.

[147] 叶志强,宋乃庆.英国和澳大利亚职前教师数学素养测评的比较及启示[J].比较教育研究,2019(11):80-87.

[148]H.伊夫斯.数学史概论[M].欧阳铎,译.太原:山西经济出版社,1986.

[149]A.D.亚历山大洛夫,等.数学:它的内容,方法和意义:第1卷[M].孙小礼,赵孟养,裘光明,等译.北京:科学出版社,2001.

[150]中国社会科学院研究所词典编辑室.现代汉语词典(修订版)[M].北京:商务印书馆,1997.

[151]中国小学教学百科全书总编辑委员会数学卷编辑委员会.中国小学教学百科全书(数学卷)[M].沈阳:沈阳出版社,1993.

[152]中华人民共和国教育部.义务教育数学课程标准(2011年版)[S].北京:北京师范大学出版社,2012.

[153]张奠宙.对《全日制义务教育数学课程标准》理念部分的意见[J].数学通报,2005,44(12):1-4.

[154]张奠宙,宋乃庆.数学教育概论[M].成都:四川大学出版社,2004.

[155]张玉平.建立符号意识　发展数学思维[J].江西教育,2011:31-33.

[156]张文姝.高中生数学符号学习现状的调查研究[D].兰州:西北师范大学,2015.

[157]张春兴.现代心理学[M].上海:上海人民出版社,1994.

[158]张奇.SPSS for windows在心理学与教育学中的应用[M].北京:北京大学出版社,2011.

[159]张尧庭,张璋.几种选取部分代表性指标的统计方法[J].统计研究,1990,(1):52-58.

[160]张和平,裴昌根,宋乃庆.小学生几何直观能力测评模型的构建探究[J].数学教育学报,2017,26(5):49-53.

[161]赵佳佳.小学生数学符号意识的培养研究[D],武汉:华中师范大学,2014.

[162]郑毓信.数学教育哲学[M].成都:四川教育出版社,2001.

[163]郑毓信."数感""符号感"与其它——《课程标准》大家谈[J].数学教育学报,2002,11(3):30-32.

[164]朱立明,马云鹏.学生数学符号意识PORE评价框架的构建[J].数学教育学报,2016,25(1):84-88.

[165]朱立明,马云鹏."数学符号意识"研究:内涵与维度[J].教育理论与实践,2015,35(32):6-8.

[166]朱立明,胡洪强,马云鹏."数学符号意识"研究:要素、特征与策略[J].中小学教师培训,2017(4):45-49.

[167]朱立明.义务教育阶段学生数学符号意识分析层次的构建[J].数学教育学报,2019,28(2):81-86.

[168]朱立明,马云鹏.义务教育阶段学生数学符号意识发展水平的实证研究[J].课程·教材·教法,2018,38(3):87-94.

[169]朱立明,宋乃庆.STEAM教育理念下深度学习测评指标体系构建研究[J].四川师范大学学报(社会科学版),2022,49(4):125-133.

[170]朱亚丽.义务教育资源配置均衡发展测评模型的构建研究——基于重庆统筹城乡教育的研究[D].重庆:西南大学,2015.

[171]朱雁.教育研究问题的确立:步骤、策略及标准[J].中国数学月刊,2013(4):1-4.

[172]朱德全,宋乃庆.教育统计与测评技术[M].重庆:西南师范大学出版社,2008.

[173]TKINSON A P, THOMAS M S, LEEREMANS A. Consciousness: Mapping the Theoretical Landscape[J]. Trends in Cognitive Sciences, 2000, 4(10):372-382.

[174]RCAVI A. Symbol Sense: Informal Sense-Making in Formal Mathematics[J]. For the Learning of Mathematics, 1994, 14(3):24-35.

[175]ARCAVI A. Developing and Using Symbol Sense in Mathematics[J]. For the Learning of Mathematics, 2005, 25(2):42-47.

[176]BLANTON M L, KAPUT J J. Functional Thinking as a Route Into Algebra intheElementary Grades[M].Springer Berlin Heidelberg, 2011.

[177]BURTON M B. A Linguistic Basis for Student Difficulties with Algebra[J]. For the Learning of Mathematics, 1988, 8(1):2-7.

[178]BOKHOVE C, DRIJVERS P. Symbol Sense Behavior in Digital Activities[J]. For the Learning of Mathematics, 2010, 30(3): 43-49.

[179]BERGSTEN C. From Sense to Symbol Sense[J]. Mathematics Education I. II, 1999: 123.

[180]FLORIAN C A.History of Mathematical Notations[M].Chicago:The Open Count Publisbing company,1928.

[181]TEEN L A.Quantity on the Shoulders of Giants: New Approaches to Numeracy[M]. Washington DC:National Academy Press,1990.

[182]KINZEL M T. Linking Task Characteristics to the Development of Symbol Sense[J].The Mathematics Teacher,2001,96(6):494.

[183]KIM, S J.A Comparative Study on Early Algebra between Korea and USA Textbooks focusing to operation sense in the elementary mathematics[J]. East Asian Mathematical Journal, 2013,29(4):355-392.

[184] LAMB L L, BISHOP J P, PHILIPP R A, et al. Informing Practice: Developing Symbol Sense for the Minus Sign[J]. MatheMatics teaching in the Middle school, 2012, 18(1): 5-9.

[185] PIERCE R, STACEY K. Monitoring Progress in Algebra in a CAS Active Context: Symbol Sense, Algebraic Insight and Algebraic Expectation[J]. International Journal for Technology in Mathematics Education, 2004, 11(1): 3.

[186] POPE S, SHARMA R. Symbol sense: Teacher's and Student's Understanding[J]. Proceedings of the British Society for Research into Learning Mathematics, 2001, 21(3): 64-69.

[187] SLAVIT, D. The Role of Operation Sense in Transitions From Arithmetic to Algebraic Thought[J].Educational Studies in Mathematics 1998,37:251-274.

[188] SHARMA R.Researching Students'Symbol Sense[J].British Society for Researchinto Learning Mathematics,2000,20(3):91-96.

[189] TRUESDELL C.Six Lectures on Modern Natural Philosophy[M].New York:Springer Verlag,1966.

[190] ZEHAVI N. Symbol Sense With a Symbolic-graphical System: A Story in Three Rounds [J]. The Journal of Mathematical Behavior, 2004, 23(2): 183-203.

后 记

《深化新时代教育评价改革总体方案》明确指出："教育评价事关教育发展方向，有什么样的评价指挥棒，就有什么样的办学导向。"可见，教育评价是新时代党和国家教育事业发展的重大理论和实践问题。为积极响应和落实国家基础教育质量监测和提升工程，宋乃庆教授组织团队对学生测评、教师测评、学校测评和政府测评等方面进行深入研究，形成了"基础教育测评模型构建与应用丛书"重大成果。本书是丛书的其中之一，致力于小学一、二年级学生数学符号意识的测评研究，重在开发小学低段数学符号意识测评的指标体系及测评工具，为基础教育测评模型的构建提供研究范式。

教育测评模型的构建是一个涉及教育学、心理学、管理学、信息科学、统计学、数学等多学科的跨学科领域，难度极高而意义重大，具有很强的原创性。小学低段数学符号意识测评模型的构建研究丰富了教育测评模型研究的不足。在小学低段数学符号意识测评模型的构建过程中，通过理论分析和实证研究方法，抓住小学低段数学符号意识的内涵和本质，舍弃了一些次要和不可操作的因素，构建出理论分析框架，最终构建出测评模型。因此，该模型建构的过程本身体现了对测评问题本质和内涵的理解，这将有利于小学生数学符号意识的培养和发展，也有利于小学生的抽象思维的形成和发展。但从模型的准确性上来说还有待提高，对模型的应用研究探析不够深入，应用推广力度还不够。

随着新一轮数学课程的改革，基于核心素养的课程、教学和评价是新课改的导向和要求。2022年版义务教育数学课程标准明确把数学符号意识确立为小学数学的重要核心素养之一。因此，对数学符号意识"教、学、评"的研究还有很大的空间，本书仅仅是该领域的冰山一角，还远远不能满足新课程改革的需要，还需要广大教育工作者深入研究、敢于创新和勇于实践，共同推动新课程改革。下一步我们将继续开展小学生数学符号意识相关研究，依据教学实际对模型作进一步优化，并积极在教育教学中应用。同时，通过开展对数学专业师范生的教学和对小学数学教师的培训，来积极推广本书的研究成果。

本书适合数学专业师范生、数学教育研究生和小学数学教师等群体阅读，希望它有助于提高我国基础教育测评研究和数学教育教学水平。鉴于作者水平有限，难免有不当之处，欢迎大家给予批评指正。

李艳琴